KB009899

바로바로

하루 10분

일상 **중국어**

바로바로

하루 10분 일상 중국어

저 자 최진권
발행인 고본화
발 행 탑메이드북
교재공급처 반석출판사
2024년 7월 5일 초판 1쇄 인쇄
2024년 7월 10일 초판 1쇄 발행
반석출판사 | www.bansok.co.kr
이메일 | bansok@bansok.co.kr
블로그 | blog.naver.com/bansokbooks

07547 서울시 강서구 양천로 583. B동 1007호
(서울시 강서구 염창동 240-21번지 우림블루나인 비즈니스센터 B동 1007호)
대표전화 02) 2093-3399   팩 스 02) 2093-3393
출 판 부 02) 2093-3395   영업부 02) 2093-3396
등록번호 제315-2008-000033호

ISBN 978-89-7172-990-8 (13720)

바로바로

하루 10분

일상 **중국어**

탑메이드북

머리말

"**중**국어를 얼마나 공부해야 일상생활에 지장이 없을 정도로 유창해질 수 있을까요?"라는 질문을 많이 받아왔습니다. 그 질문에 대한 저의 답은 "365일 매일 꾸준히 배우고 익힌다면 중국에서 일상생활을 하는 데 있어서 크게 문제 될 것이 없다."입니다.

무슨 일이든 마찬가지겠지만 특히 언어에 있어서는 꾸준히 하는 것이 가장 중요합니다. 감을 잃지 않는 노력이 필요합니다. '매일 한 문장씩 1년 동안 365개 문장을 공부하면 중국어를 잘할 수 있게 되지 않을까?'라는 기획 아래 본 교재를 집필하게 되었습니다. 학습자의 입장에서 하루하루 유용한 표현들을 익히면서 성취감을 느낄 수 있도록 동기부여를 하는 데에 중점을 두었습니다.

본 교재는 매일 주요 표현을 소개하고, 대화문을 통하여 어떻게 활용하는지에 대해 제시하였고, 관련된 표현을 통해 주요표현과 비슷하거나 관련된 표현을 익힐 수 있도록 하였습니다. 또한 연습문제를 통해 다시 복습할 수 있도록 하였습니다.

제가 중국어 공부를 처음 시작했던 1991년을 떠올려봅니다. 그때만 해도 학습자에 맞는 교재가 많지 않아 교재를 선택하기가 어려웠다면, 지금은 교재가 너무 많아서 교재를 선택하기가 어렵습니다. 저는 최대한 학습자의 입장에서 교재를 집필하려 노력하였습니다. 본 교재가 많은 독자분들의 중국어 학습에 도움이 되었으면 좋겠습니다.

마지막으로 본 교재가 출간될 수 있게 도움을 주신 반석출판사 관계자 여러분께 감사의 말씀을 드립니다. 또한 항상 옆에서 믿어준 아내와 제가 가는 길을 응원하고 지지해주신 부모님께 사랑한다는 말을 전하고 싶습니다.

저자 *최진권*

이 책의 특징

『바로바로 하루 10분 일상 중국어』는 매일 하나의 문장을 익히면서 관련된 표현
도 함께 학습할 수 있도록 구성하였습니다.

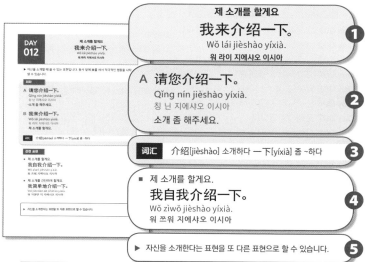

제 소개를 할게요
我来介绍一下。
Wǒ lái jièshào yíxià.
워 라이 지에샤오 이시아

❶

A **请您介绍一下。**
Qǐng nín jièshào yíxià.
칭 닌 지에샤오 이시아
소개 좀 해주세요.

❷

词汇 介绍[jièshào] 소개하다 一下[yíxià] 좀 ~하다

❸

■ 제 소개를 할게요.
我自我介绍一下。
Wǒ zìwǒ jièshào yíxià.
워 쯔워 지에샤오 이시아

❹

▶ 자신을 소개한다는 표현을 또 다른 표현으로 할 수 있습니다.

❺

❶ 오늘의 문장

매일 하루 유용한 표현을 배울 수 있습니다. 딱딱한 문어체 문장이 아닌 실생활에
서 바로 활용할 수 있는 실용적이고 가벼운 표현들을 날마다 익혀보세요.

❷ 대화

대화문을 통해 주요표현을 활용할 수 있습니다. 중국어와 한글이 나란히 배열되
어 있어 중국어를 가리고 한글만 보며 학습해 보거나 중국어를 보고 바로 옆의
뜻을 보면서 익히는 등의 학습이 가능합니다.

❸ 단어

표현이나 대화문을 통해 새로운 단어를 익힙니다.

❹ 관련 표현

주요표현과 비슷한 관련된 표현을 제시하여 익힐 수 있도록 했습니다.

❺ TIP

회화 표현 학습에 도움이 되는 팁을 수록하였습니다.

목차

Part 07 교통

Part 01

인사/만남/소개

새해 복 많이 받으세요!
祝你新年快乐!
Zhù nǐ xīnnián kuàilè!
쭈 니 신니엔 쿠와이르어

▶ 1월 1일이 되면 우리는 서로에게 덕담을 합니다. 또 다른 표현으로는 新年好!라고도 인사를 하기도 합니다.

회화

A 祝你新年快乐!
Zhù nǐ xīnnián kuàilè!
쭈 니 신니엔 쿠와이르어
새해 복 많이 받으세요!

B 你也新年快乐。
Nǐ yě xīnnián kuàilè.
니 이에 신니엔 쿠와이르어
당신도 새해 복 많이 받으세요.

词汇 新年[xīnnián] 신년 快乐[kuàilè] 즐겁다

관련 표현

■ 모든 일이 잘되기를 바랍니다.
万事如意!
Wànshìrúyì!
완스루이

■ 돈 많이 버세요.
恭喜发财!
Gōngxǐfācái!
꽁시파차이

▶ 일반적으로 万事如意의 경우는 心想事成[xīnxiǎngshìchéng]와 같이 쓰입니다. 의미는 '원하는 바가 이루어지길 바라고, 모든 일이 잘되기를 바란다'입니다. 恭喜发财는 '부자 되세요'라는 의미입니다. 중국 사람들이 춘절 때 지인들에게 보내는 최고의 덕담 중의 하나이기도 합니다.

DAY 002

안녕하세요!

您好!

Nín hǎo!

닌 하오

▶ 중국에서 누군가를 만났을 때 하는 인사입니다. 중국어에는 보통 존대말이 없는데 처음 보는 사람이나 나보다 윗사람에게 쓸 수 있는 표현입니다.

회화

A 您好!

Nín hǎo!

닌 하오

안녕하세요!

B 您好!

Nín hǎo!

닌 하오

안녕하세요!

词汇 您[nín] 당신 好[hǎo] 좋다, 안녕하다 大家[dàjiā] 여러분

관련 표현

■ 안녕!

你好!

Nǐ hǎo!

니 하오

■ 여러분 안녕하세요!

大家好!

Dàjiā hǎo!

따지아 하오

▶ 您好가 처음 만나거나 윗사람에게 하는 인사라면 你好의 경우는 친구나 동료들에게 할 수 있는 표현입니다. 大家의 경우는 많은 사람들이 있을 때 전체에게 할 수 있는 표현입니다.

15 ●

잘 지냈어요?
您好吗?
Nín hǎo ma?
닌 하오 마

▶ 처음 만나는 사람에게 할 수 없는 표현입니다. 您好가 영어로 Hi라면 您好吗?는 영어로 How are you?로 표현할 수 있습니다.

회화

A 您好吗?
Nín hǎo ma?
닌 하오 마
잘 지냈어요?

B 我很好。
Wǒ hěn hǎo.
워 헌 하오
잘 지냈어요.

词汇 吗[ma] 문장 끝에 쓰여 의문의 어기를 나타냄 很[hěn] 매우

관련 표현

■ 지내는 것 어때요?
你过得好吗?
Nǐ guò de hǎo ma?
니 꾸어 더 하오 마

■ 당신은 어때요?
你怎么样?
Nǐ zěnmeyàng?
니 쩐머이양

▶ 怎么样?의 경우는 여러 상황에서 쓰일 수 있습니다. 그동안의 근황에 대해 물어볼 때나 혹은 상대방에게 의견을 물어볼 때 쓸 수 있는 표현입니다.

DAY
004

그럭저럭 지냈어요
马马虎虎。
mǎmǎ hūhū.
마마 후후

▶ 좋지도 나쁘지도 않은 상황을 이야기할 때 표현할 수 있습니다. 우리가 흔히 쓰는 '그 냥'이라는 의미를 가집니다.

회화

A 你过得怎么样?

Nǐ guò de zěnmeyàng?
니 꾸어 더 쩐머이양
당신은 어떻게 지냈어요?

B 马马虎虎。

Mǎmǎ hǔhǔ.
마마 후후
그럭저럭 지냈어요.

词汇 还[hái] 또한, 역시 可以[kěyǐ] 가능하다 行[xíng] 좋다, ~해도 좋다

관련 표현

■ 그런대로 괜찮아요
还可以。
Hái kěyǐ.
하이 커이

■ 그런대로 좋아요
还行。
Hái xíng.
하이 싱

▶ 일반적으로 좋지도 나쁘지도 않을 때 쓸 수 있는 표현입니다.

덕분에 잘 지냈어요
托你的福都很好。
Tuō nǐ de fú dōu hěn hǎo.
투어 니 더 푸 또우 헌 하오

▶ 잘 지냈냐고 물었을 때 덕분에 잘 지냈다고 말하는 표현입니다.

회화

A 你过得怎么样?
Nǐ guò de zěnmeyàng?
니 꾸어 더 쩐머이양
잘 지냈어요?

B 托你的福都很好。
Tuō nǐ de fú dōu hěn hǎo.
투어 니 더 푸 또우 헌 하오
덕분에 잘 지냈어요.

词汇 托福[tuōfú] 신세를 지다, 덕을 보다 愉快[yúkuài] 유쾌하다

관련 표현

■ 유쾌하게 지냈어요.
过得很愉快。
Guò de hěn yúkuài.
꾸어 더 헌 위쿠아이

■ 매우 잘 지냈어요.
过得非常好。
Guò de fēicháng hǎo.
꾸어 더 페이창 하오

▶ 어떻게 지내냐는 질문에 유쾌하고 즐겁게 잘 지낸다고 말할 때 쓸 수 있는 표현입니다.

DAY 006

오시느라 수고하셨어요

路上辛苦了。

Lùshang xīnkǔ le.

루샹 신쿨 러

▶ 어딘가에서 온 사람에게 쓸 수 있는 표현입니다.

회화

A 路上辛苦了。

Lùshang xīnkǔ le.

루샹 신쿨 러

오시느라 수고하셨어요.

B 我们先喝咖啡吧。

Wǒmen xiān hē kāfēi ba.

워먼 시엔 흐어 카페이 바

우리 우선 커피 마셔요.

> **词汇** 先[xiān] 먼저, 우선 喝[hē] 마시다 咖啡[kāfēi] 커피

관련 표현

■ 우리 커피 마시면서 수다 떨어요.

我们一边喝咖啡, 一边聊天儿。

Wǒmen yìbiān hē kāfēi, yìbiān liáotiānr.

워먼 이비엔 흐어 카페이, 이비엔 리아오티얼

■ 우리 밥 먹으면서 수다 떨어요.

我们一边吃饭, 一边聊天儿。

Wǒmen yìbiān chīfàn, yìbiān liáotiānr.

워먼 이비엔 츠판, 이비엔 리아오티얼

> ▶ 一边은 동시에 두 가지의 행위를 할 때 씁니다.

오래간만입니다
好久不见。
Hǎojiǔ bújiàn.
하오지우 부지엔

▶ 누군가를 오래간만에 만났을 때 쓸 수 있는 표현입니다.

회화

A 好久不见。
Hǎojiǔ bújiàn.
하오지우 부지엔
오래간만입니다.

B 好久不见, 你过得好吗?
Hǎojiǔ bújiàn, nǐ guò de hǎo ma?
하오지우 부지엔, 니 꾸어 더 하오 마
오래간만입니다, 잘 지냈어요?

词汇 久[jiǔ] 오래다, 시간이 길다. 过[guò] 지내다. 非常[fēicháng] 매우

관련 표현

■ 저는 매우 잘 지냈어요.
我过得非常好。
Wǒ guò de fēicháng hǎo.
워 꾸어 더 페이창 하오.

■ 저는 잘 못 지냈어요.
我过得不好。
Wǒ guò de bù hǎo.
워 꾸어 더 뿌 하오.

▶ 잘 지냈냐는 질문에 말할 수 있는 답변의 표현입니다.

DAY 008

오랫동안 뵙지 못했네요
很长时间没见了。
Hěn cháng shíjiān méi jiàn le.
헌 창 스지엔 메이 지엔 러

▶ 오랫동안 보지 못했던 사람에게 쓸 수 있는 표현입니다.

회화

A 很长时间没见了。
Hěn cháng shíjiān méi jiàn le.
헌 창 스지엔 메이 지엔 러
오랫동안 뵙지 못했네요.

B 对啊, 你还记得我们什么时候见面的吗?
Duì a, nǐ hái jìde women shénmeshíhou jiànmiàn de ma?
뚜이 아, 니 하이 지더 워먼 션머스호우 지엔미엔 더 마
맞아요, 당신은 우리가 언제 만났는지 기억해요?

词汇   记得[jìde] 기억하다. 什么时候[shénmeshíhou] 언제

관련 표현

■ 시간이 정말 빠르네요.
时间过得很快。
Shíjiān guò de hěn kuài.
스지엔 꾸어 더 헌 쿠와이

■ 시간이 정말 빠르네요.
时间过得真快。
Shíjiān guò de zhēn kuài.
스지엔 꾸어 더 쩐 쿠와이

▶ 오랫동안 만나지 못했다고 할 때 '시간이 참 빠르다'라고 말할 수 있는 표현입니다.

DAY 009

여전히 그대로시네요

你还是老样子。

Nǐ háishi lǎo yàngzi.
니 하이스 라오 이양즈

▶ 오래간만에 본 사람에게 여전히 변한 것이 없다고 할 때 쓸 수 있는 표현입니다.
때로는 중의적인 표현으로 '여전히 늙었다'라고 표현할 수 있습니다.

회화

A 好久不见，我最近工作很忙。

Hǎojiǔ bújiàn, wǒ zuìjìn gōngzuò hěn máng.
하오지우 부지엔, 워 쮀이진 꽁쭈어 헌 망

오래간만입니다, 저는 최근에 일이 바빠요.

B 你还是老样子。

Nǐ háishi lǎo yàngzi.
니 하이스 라오 이양즈

여전히 그대로시네요.

词汇 忙[máng] 바쁘다 样子[yàngzi] 모양, 모습

관련 표현

■ 당신은 조금도 변하지 않았네요.

一点儿也没变。

Nǐ yìdiǎnr yě méi biàn.
니 이디얼 이에 메이 비엔

■ 당신도 그대로입니다.

你也是一样。

Nǐ yěshì yíyàng.
니 이에스 이이양

▶ 변하지 않았다고 말할 때 쓸 수 있는 또 다른 표현입니다.

DAY 010

처음 뵙겠습니다
初次见面。
Chūcì jiànmiàn.
추츠 지엔미엔

▶ 누군가를 처음 만났을 때 쓸 수 있는 표현입니다.

회화

A 初次见面。
Chūcì jiànmiàn.
추츠 지엔미엔
처음 뵙겠습니다.

B 我认识您很高兴。
Wǒ rènshi nín hěn gāoxìng.
워 런스 닌 헌 까오싱
당신을 만나서 기쁩니다.

词汇　初次[chūcì] 처음 认识[rènshi] 알다, 인식하다 高兴[gāoxìng] 기쁘다

관련 표현

■ 처음 만납니다.
第一次见面。
Dì-yīcì jiànmiàn.
띠이츠 지엔미엔

■ 저는 그와 처음 만납니다.
我跟他第一次见面。
Wǒ gēn tā dì-yīcì jiànmiàn.
워 껀 타 띠이츠 지엔미엔

▶ 처음 만난다고 말할 때 쓸 수 있는 표현입니다.

만나서 반갑습니다
我认识您很高兴。
Wǒ rènshi nín hěn gāoxìng.
워 런스 닌 헌 까오씽

▶ 누군가를 처음 만날 때 쓸 수 있는 표현입니다.

회화

A 我认识您很高兴。
Wǒ rènshi nín hěn gāoxìng.
워 런스 닌 헌 까오씽
만나서 반갑습니다.

B 我也认识您很高兴。
Wǒ yě rènshi nín hěn gāoxìng.
워 이에 런스 닌 헌 까오씽
저도 만나서 반갑습니다.

词汇　认识[rènshi] 알다, 인식하다　关照[guānzhào] 돌보다, 보살피다

관련 표현

■ 처음 뵙겠습니다.
初次见面。
Chūcì jiànmiàn.
추츠 지엔미엔

■ 잘 부탁드립니다.
请多多关照。
Qǐng duōduō guānzhào.
칭 뚜어뚜어 꾸안짜오

▶ 처음 만나는 상대에게 말할 수 있는 표현입니다. 처음 만났을 때 잘 부탁한다고 예의상 하는 말로 쓰일 수 있습니다.

DAY 012

제 소개를 할게요
我来介绍一下。
Wǒ lái jièshào yíxià.
워 라이 지에샤오 이시아

▶ 자신을 소개할 때 쓸 수 있는 표현입니다. 동사 앞에 来를 써서 적극적인 행동을 나타 낼 수 있습니다.

회화

A 请您介绍一下。
　 Qǐng nín jièshào yíxià.
　 칭 닌 지에샤오 이시아
　 소개 좀 해주세요.

B 我来介绍一下。
　 Wǒ lái jièshào yíxià.
　 워 라이 지에샤오 이시아
　 제 소개를 할게요.

词汇　介绍[jièshào] 소개하다　一下[yíxià] 좀 ~하다

관련 표현

■ 제 소개를 할게요.
我自我介绍一下。
Wǒ zìwǒ jièshào yíxià.
워 쯔워 지에샤오 이시아

■ 제 소개를 간단하게 할게요.
我简单地介绍一下。
Wǒ jiǎndān de jièshào yíxià.
워 지엔딴 더 지에샤오 이시아

▶ 자신을 소개한다는 표현을 또 다른 표현으로 할 수 있습니다.

성함은 많이 들었습니다
久仰大名。
Jiǔyǎng dàmíng.
지우이양 따밍

▶ 첫 만남에서 명함을 주고받거나 소개할 때 상대방을 높여서 존함이라는 말로 표현을 합니다.

회화

A 这是我的名片。
Zhè shì wǒ de míngpiàn.
쩌 스 워 더 밍피엔
이것은 저의 명함입니다.

B 久仰大名。
Jiǔyǎng dàmíng.
지우이양 따밍
성함은 많이 들었습니다.

词汇 名片[míngpiàn] 명함 就是[jiùshì] 바로 经理[jīnglǐ] 사장, 매니저

관련 표현

■ 당신이 바로 왕 사장님이군요.
原来您就是王经理。
Yuánlái nín jiùshì Wáng jīnglǐ.
위엔라이 닌 지우스 왕 징리

■ 말씀 많이 들었습니다.
久仰久仰!
Jiǔyǎng jiǔyǎng!
지우이양 지우이양

▶ 原来는 '원래의, 본래의'의 의미를 가지지만 본 문장에서는 '알고 보니'라는 의미로, 몰랐던 사실을 알게 되었을 때 표현할 수 있습니다.

DAY 014

잘 부탁드립니다
请多多关照。
Qǐng duōduō guānzhào.
칭 뚜어뚜어 꾸완짜오

▶ 처음 만났을 때 상대방에게 잘 부탁한다고 말할 때 쓸 수 있는 표현입니다.

회화

A 咱们互相帮助。
Zánmen hùxiāng bāngzhù.
짠먼 후시앙 빵쭈
우리 서로 도와요.

B 请多多关照。
Qǐng duōduō guānzhào.
칭 뚜어뚜어 꾸완짜오
잘 부탁드립니다.

词汇 互相[hùxiāng] 서로 帮助[bāngzhù] 돕다

관련 표현

■ 지도편달 부탁드립니다.
请多多指教。
Qǐng duōduō zhǐjiào.
칭 뚜어뚜어 즈지아오

■ 당신의 많은 지도편달 부탁드립니다.
请您多多指教。
Qǐng nín duōduō zhǐjiào.
칭 닌 뚜어뚜어 즈지아오

▶ 같은 의미로 또 다르게 말할 수 있는 표현입니다.

편안한 여행 되세요
祝你一路平安。
Zhù nǐ yílùpíng'ān.
쭈 니 이루핑안

▶ 一路平安은 '먼 길을 떠나는 사람에게 평안하라'라는 의미로 사용하여 표현할 수 있습니다.

회화

A 我该走了。
Wǒ gāi zǒu le.
워 까이 쪼울 러
저 가봐야겠어요.

B 祝你一路平安。
Zhù nǐ yílùpíng'ān.
쭈 니 이루핑안
편안한 여행 되세요.

词汇 该[gāi] (마땅히) ~해야 한다 走[zǒu] 가다 祝[zhù] 축원하다

관련 표현

■ 가시는 길이 순조롭기를 바랍니다.
一路顺风。
yílùshùnfēng.
이루슌펑

■ 하시는 일이 잘되기를 바랍니다.
万事如意。
Wànshìrúyì.
완스루이

▶ 순풍에 돛을 올려 순조롭게 항해를 한다는 의미로 일이 순조롭게 진행됨을 묘사할 때 쓸 수 있는 표현입니다.

DAY 016

전 이만 가볼게요
我该走了。
Wǒ gāi zǒu le.
워 까이 쪼울 러

▶ 누군가와 만나고 헤어질 때 쓸 수 있는 표현입니다. 该를 써서 꼭 가봐야 한다는 의미
도 포함되어 있습니다.

회화

A 我该走了。
Wǒ gāi zǒu le.
워 까이 쪼울 러
전 이만 가볼게요.

B 好的, 慢走。
Hǎo de, mànzǒu.
하오 더, 만쪼우
그래요, 살펴 가세요.

词汇 该[gāi] 마땅히 ~해야 한다 告辞[gàocí] 작별을 고하다

관련 표현

■ 시간이 늦었네요.
时间不早了。
Shíjiān bù zǎo le.
스지엔 뿌 짜올 러

■ 저 가볼게요.
我告辞了。
Wǒ gàocí le.
워 까오츠 러

▶ 누군가와 만나고 시간이 늦어서 가보겠다고 할 때 쓸 수 있는 표현입니다.

다음에 다시 연락해요
我们下次再联系吧。
Wǒmen xiàcì zài liánxì ba.
워먼 시아츠 짜이 리엔시 바

▶ 만나고 헤어지면서 다음을 기약할 때 쓸 수 있는 표현입니다.

회화

A 我们下次再联系吧。
Wǒmen xiàcì zài liánxì ba.
워먼 시아츠 짜이 리엔시 바
다음에 다시 연락해요.

B 好的，我会给你打电话。
Hǎo de, wǒ huì gěi nǐ dǎ diànhuà.
하오 더, 워 후이 게이 니 따 띠엔화
좋아요, 제가 전화드릴게요.

词汇   下次[xiàcì] 다음 联系[liánxì] 연락하다 保持[bǎochí] 유지하다

관련 표현

■ 우리 계속 연락해요.
我们保持联系。
Wǒmen bǎochí liánxì.
워먼 빠오츠 리엔시

■ 이후에 다시 연락해요.
以后再联系吧。
Yǐhòu zài liánxì ba.
이호우 짜이 리엔시 바

▶ 나중에 다시 연락하자고 할 때 쓸 수 있는 표현입니다.

DAY
018

잘 자요!
晚安!
Wǎn'ān!
완안

▶ 잠이 들기 전에 서로에게 인사하는 표현입니다.

회화

A 今天辛苦了, 晚安!

Jīntiān xīnkǔ le, wǎn'ān!

진티엔 신쿠 러, 완안

오늘 수고했어요, 잘 자요!

B 晚安!

Wǎn'ān!

완안

잘 자요!

词汇　辛苦[xīnkǔ] 고생하다, 수고하다　睡[shuì] 잠자다

관련 표현

■ 왜 아직 안 주무시나요?

怎么还没睡啊?

Zěnme hái méi shuì a?

쩐머 하이 메이 슈이 아

■ 왜 아직 안 주무시나요?

为什么还没睡啊?

Wèishénme hái méi shuì a?

웨이션머 하이 메이 슈이 아

▶ 누군가가 아직 자고 있지 않을 때 쓸 수 있는 표현입니다.

좋은 꿈 꾸세요
做个好梦。
Zuò ge hǎo mèng.
쭈어 거 하오 멍

▶ 굿나잇 인사를 하고 '좋은 꿈 꾸세요'라고 말할 때 쓸 수 있는 표현입니다.

회화

A 你好好儿睡觉。
Nǐ hǎohāor shuìjiào.
니 하오할 슈이지아오
편히 주무세요.

B 做个好梦。
Zuò ge hǎo mèng.
쭈어 거 하오 멍
좋은 꿈 꾸세요.

词汇 好好儿[hǎohāor] 잘, 제대로 睡觉[shuìjiào] 잠자다 噩梦[èmèng] 악몽

관련 표현

■ 악몽을 꿨어요.
做噩梦了。
Zuò èmèng le.
쭈어 으어멍 러

■ 그야말로 한바탕 악몽을 꿨어요.
简直是一场噩梦。
Jiǎnzhí shì yì chǎng èmèng.
지엔즈 스 이 창 으어멍

▶ 악몽을 꾸었을 때 쓸 수 있는 표현입니다.

DAY 020

성함이 어떻게 되시나요?
你叫什么名字?
Nǐ jiào shénme míngzi?
니 지아오 션머 밍쯔

▶ 처음 만나서 서로를 소개할 때 쓸 수 있는 표현입니다.

회화

A 你叫什么名字?

Nǐ jiào shénme míngzi?
니 지아오 션머 밍쯔
성함이 어떻게 되시나요?

B 我叫崔镇权。

Wǒ jiào Cuī Zhènquán.
워 지아오 추이 쩐취엔
저는 최진권입니다.

词汇 叫[jiào] ~라고 부르다 名字[míngzi] 이름

관련 표현

■ 이름이 어떻게 된다고 했죠?
你叫什么名字来着?
Nǐ jiào shénme míngzi láizhe?
니 지아오 션머 밍쯔 라이져

■ 어제 뭐했다고 했죠?
你昨天做什么来者?
Nǐ zuótiān zuò shénme láizhe?
니 쭈어티엔 쭈어 션머 라이져

▶ 来着는 일찍이 발생했던 것을 떠올리거나 혹은 과거에 지속된 행위를 의미합니다. '~하라고 했더라'라고 해석하면 좋습니다.

제가 어떻게 호칭을 하면 될까요?

我怎么称呼您?

Wǒ zěnme chēnghu nín?

워 쩐머 청후 닌

▶ 누군가를 만나서 적당한 호칭으로 부르고 싶을 때 쓸 수 있는 표현입니다.

회화

A 我怎么称呼您?

Wǒ zěnme chēnghu nín?

워 쩐머 청후 닌

제가 어떻게 호칭을 하면 될까요?

B 你叫我小崔就可以了。

Nǐ jiào wǒ Xiǎo Cuī jiù kěyǐ le.

니 지아오 워 시아오추이 지우 커이러

시아오추이라고 부르시면 됩니다.

词汇	称呼[chēnghu] ~라고 부르다 应该[yīnggāi] 마땅히 ~해야 한다

관련 표현

■ 제가 어떻게 불러야 하죠?

我应该怎么称呼您?

Wǒ yīnggāi zěnme chēnghu nín?

워 잉까이 쩐머 청후 닌

■ 저를 시아오리라고 부르시면 됩니다.

你称呼我小李就可以了。

Nǐ chēnghu wǒ Xiǎo Lǐ jiù kěyǐ le.

니 청후 워 시아오 리 지우 커이 러

▶ 应该는 마땅히 해야 할 것이라는 의미를 가집니다. 应该가 있음으로써 적극적인 행위를 나타 낼 수 있습니다.

DAY 022

당신은 어느 나라 사람인가요?

你是哪国人?

Nǐ shì nǎ guó rén?

니 스 나 구어 런

▶ 상대방의 국적을 물어볼 때 쓸 수 있는 표현입니다.

회화

A 你是哪国人?

Nǐ shì nǎ guó rén?

니 스 나 구어 런

당신은 어느 나라 사람인가요?

B 我是个韩国人。

Wǒ shì ge Hánguórén.

워 스 거 한구어런

저는 한국인입니다.

> **词汇**　韩国人[hánguórén] 한국인　中国人[zhōngguórén] 중국인

관련 표현

■ 당신은 중국인인가요?

你是中国人吗?

Nǐ shì Zhōngguórén ma?

니 스 중구어런 마

■ 당신은 한국인인가요?

你是不是韩国人?

Nǐ shìbúshì Hánguórén?

니 스부스 한구어런

> ▶ 의문문을 나타내는 표현은 두 가지가 있습니다. 是……吗?와 같이 吗를 쓰거나 是不是……? 처럼 긍정+부정의 형식을 사용하는 것입니다.

식구가 몇 명인가요?
你家有几口人?
Nǐ jiā yǒu jǐ kǒu rén?
니 지아 여우 지 커우 런

▶ 서로에 대해 소개를 할 때 가족 이야기를 할 때가 있습니다. 가족을 물어보는 표현입니다.

회화

A 你家有几口人?
Nǐ jiā yǒu jǐ kǒu rén?
니 지아 여우 지 커우 런
식구가 몇 명인가요?

B 我家有三口人。
Wǒ jiā yǒu sān kǒu rén.
워 지아 여우 싼 커우 런
저희는 3명입니다.

词汇 口[kǒu] 식구의 양사 爱人[àiren] 배우자

관련 표현

■ 저희 집에는 두 식구가 있는데, 아내와 저입니다.
我家有两口人, 爱人, 和我。
Wǒ jiā yǒu liǎng kǒu rén, àiren, hé wǒ.
워 지아 여우 리앙 커우 런, 아이런, 흐어 워

■ 저희 집에는 세 식구가 있는데, 아빠, 엄마, 저입니다.
我家有三口人, 爸爸, 妈妈和我。
Wǒ jiā yǒu sān kǒu rén, bàba, māma hé wǒ.
워 지아 여우 싼 커우 런, 빠바, 마마 흐어 워

▶ [수사 + 양사 + 명사]로 쓰일 때 특히 수사 2가 쓰일 때는 二을 쓰지 않고 两으로 쓰입니다. 양사 앞에서는 两을 써야 한다는 것을 꼭 기억해야 합니다.

DAY 024

식구 구성원이 어떻게 되시나요?

你家里有什么人?

Nǐ jiā li yǒu shénme rén?
니 지아리 여우 선머 런

▶ 가족이 몇 명인지 물어봤으면 가족의 구성원이 누군지에 대해 물어볼 때 쓸 수 있는 표현입니다.

회화

A 你家里有什么人?

Nǐ jiā li yǒu shénme rén?
니 지아 리 여우 선머 런

구성원이 어떻게 되시나요?

B 我家里有爸爸, 妈妈。

Wǒ jiā li yǒu bàba, māma.
워 지아 리 여우 빠바, 마마

저희 집에는 아빠, 엄마가 계십니다.

词汇 爸爸[bàba] 아빠 妈妈[māma] 엄마 谁[shéi] 누구

관련 표현

■ 당신 집에는 누가 있나요?

你家有谁?

Nǐ jiā yǒu shéi?
니 지아 여우 쉐이

■ 집에는 몇 명이 있어요?

你家里有几个人?

Nǐ jiā li yǒu jǐ ge rén?
니 지아 리 여우 지 거 런

▶ 你家里有什么人?과 같은 의미로 쓸 수 있는 표현입니다.

당신은 몇 째인가요?
你是老几?
Nǐ shì lǎo jǐ?
니 스 라오 지

▶ 형제 중에 몇 째냐고 물어볼 때 쓸 수 있는 표현입니다.

회화

A 你是老几?
Nǐ shì lǎo jǐ?
니 스 라오 지
당신은 몇 째인가요?

B 我是最小。
Wǒ shì zuì xiǎo.
워 스 쭈이 시아오
저는 막내입니다.

词汇　几[jǐ] 몇　小[xiǎo] 작다

관련 표현

■ 저는 첫째입니다.
我是最大。
Wǒ shì zuì dà.
워 스 쭈이 따

■ 저는 둘째입니다.
我是老二。
Wǒ shì lǎo èr.
워 스 라오 얼

▶ 몇 째인지에 대한 질문에 대한 답변 요령입니다.

DAY 026

형제자매는 있나요?

你有兄弟姐妹吗?

Nǐ yǒu xiōngdìjiěmèi ma?

니 여우 시옹띠지에메이 마

▶ 가족 구성원 중에 형제자매가 있는지에 대해 물어볼 수 있는 표현입니다.

회화

A 你有兄弟姐妹吗?

Nǐ yǒu xiōngdìjiěmèi ma?

니 여우 시옹띠지에메이 마

당신은 형제자매가 있나요?

B 我有一个哥哥。

Wǒ yǒu yí ge gēge.

워 여우 이 거 꺼거

저는 한 명의 형이 있습니다.

词汇 哥哥[gēge] 형 兄弟姐妹[xiōngdìjiěmèi] 형제자매

관련 표현

■ 당신은 아이가 있나요?

你有孩子吗?

Nǐ yǒu háizi ma?

니 여우 하이즈 마

■ 저는 딸 한 명, 아들 한 명이 있습니다.

我有一个女儿, 一个儿子。

Wǒ yǒu yí ge nǚér, yí ge érzi.

워 여우 이 거 뉘얼, 이 거 얼즈

▶ 자녀가 있는지에 대해 물어보고 대답하는 표현입니다. 女儿[nǚér]은 딸, 儿子[érzi]는 아들을 의미합니다.

저는 외동딸입니다
我是独生女。
Wǒ shì dúshēngnǚ.
워 스 두셩뉘

▶ 요즘은 자녀가 한 명인 경우가 많습니다. 외동딸 혹은 외동아들을 표현해봅시다.

회화

A 你有姐姐吗?
Nǐ yǒu jiějie ma?
니 여우 지에지에 마
당신은 언니가 있나요?

B 我是独生女。
Wǒ shì dúshēngnǚ.
워 스 두셩뉘
저는 외동딸입니다.

词汇　姐姐[jiějie] 언니, 누나　独生女[dúshēngnǚ] 외동딸

관련 표현

■ 저는 외동아들입니다.
我是独生子。
Wǒ shì dúshēngzǐ.
워 스 두셩즈

■ 저는 형제자매가 없습니다.
我没有兄弟姐妹。
Wǒ méiyou xiōngdìjiěmèi.
워 메이여우 시옹띠지에메이

▶ 独生子[dúshēngzǐ]는 '외동 아들'이라는 의미입니다.

DAY
028

아이는 있나요?
有孩子吗?
Yǒu háizi ma?
여우 하이즈 마

▶ 자녀가 몇 명인지를 물어볼 때 쓸 수 있는 표현입니다.

회화

A 有孩子吗?
Yǒu háizi ma?
여우 하이즈 마
아이는 있나요?

B 我有一个女儿。
Wǒ yǒu yí ge nǚér.
워 여우 이거 뉘얼
저는 딸 한 명이 있습니다.

词汇 孩子[háizi] 아이

관련 표현

■ 당신은 몇 명의 아이가 있나요?
你有几个孩子?
Nǐ yǒu jǐ ge háizi?
니 여우 지 거 하이즈

■ 당신은 딸이 있나요?
你有女儿吗?
Nǐ yǒu nǚér ma?
니 여우 뉘얼 마

▶ 아이가 몇 명 있는지에 대해 묻는 다른 표현입니다.

당신은 무슨 띠인가요?

你属什么?

Nǐ shǔ shénme?

니 슈 션머

▶ 동양권 문화에서는 12간지에서 자신이 태어난 해에 해당하는 동물을 자신의 띠라고 표현합니다. 띠를 물어보고 대답해봅시다.

회화

A 你属什么?
Nǐ shǔ shénme?
니 슈 션머
당신은 무슨 띠인가요?

B 我属兔。
Wǒ shǔ tù.
워 슈 투
저는 토끼띠입니다.

词汇 属[shǔ] ~에 속하다 兔[tù] 토끼

관련 표현

- 쥐 鼠[shǔ] 슈
- 소 牛[niú] 니우
- 호랑이 虎[hǔ] 후
- 토끼 兔[tù] 투
- 용 龙[lóng] 룽
- 뱀 蛇[shé] 셔

- 말 马[mǎ] 마
- 양 羊[yáng] 이양
- 원숭이 猴[hóu] 호우
- 닭 鸡[jī] 지
- 개 狗[gǒu] 꺼우
- 돼지 猪[zhū] 쭈

▶ 12간지에 대해 소개하였습니다. 자신에 맞는 띠를 기억하고 표현할 수 있어야 합니다.

DAY 030

저의 전공은 무역입니다

我的专业是贸易。

Wǒ de zhuānyè shì màoyì.
워더 쭈안이에 스 마오이

▶ 누군가가 전공을 물어볼 때 쓸 수 있는 표현입니다.

회화

A 你的专业是什么?

Nǐ de zhuānyè shì shénme?
니더 쭈안이에 스 션머
당신의 전공은 무엇인가요?

B 我的专业是贸易。

Wǒ de zhuānyè shì màoyì.
워더 쭈안이에 스 마오이
저의 전공은 무역입니다.

词汇 专业[zhuānyè] 전공 贸易[màoyì] 무역

관련 표현

- 회계학 **会计学**[kuàijìxué]
- 경제학 **经济学**[jīngjìxué]
- 신문방송학과 **新闻学**[xīnwénxué]
- 예술디자인 **艺术设计**[yìshù shèjì]

▶ 대학에는 많은 전공들이 있습니다. 몇 가지 전공에 대해 소개합니다.

Day 001 새해 복 많이 받으세요!
祝你新年快乐!
Zhù nǐ xīnnián kuàilè!

Day 002 안녕하세요!
您好!
Nín hǎo!

Day 003 잘 지냈어요?
您好吗?
Nín hǎo ma?

Day 004 그럭저럭 지냈어요.
马马虎虎。
mǎmǎ hūhū.

Day 005 덕분에 잘 지냈어요.
托你的福都很好。
Tuō nǐ de fú dōu hěn hǎo.

Day 006 오시느라 수고하셨어요.
路上辛苦了。
Lùshang xīnkǔ le.

Day 007 오래간만입니다.
好久不见。
Hǎojiǔ bújiàn.

Day 008 오랫동안 뵙지 못했네요.
很长时间没见了。
Hěn cháng shíjiān méi jiàn le.

Day 009 여전히 그대로시네요.
你还是老样子。
Nǐ háishi lǎo yàngzi.

Day 010 처음 뵙겠습니다.
初次见面。
Chūcì jiànmiàn.

Day 011 만나서 반갑습니다.
我认识您很高兴。
Wǒ rènshi nín hěn gāoxìng.

Day 012 제 소개를 할게요.
我来介绍一下。
Wǒ lái jièshào yíxià.

Day 013 성함은 많이 들었습니다.
久仰大名。
Jiǔyǎng dàmíng.

Day 014 잘 부탁드립니다.
请多多关照。
Qǐng duōduō guānzhào.

Day 015 편안한 여행 되세요.
祝你一路平安。
Zhù nǐ yílùpíng' ān.

Day 016 전 이만 가볼게요.
我该走了。
Wǒ gāi zǒu le.

Day 017 다음에 다시 연락해요.

我们下次再联系吧。

Wǒmen xiàcì zài liánxì ba.

Day 018 잘 자요!

晚安!

Wǎn'ān!

Day 019 좋은 꿈 꾸세요.

做个好梦。

Zuò ge hǎo mèng.

Day 020 성함이 어떻게 되시나요?

你叫什么名字?

Nǐ jiào shénme míngzi?

Day 021 제가 어떻게 호칭을 하면 될까요?

我怎么称呼您?

Wǒ zěnme chēnghu nín?

Day 022 당신은 어느 나라 사람인가요?

你是哪国人?

Nǐ shì nǎ guó rén?

Day 023 식구가 몇 명인가요?

你家有几口人?

Nǐ jiā yǒu jǐ kǒu rén?

Day 024 식구 구성원이 어떻게 되시나요?

你家里有什么人?

Nǐ jiā li yǒu shénme rén?

Day 025 당신은 몇 째인가요?

你是老几?

Nǐ shì lǎo jǐ?

Day 026 형제자매는 있나요?

你有兄弟姐妹吗?

Nǐ yǒu xiōngdìjiěmèi ma?

Day 027 저는 외동딸입니다.

我是独生女。

Wǒ shì dúshēngnǚ.

Day 028 아이는 있나요?

有孩子吗?

Yǒu háizi ma?

Day 029 당신은 무슨 띠인가요?

你属什么?

Nǐ shǔ shénme?

Day 030 저의 전공은 무역입니다.

我的专业是贸易。

Wǒ de zhuānyè shì màoyì.

Part 02

감사/사과
축하/대답

DAY 031

감사합니다
谢谢。
Xièxie.
씨에시에

▶ 누군가에게 감사를 표현할 때 가장 보편적이면서도 일반적으로 쓸 수 있는 표현입니다. 다양한 감사의 표현도 있지만 이 표현으로도 충분히 전달이 됩니다.

회화

A 谢谢!
Xièxie!
씨에시에
감사합니다.

B 不客气!
Búkèqi!
부커치
괜찮습니다.

词汇　客气[kèqi] 겸손하다, 예의 바르다　感谢[gǎnxiè] 감사하다

관련 표현

- 매우 감사합니다.
非常感谢。
Fēicháng gǎnxiè.
페이창 간시에

- 매우 감사합니다.
太谢谢你了。
Tài xièxie nǐ le.
타이 씨에시에 니 러

▶ [太 + 형용사 + 了] 용법은 '매우 ~하다'라는 의미를 가집니다. [太 + 형용사 + 了]의 경우는 화자의 주관적인 생각을 나타내지만 [太 + 형용사]의 경우는 보편적인 객관적인 생각을 대변하기도 합니다.

당신의 도움에 감사드립니다
谢谢您的帮忙。
Xièxie nín de bāngmáng.
씨에시에 닌 더 빵망

▶ 누군가가 나를 도와줬을 때 말할 수 있는 표현입니다.

회화

A 谢谢您的帮忙。
Xièxie nín de bāngmáng.
씨에시에 닌 더 빵망
당신의 도움에 감사합니다.

B 没事儿，这是应该的。
Méishìr, zhè shì yīnggāi de.
메이셜, 쩌 스 잉까이 더
아닙니다. 이것은 당연한 겁니다.

| 词汇 | 帮忙[bāngmáng] 돕다　应该[yīnggāi] 마땅히 ~해야 한다 |

관련 표현

■ 당신의 도움에 감사합니다.
谢谢您的帮助。
Xièxie nín de bāngzhù.
씨에시에 닌 더 빵쭈

■ 당신의 도움에 감사드립니다.
谢谢帮你的忙。
Xièxie bāng nǐ de máng.
씨에시에 빵 니 더 망

▶ 帮助와 帮忙은 모두 '돕다'라는 의미이지만, 帮忙의 경우는 이합동사로 목적어를 취할 수 없는 것이 帮助와 큰 차이점입니다.

DAY 033

마중 나와주셔서 감사합니다
谢谢你来接我。
Xièxie nǐ lái jiē wǒ.
씨에시에 니 라이 지에 워

▶ 어딘가에서 오는 사람을 기다렸을 때 들을 수 있는 표현입니다.

회화

A 谢谢你来接我。
Xièxie nǐ lái jiē wǒ.
씨에시에 니 라이 지에 워
마중 나와주셔서 감사합니다.

B 没事儿, 路上辛苦了。
Méishìr, lùshang xīnkǔ le.
메이셜, 류상 신쿠 러
아닙니다. 오시느라 수고하셨습니다.

词汇 接[jiē] 맞이하다 欢迎[huānyíng] 환영하다

관련 표현

■ 한국에 오신 것을 환영합니다.
欢迎来到韩国。
Huānyíng lái dào Hánguó.
환잉 라이 따오 한구어

■ 저희 회사에 오신 것을 환영합니다.
欢迎来到我们公司。
Huānyíng lái dào wǒmen gōngsī.
환잉 라이 따오 워먼 꽁쓰

▶ 누군가가 방문했을 때 환영하기 위해 쓸 수 있는 표현입니다.

배웅해주셔서 고마워요
谢谢你来送我。
Xièxie nǐ lái sòng wǒ.
씨에시에 니 라이 쏭 워

▶ 돌아가려고 하는 사람을 배웅하면서 쓸 수 있는 표현입니다.

회화

A 路上小心, 慢走。
Lùshang xiǎoxīn, mànzǒu.
루상 시아오신, 만쪼우

길 조심하시고, 살펴 가세요.

B 谢谢你来送我。
Xièxie nǐ lái sòng wǒ.
씨에시에 니 라이 쏭 워

배웅해주셔서 고마워요.

词汇   小心[xiǎoxīn] 조심하다 慢走[mànzǒu] 살펴가다 送[sòng] 보내다, 배웅하다

관련 표현

- 건강 주의하세요
  请注意身体。
  Qǐng zhùyì shēntǐ.
  칭 쭈이 션티

- 건강 조심하세요.
  请多保重。
  Qǐng duō bǎozhòng.
  칭 뚜어 빠오쭝

▶ 헤어질 때 서로에게 덕담을 하면서 다시 만날 날을 기약하는 표현입니다.

DAY 035

큰 도움이 되었습니다

对我帮助太大了。

Duì wǒ bāngzhù tài dà le.

뚜이 워 빵쭈 타이 따 러

▶ 누군가에게 큰 도움을 받았을 때 쓸 수 있는 표현입니다.

회화

A 对我帮助太大了。

Duì wǒ bāngzhù tài dà le.

뚜이 워 빵쭈 타이 따 러

큰 도움이 되었습니다.

B 那就好，以后有什么问题找我。

Nà jiù hǎo, yǐhòu yǒu shénme wèntí zhǎo wǒ.

나 지우 하오, 이호우 여우 선머 원티 짜오 워

그럼 됐네요, 이후에 문제가 있으면 절 찾으세요.

词汇   以后[yǐhòu] 이후 问题[wèntí] 문제 找[zhǎo] 찾다

관련 표현

■ 저에게 분명히 도움이 될 것입니다.

对我一定会帮助的。

Duì wǒ yídìng huì bāngzhù de.

뚜이 워 이띵 후이 빵쭈 더

■ 저에게 있어서 분명히 도움이 될 것입니다.

对我来说，一定会帮助的。

Duì wǒ lái shuō, yídìng huì bāngzhù de.

뚜이 워 라이 슈어, 이띵 후이 빵쭈 더

▶ 누군가의 도움이 나에게 도움이 될 것이라는 것을 말할 때 쓸 수 있는 표현입니다.

제가 어떻게 감사를 드려야 할지 모르겠습니다
我不知道怎么感谢你才好。
Wǒ bù zhīdào zěnme gǎnxiè nǐ cái hǎo.
워 뿌 즈따오 쩐머 간시에 니 차이 하오

▶ 누군가에게 호의를 받고 감사함을 표현할 때 어떤 말로 감사해야 할지 모르겠다고 말하는 표현입니다.

회화

A 我会帮你的忙。
Wǒ huì bāng nǐ de máng.
워 후이 빵 니 더 망
제가 당신을 도와드릴게요.

B 我不知道怎么感谢你才好。
Wǒ bù zhīdào zěnme gǎnxiè nǐ cái hǎo.
워 뿌 즈따오 쩐머 간시에 니 차이 하오
제가 어떻게 감사를 드려야 할지 모르겠습니다.

词汇 怎么[zěnme] 어떻게 感谢[gǎnxiè] 감사

관련 표현

■ 어떻게 감사를 드려야 할지 모르겠습니다.
不知该怎样谢谢你。
Bù zhī gāi zěnyàng xièxie nǐ.
뿌 즈 까이 쩐양 씨에시에 니

■ 제가 당연히 당신에게 감사드려야지요.
我应该感谢您。
Wǒ yīnggāi gǎnxiè nín.
워 잉까이 간시에 닌

▶ 비슷한 표현으로 감사에 대해 말할 때 쓸 수 있는 표현입니다.

DAY 037

사소한 일인데 감사할 필요 없어요

一点儿小事, 用不着谢。

Yìdiǎnr xiǎoshì, yòngbuzháo xiè.

이디얼 시아오스, 용부짜오 시에

▶ 用不着는 '~할 필요가 없다, 필요치 않다, 쓸모가 없다'라는 의미를 가집니다. 用不着 뒤에 말을 추가하여 문장을 만들 수 있습니다.

회화

A 谢谢你的帮助。

Xièxie nǐ de bāngzhù.

씨에시에 니 더 빵쭈

당신의 도움에 감사드립니다.

B 一点儿小事, 用不着谢。

Yìdiǎnr xiǎoshì, yòngbuzháo xiè.

이디얼 시아오스, 용부짜오 시에

사소한 일인데 감사할 필요 없어요.

词汇 小事[xiǎoshì] 작은 일 用不着[yòngbuzháo] ~할 필요가 없다

관련 표현

■ 고맙긴 뭐가 고마워요.

谢什么谢!

Xiè shénme xiè.

씨에 션머 시에

■ 당신의 호의에 감사합니다.

谢谢你的好意。

Xièxie nǐ de hǎoyì.

씨에시에 니 더 하오이

▶ 누군가가 감사를 표시할 때 답변할 수 있는 표현과 상대에게 감사를 표현할 때 쓸 수 있는 표현 입니다.

감사합니다. 그럼 사양하지 않겠습니다
谢谢，那我就不客气了。
Xièxie, nà wǒ jiù búkèqi le.
씨에시에, 나 워 지우 부커치 러

▶ 상대방의 거듭된 호의에 더 이상 사양하지 않고 받을 때 쓸 수 있는 표현입니다.

회화

A 我准备的礼物。请收下。
Wǒ zhǔnbèi de lǐwù. Qǐng shōuxià.
워 준뻬이 더 리우. 칭 쇼우시아
제가 준비한 선물입니다. 받아주세요.

B 谢谢，那我就不客气了。
Xièxie, nà wǒ jiù búkèqi le.
씨에시에, 나 워 지우 부커치 러
감사합니다. 그럼 사양하지 않겠습니다.

词汇　准备[zhǔnbèi] 준비하다　礼物[lǐwù] 선물　收下[shōuxià] 받다

관련 표현

■ 받아주세요.
请笑纳。
Qǐng xiàonà.
칭 시아오나

■ 그럼 기쁘게 받겠습니다.
那我就笑纳了。
Nà wǒ jiù xiàonà le.
나 워 지우 시아오나 러

▶ "사소한 선물이니 약소하지만 받아주세요"라고 할 때 쓸 수 있는 표현입니다. 두 번째 문장은
선물을 받으면서 말할 수 있는 표현입니다.

DAY 039

죄송합니다
不好意思。
Bùhǎoyìsi.
부하오이쓰

▶ 고의는 아니었지만 일이 그렇게 되었으니 양해를 바란다는 의미를 가집니다. 직접적인 사과는 아니더라도 간접적인 사과라고 보면 됩니다.

회화

A 不好意思, 我迟到了。
Bùhǎoyìsi, wǒ chídào le.
부하오이쓰, 워 츠따오러
죄송합니다, 제가 늦었네요.

B 没关系。
Méiguānxi.
메이꾸안시
괜찮습니다.

词汇 迟到[chídào] 늦다, 지각하다 没关系[méiguānxi] 괜찮다, 관계없다

관련 표현

■ 죄송합니다.
对不起。
Duìbuqǐ.
뚜이부치

■ 죄송합니다.
很抱歉。
Hěn bàoqiàn.
헌 빠오치엔

▶ 不好意思가 간접적인 잘못이라면 对不起는 직접적인 잘못을 의미합니다. 抱歉은 불안하고 미안한 심리상태를 주로 나타내고, 感到 觉得 등과 같은 심리활동을 나타내는 동사와 목적어로도 쓰입니다.

용서해주세요
请您原谅。
Qǐng nín yuánliàng.
칭 닌 위엔리앙

▶ 정중하게 용서를 구할 때 사용할 수 있는 표현입니다.

회화

A 请您原谅。
Qǐng nín yuánliàng.
칭 닌 위엔리앙
용서해주세요.

B 好的, 下次不要这样。
Hǎo de, xiàcì búyào zhèyàng.
하오 더, 시아츠 부이야오 쩌이양
알겠어요, 다음에는 이렇게 하면 안 돼요.

词汇 原谅[yuánliàng] 용서하다, 양해하다 下次[xiàcì] 다음

관련 표현

■ 용서해주세요.
请你高抬贵手吧。
Qǐng nǐ gāotáiguìshǒu ba.
칭 니 까오타이 꾸이쇼우 바

■ 절 한번만 용서해주세요.
请你原谅我一次。
Qǐng nǐ yuánliàng wǒ yícì.
칭 니 위엔리앙 워 이츠

▶ 高抬贵手은 직역하면 '귀한 손을 높이 들다'인데 '관대히 봐주다, 용서해주다'의 의미로 쓰일 수 있습니다.

DAY 041

다음부터 주의하겠습니다

下次我会注意点儿。

Xiàcì wǒ huì zhùyì diǎnr.

시아츠 워 후이 쭈이 디얼

▶ 무언가를 잘못한 후에 다음부터 주의하겠다고 말할 때 쓸 수 있는 표현입니다.

회화

A 你又迟到了。

Nǐ yòu chídào le.

니 여우 츠따오 러

또 지각이군요.

B 下次我会注意点儿。

Xiàcì wǒ huì zhùyì diǎnr.

시아츠 워 후이 쭈이 디얼

다음부터 주의하겠습니다.

词汇 迟到[chídào] 지각하다 注意[zhùyì] 주의하다

관련 표현

■ 주의하세요!

注意点儿!

Zhùyì diǎnr!

쭈이 디얼

■ 좋은 생각입니다!

好主意!

Hǎo zhǔyì!

하오 쭈이

▶ 注意와 主意는 모두 발음이 같지만 성조가 달라짐으로 의미가 달라집니다. 중국어에서는 성조가 달라지면 의미가 달라지기 때문에 발음할 때 주의를 해야 합니다.

모두 제 잘못입니다
都是我不好。
Dōushì wǒ bù hǎo.
또우스 워 뿌 하오

▶ 누군가가 나를 비난하고 잘못을 지적할 때 나의 잘못을 인정하면서 쓸 수 있는 표현
입니다.

회화

A 都是我不好。
Dōushì wǒ bù hǎo.
또우스 워 뿌 하오
모두 제 잘못입니다.

B 没有, 不是你的错。
Méiyou, búshì nǐ de cuò.
메이여우, 부스 니 더 추어
아닙니다. 당신의 잘못이 아닙니다.

词汇 都[dōu] 모두 错[cuò] 틀리다

관련 표현

■ 모두 제 잘못입니다.
都是我的错。
Dōushì wǒ de cuò.
또우스 워 더 추어

■ 이것은 저의 잘못입니다.
这是我的错。
Zhè shì wǒ de cuò.
쩌 스 워 더 추어.

▶ 비슷한 표현으로 자신의 잘못이라고 할 때 쓸 수 있는 표현입니다.

제가 번거롭게 했네요
给你添麻烦了。
Gěi nǐ tiān máfan le.
게이 니 티엔 마판 러

▶ 누군가에게 무언가를 부탁하거나 신세를 졌을 때 자주 사용하는 표현입니다.

회화

A 给你添麻烦了。
Gěi nǐ tiān máfan le.
게이 니 티엔 마판 러
제가 번거롭게 했네요.

B 没事儿，咱们不是朋友吗?
Méishìr, zánmen búshì péngyou ma?
메이셜, 짠먼 부스 펑여우 마
아닙니다, 우리 친구 아닌가요?

词汇 添[tiān] 보태다, 더하다 咱们[zánmen] 우리

관련 표현

■ 너무 번거롭네요.
太麻烦了。
Tài máfan le.
타이 마판 러

■ 왜 이렇게 번거롭죠?
怎么就这么麻烦?
Zěnme jiù zhème máfan?
쩐머 지우 쩌머 마판

▶ 麻烦은 어떤 일이나 행동 자체가 하기 싫은 일이거나 안 좋은 일이라 싫다는 의미입니다.

이것은 고의가 아닙니다
这不是故意的。
Zhè búshì gùyì de.
쩌 부스 꾸이 더

▶ 누군가가 잘못에 대해 추궁할 때 변명하는 표현입니다.

회화

A 你怎么这么粗心?
Nǐ zěnme zhème cūxīn?
니 쩐머 쩌머 추신
왜 이렇게 조심스럽지 않아요?

B 这不是故意的。
Zhè búshì gùyì de.
쩌 부스 꾸이 더
이것은 고의가 아닙니다.

词汇 故意[gùyì] 고의 骗[piàn] 속이다 粗心[cūxīn] 세심하지 못하다

관련 표현

■ 그는 우리를 고의로 속였습니다.
他故意骗我们。
Tā gùyì piàn wǒmen.
타 꾸이 피엔 워먼

■ 그는 의도가 있는 것입니다.
他有意的。
Tā yǒuyì de.
타 여우이 더

▶ 故意는 능동적으로 해야 할 것, 하지 말아야 할 것을 강조할 때 주로 사용합니다.

잘못이 있다면 잘못은 저에게 있어요
要说有错，错在我。
Yào shuō yǒu cuò, cuò zài wǒ.
이야오 슈어 여우 추어, 추어 짜이 워

▶ 잘못을 인정할 때 쓸 수 있는 표현입니다.

회화

A 要说有错，错在我。
Yào shuō yǒu cuò, cuò zài wǒ.
이야오 슈어 여우 추어, 추어 짜이 워
잘못이 있다면 잘못은 저에게 있어요.

B 你不应该那么说，我们一起解决吧。
Nǐ bù yīnggāi nàme shuō, wǒmen yìqǐ jiějué ba.
니 뿌 잉까이 나머 슈어, 워먼 이치 지에쮜에 바
그렇게 말해서는 안 됩니다. 우리 같이 해결해요.

> **词汇**　一起[yìqǐ] 함께　解决[jiějué] 해결하다　错误[cuòwù] 실수, 오류

관련 표현

■ 이것은 저의 실수입니다.
这是我的错误。
Zhè shì wǒ de cuòwù.
쩌 스 워더 추어우

■ 이것은 모두 제 잘못입니다.
这一切都是我不好。
Zhè yíqiè dōushì wǒ bù hǎo.
쩌 이치에 또우스 워 뿌 하오

▶ 자신이 잘못한 것을 인정할 때 쓸 수 있는 표현입니다.

오래 기다리게 해서 죄송해요
不好意思, 让你久等了。
Bùhǎoyìsi, ràng nǐ jiǔ děng le.
부하오이쓰, 랑 니 지우 떵 러

▶ 누군가를 오래 기다리게 해서 미안하다고 할 때 사용하는 표현입니다.

회화

A 不好意思, 让你久等了。
Bùhǎoyìsi, ràng nǐ jiǔ děng le.
부하오이쓰, 랑 니 지우 떵 러
오래 기다리게 해서 죄송해요.

B 没关系, 我有很多时间。
Méiguānxi, wǒ yǒu hěn duō shíjiān.
메이꾸완시, 워 여우 헌 뚜어 스지엔
괜찮아요, 저는 시간이 많아요.

词汇 等[děng] 기다리다 没关系[méiguānxi] 괜찮다 时间[shíjiān] 시간

관련 표현

■ 저는 많이 기다렸습니다.
我等了很久。
Wǒ děngle hěn jiǔ.
워 떵러 헌 지우

■ 저는 오랫동안 기다렸습니다.
我等了半天。
Wǒ děngle bàntiān.
워 떵러 빤티엔

▶ 많은 시간을 기다렸다고 말할 때 쓸 수 있는 표현입니다.

시간을 너무 많이 빼앗아서 죄송합니다
破费您的宝贵时间，真对不起。
Pòfèi nín de bǎoguì shíjiān, zhēn duìbuqǐ.
포어페이 닌 더 빠오꾸이 스지엔, 쩐 뚜이부치

▶ 누군가의 시간을 빼앗았을 때 쓸 수 있는 말로 예의 있게 할 수 있는 표현입니다.

회화

A 破费您的宝贵时间，真对不起。
Pòfèi nín de bǎoguì shíjiān, zhēn duìbuqǐ.
포어페이 닌 더 빠오꾸이 스지엔, 쩐 뚜이부치
시간을 너무 많이 빼앗아서 죄송합니다.

B 您太客气了。
Nín tài kèqi le.
닌 타이 커치 러
너무 겸손하시네요.

词汇 破费[pòfèi] 쓰다, 소비하다 宝贵[bǎoguì] 귀중한 客气[kèqi] 겸손

관련 표현

■ 번거롭게 해드렸습니다.
让您费心了。
Ràng nín fèixīn le.
량 닌 페이신 러

■ 번거롭게 했습니다.
麻烦您了。
Máfan nín le.
마판 닌 러

▶ 부탁하거나 고마움을 나타낼 때 쓰는 말로 표현할 수 있습니다.

축하합니다
恭喜恭喜。
Gōngxǐ gōngxǐ.
꽁시 꽁시

▶ 누군가에게 축하를 할 때 기본적으로 말할 수 있는 표현입니다. 축하의 범위는 광범위하며, 축하하는 내용은 恭喜 뒤에 추가하시면 됩니다.

회화

A 今天我儿子结婚了。
Jīntiān wǒ érzi jiéhūn le.
진티엔 워 얼즈 지에훈 러
오늘은 저희 아들이 결혼했습니다.

B 恭喜恭喜。
Gōngxǐ gōngxǐ.
꽁시 꽁시
축하합니다.

| 词汇 | 恭喜[gōngxǐ] 축하하다 |

관련 표현

■ 시험에 통과한 것을 축하합니다.
祝贺你通过了考试。
Zhùhè nǐ tōngguòle kǎoshì.
쭈흐어 니 통구어러 카오스

■ 부장으로 승진된 것을 축하합니다.
祝贺你升级当部长了。
Zhùhè nǐ shēngjí dāng bùzhǎng le.
쭈흐어 니 셩지 땅 뿌쟝 러

▶ 축하를 표현할 때 祝贺를 사용할 수 있습니다.

생일 축하해요
我祝你生日快乐。
Wǒ zhù nǐ shēngrì kuàilè.
워 쭈니 셩르 쿠와이르어

▶ 생일을 축하할 때 쓸 수 있는 표현입니다.

회화

A 今天是我的生日。
Jīntiān shì wǒ de shēngrì.
진티엔 스 워더 셩르
오늘은 저의 생일입니다.

B 我祝你生日快乐。
Wǒ zhù nǐ shēngrì kuàilè.
워 쭈니 셩르 쿠와이르어
생일 축하해요.

> **词汇**　毕业[bìyè] 졸업하다　祝贺[zhùhè] 축하하다

관련 표현

■ 축하합니다.
恭喜恭喜!
Gōngxi gōngxi!
꽁시 꽁시

■ 졸업을 축하합니다.
祝贺你毕业了。
Zhùhè nǐ bìyè le.
쭈흐어 니 삐이에 러

▶ 축하하는 말을 다양하게 익혀봅시다.

취업하신 것을 축하합니다
恭喜你找到了工作。
Gōngxǐ nǐ zhǎodàole gōngzuò.
꽁시 니 짜오따오러 꽁쭈어

▶ 누군가를 축하할 때 쓸 수 있는 표현으로 恭喜 뒤에 축하할 내용을 추가하여 쓸 수 있습니다.

회화

A 恭喜你找到了工作。
Gōngxǐ nǐ zhǎodàole gōngzuò.
꽁시 니 짜오따오러 꽁쭈어
취업하신 것을 축하합니다.

B 谢谢你，我请你吃饭吧。
Xièxie nǐ, wǒ qǐng nǐ chīfàn ba.
씨에시에 니, 워 칭 니 츠판 바
고마워요, 제가 밥 살게요.

词汇 吃饭[chīfàn] 밥을 먹다 升职[shēngzhí] 승진하다

관련 표현

■ 승진하신 것을 축하합니다.
恭喜恭喜你升职了。
Gōngxǐ gōngxǐ nǐ shēngzhí le.
꽁시 꽁시 니 셩즈 러

■ 진급하신 것을 축하합니다.
恭喜恭喜你晋升了。
Gōngxǐ gōngxǐ nǐ jìnshēng le.
꽁시 꽁시 니 진셩 러

▶ 승진한 사람에게 축하하는 마음을 표현하는 말입니다.

DAY 051

괜찮아요
没关系。
Méiguānxi.
메이꾸안시

▶ 关系는 '관계'라는 의미를 가집니다. 没와 함께 쓰여 '괜찮다, 관계없다'라는 의미로 쓰이며, 누군가가 나에게 사과나 양해를 구할 때 쓸 수 있습니다.

회화

A 我来晚了。
Wǒ lái wǎn le.
워 라이 완 러
제가 늦게 왔습니다.

B 没关系。
Méiguānxi.
메이꾸안시
괜찮습니다.

词汇 来[lái] 오다 晚[wǎn] 늦다 事[shì] 일 什么[shénme] 무엇

관련 표현

■ 괜찮습니다.
没事儿。
Méishìr.
메이셜

■ 문제없습니다.
没什么。
Méi shénme.
메이 션머

▶ 상대방이 양해를 구하거나 사과를 할 때 대응하여 쓸 수 있는 표현이 여러 가지 있습니다. 상황에 따라서 쓰면서 본인과 맞는 표현을 써보는 것은 어떨까요?

문제없어요
没问题。
Méi wèntí.
메이 원티

▶ 누군가가 나에게 부탁을 할 때 거절하지 않고 상대의 의견을 받아들이면서 쓸 수 있는 표현입니다.

회화

A 你能帮我吗?
Nǐ néng bāng wǒ ma?
니 넝 빵 워 마
저 도와줄 수 있나요?

B 没问题。
Méi wèntí.
메이 원티
문제없습니다.

词汇 问题[wèntí] 문제 能[néng] ~할 수 있다 帮[bāng] 돕다

관련 표현

■ 말할 필요 없습니다.
没的说。
Méi de shuō.
메이 더 슈어

■ 문제없습니다.
不成问题。
Bùchéng wèntí.
뿌청 원티

▶ 没的는 没有와 같은 의미로 쓰입니다. '문제없다, 말할 필요가 없다'라는 의미로 주로 다른 사람의 부탁을 들어줄 때 쓸 수 있습니다.

DAY 053

상관없어요
无所谓。
Wúsuǒwèi.
우수어웨이

▶ 의견을 물어볼 때 무엇을 하든 괜찮다고 말하는 표현입니다.

회화

A 你喜欢吃什么菜?
Nǐ xǐhuan chī shénme cài?
니 시후안 츠 션머 차이

어떤 음식 좋아하세요?

B 无所谓, 我什么都可以。
Wúsuǒwèi, wǒ shénme dōu kěyǐ.
우수어웨이, 워 션머 또우 커이

상관없어요, 저는 무엇이든 괜찮아요.

词汇 喜欢[xǐhuan] 좋아하다 菜[cài] 요리 不在乎[búzàihu] 마음에 두지 않다

관련 표현

■ 그는 이 일에 대해 조금도 상관없습니다.
他对这件事一点也不在乎。
Tā duì zhè jiàn shì yìdiǎn yě búzàihu.
타 뚜이 쩌 지엔 스 이디엔 이에 부짜이후

■ 저는 뭐든 괜찮습니다.
我什么都可以。
Wǒ shénme dōu kěyǐ.
워 션머 또우 커이

▶ 无所谓와 不在乎는 비슷한 의미를 가지지만 不在乎 앞의 주어는 일반적으로 사람이고, 无所谓는 제한을 두지 않습니다. 无所谓는 주어가 생략된 문장에서 단독으로 쓰일 수 있지만 不在乎는 그러한 용법이 없습니다.

별말씀을요
哪里哪里!
Nǎlǐ nǎlǐ!
나리 나리

▶ 누군가가 칭찬을 했을 때 겸손하게 답하는 표현입니다. 보통은 哪里哪里로 반복하면서 표현합니다. 哪里는 '어디'라는 의미도 가집니다.

회화

A 你说汉语说得真地道。
Nǐ shuō Hànyǔ shuō de zhēn dìdao.
니 슈어 한위 슈어더 쩐 띠따오
당신의 중국어는 원어민 수준이네요.

B 哪里哪里!
Nǎlǐ nǎlǐ!
나리 나리
별말씀을요!

词汇　地道[dìdao] 정통의, 진짜의

관련 표현

■ 무슨 말씀을.
哪儿的话。
Nǎr de huà.
날 더 화

■ 아닙니다.
没有。
Méiyou.
메이여우

▶ 没有는 '없다'라는 의미도 있지만, 누군가가 나에게 어떤 말을 했을 때 '아닙니다'라고 할 때도 쓸 수 있습니다.

DAY 055

정말 대단합니다

真了不起。

Zhēn liǎobuqǐ.

쩐 리아오부치

▶ 어떤 행위나 행동이 평범하지 않을 때 쓸 수 있는 표현입니다.

회화

A 我的儿子考上大学了。

Wǒ de érzi kǎoshàng dàxué le.

워더 얼즈 카오상 따쉬에 러

제 아들이 대학에 합격했어요.

B 真了不起。

Zhēn liǎobuqǐ.

쩐 리아오부치

정말 대단합니다.

词汇 考上[kǎoshàng] 합격하다 大学[dàxué] 대학

관련 표현

- 정말 대단합니다.

真不得了。

Zhēn bùdeliǎo.

쩐 뿌더리아오

- 정말 대단합니다!

真棒!

Zhēn bàng!

쩐 빵

▶ '대단하다'라는 다른 표현으로 쓸 수 있습니다.

DAY 056

과찬이십니다
您过奖了。
Nín guòjiǎng le.
닌 꾸어지앙 러

▶ 누군가가 나에게 칭찬을 했을 때 말할 수 있는 표현입니다.

회화

A 您说汉语说得很好。
Nín shuō Hànyǔ shuō de hěn hǎo.
니 슈어 한위 슈어더 헌 하오
당신은 중국어를 잘하십니다.

B 您过奖了。
Nín guòjiǎng le.
닌 꾸어지앙 러
과찬이십니다.

词汇 说[shuō] 말하다 汉语[hànyǔ] 중국어 过奖[guòjiǎng] 과찬이다

관련 표현

■ 아닙니다.
哪儿啊!
Nǎr a!
날 아

■ 아직 멀었습니다.
还差得远呢。
Hái chà de yuǎn ne.
하이 챠 더 위엔 너

▶ 哪儿啊는 칭찬을 받았을 때 쓸 수 있는 의미로 '아닙니다'라는 의미를 가집니다.

힘내세요
我给你加油。
Wǒ gěi nǐ jiāyóu.
워 게이니 지아여우

▶ 加油는 직역하면 '기름을 더하다'라는 의미이지만 우리말로 '파이팅'이라는 의미를 가집니다.

회화

A 这次考试考得不好。
Zhècì kǎoshì kǎo de bù hǎo.
쪄츠 카오스 카오 더 뿌 하오

이번 시험 못봤어요.

B 我给你加油。
Wǒ gěi nǐ jiāyóu.
워 게이 니 지아여우

힘내세요.

词汇 这次[zhècì] 이번 给[gěi] ~에게 力挺[lìtǐng] 응원하다

관련 표현

■ 제가 당신을 응원할게요.
我力挺你。
Wǒ lìtǐng nǐ.
워 리팅 니

■ 제가 당신에게 응원할게요.
我给你100个加油。
Wǒ gěi nǐ yì bǎi ge jiāyóu.
워 게이 니 이 빠이 거 지아여우

▶ 100个加油라는 표현은 그 정도로 응원을 한다는 의미입니다. 숫자는 더 크게 표현할 수 있습니다. 화자의 응원을 포함하는 것입니다.

수고하세요
您辛苦吧。
Nín xīnkǔ ba.
닌 신쿠바

▶ 辛苦는 '수고하다, 고생하다'라는 의미를 가집니다. 해야 할 일이 있을 때 상대에게 쓸 수 있는 표현입니다.

회화

A 今天晚上要加班。
Jīntiān wǎnshang yào jiābān.
진티엔 완샹 이야오 지아빤
오늘 저녁에 야근해야 해요.

B 您辛苦吧。
Nín xīnkǔ ba.
닌 신쿠 바
수고하세요.

词汇 晚上[wǎnshang] 저녁 要[yào] ~해야 한다 加班[jiābān] 야근하다

관련 표현

■ 수고하셨습니다.
辛苦了。
Xīnkǔ le.
신쿨 러

■ 한번만 수고해주세요.
你就辛苦一趟吧。
Nǐ jiù xīnkǔ yí tàng ba.
니 지우 신쿠 이 탕 바

▶ 회의나 수업이 끝났을 때 서로에게 쓸 수 있는 표현입니다.

DAY 059

기분 좀 푸세요
你开心点儿吧。
Nǐ kāixīn diǎnr ba.
니 카이신 디얼 바

▶ 开心은 '기쁘다, 즐겁다'라는 의미로, 풀이 죽어 있거나 힘들어하는 사람에게 쓸 수 있는 표현입니다.

회화

A 我昨天跟女朋友分手了。
Wǒ zuótiān gēn nǚpéngyou fēnshǒu le.
워 쪼우티엔 껀 뉘펑여우 펀쇼울 러

어제 여자 친구랑 헤어졌어요.

B 你开心点儿吧。
Nǐ kāixīn diǎnr ba.
니 카이신 디얼 바

기분 좀 푸세요.

词汇 开心[kāixīn] 기쁘다 昨天[zuótiān] 어제 分手[fēnshǒu] 헤어지다

관련 표현

■ 나가서 기분 전환해요.
出去散散心吧。
Chūqù sànsànxīn ba.
추취 싼싼신 바

■ 기분 전환 좀 하세요.
你想换一下心情吧。
Nǐ xiǎng huàn yíxià xīnqíng ba.
니 시앙 환 이시아 신칭 바

▶ 散心은 기분 전환을 한다는 의미로 스트레스를 해소할 때 쓸 수 있습니다. 상대방이 힘들어할 때 말할 수 있는 표현입니다.

당신의 상황을 이해합니다
我理解你的情况。
Wǒ lǐjiě nǐ de qíngkuàng.
워 리지에 니 더 칭쿠앙

▶ 누군가의 상황을 이해한다고 말할 때 쓸 수 있는 표현입니다. 말하는 상황은 화자의 주관적인 것을 이해하는 것입니다.

회화

A 我理解你的情况。
Wǒ lǐjiě nǐ de qíngkuàng.
워 리지에 니 더 칭쿠앙
당신의 상황을 이해합니다.

B 谢谢你的理解。
Xièxie nǐ de lǐjiě.
씨에시에 니 더 리지에
당신의 이해에 감사드립니다.

词汇 理解[lǐjiě] 이해하다 情况[qíngkuàng] 상황

관련 표현

■ 나는 중국의 역사와 문화를 이해한다.
我很了解中国历史和文化。
Wǒ hěn liǎojiě Zhōngguó lìshǐ hé wénhuà.
워 헌 리아오지에 쭝구어 리스 흐어 원화

■ 저는 귀사의 상황을 이해합니다.
我了解贵公司的情况。
Wǒ liǎojiě guì gōngsī de qíngkuàng.
워 리아오지에 꾸이 꽁스더 칭쿠앙

▶ 了解는 객관적인 상황에 대해 이해한다는 의미를 가지며, 理解는 주관적으로 상황을 이해한다는 의미를 가집니다.

Day 031 감사합니다.

谢谢。

Xièxie.

Day 032 당신의 도움에 감사드립니다.

谢谢您的帮忙。

Xièxie nín de bāngmáng.

Day 033 마중 나와주셔서 감사합니다.

谢谢你来接我。

Xièxie nǐ lái jiē wǒ.

Day 034 배웅해주셔서 고마워요.

谢谢你来送我。

Xièxie nǐ lái sòng wǒ.

Day 035 큰 도움이 되었습니다.

对我帮助太大了。

Duì wǒ bāngzhù tài dà le.

Day 036 제가 어떻게 감사를 드려야 할지 모르겠습니다.

我不知道怎么感谢你才好。

Wǒ bù zhīdào zěnme gǎnxiè nǐ cái hǎo.

Day 037 사소한 일인데 감사할 필요 없어요.

一点儿小事, 用不着谢。

Yìdiǎnr xiǎoshì, yòngbuzháo xiè.

Day 038 감사합니다. 그럼 사양하지 않겠습니다.

谢谢, 那我就不客气了。

Xièxie, nà wǒ jiù búkèqi le.

Day 039 죄송합니다.

不好意思。

Bùhǎoyìsi.

Day 040 용서해주세요.

请您原谅。

Qǐng nín yuánliàng.

Day 041 다음부터 주의하겠습니다.

下次我会注意点儿。

Xiàcì wǒ huì zhùyì diǎnr.

Day 042 모두 제 잘못입니다.

都是我不好。

Dōushì wǒ bù hǎo.

Day 043 제가 번거롭게 했네요.

给你添麻烦了。

Gěi nǐ tiān máfán le.

Day 044 이것은 고의가 아닙니다.

这不是故意的。

Zhè búshì gùyì de.

Day 045 잘못이 있다면 잘못은 저에게 있어요.

要说有错, 错在我。

Yào shuō yǒu cuò, cuò zài wǒ.

Part 02

감사/사과/축하/대답

77

Day 046 오래 기다리게 해서 죄송해요.

不好意思, 让你久等了。

Bùhǎoyìsi, ràng nǐ jiǔ děng le.

Day 047 시간을 너무 많이 빼앗아서 죄송합니다.

破费您的宝贵时间, 真对不起。

Pòfèi nín de bǎoguì shíjiān, zhēn duìbuqǐ.,

Day 048 축하합니다.

恭喜恭喜。

Gōngxǐ gōngxǐ.

Day 049 생일 축하해요.

我祝你生日快乐。

Wǒ zhù nǐ shēngrì kuàilè.

Day 050 취업하신 것을 축하합니다.

恭喜你找到了工作。

Gōngxǐ nǐ zhǎodàole gōngzuò.

Day 051 괜찮아요.

没关系。

Méi guānxi.

Day 052 문제없어요.

没问题。

Méi wèntí.

Day 053 상관없어요.

无所谓。

Wúsuǒwèi.

Day 054 별말씀을요.

哪里哪里!

Nǎlǐ nǎlǐ!

Day 055 정말 대단합니다.

真了不起。

Zhēn liǎobuqǐ.

Day 056 과찬이십니다.

您过奖了。

Nín guòjiǎng le.

Day 057 힘내세요.

我给你加油。

Wǒ gěi nǐ jiāyóu.

Day 058 수고하세요.

您辛苦吧。

Nín xīnkǔ ba.

Day 059 기분 좀 푸세요

你开心点儿吧。

Nǐ kāixīn diǎnr ba.

Day 060 당신의 상황을 이해합니다.

我理解你的情况。

Wǒ lǐjiě nǐ de qíngkuàng.

Part | *03*

일상생활

전화번호가 어떻게 되세요?

你的电话号码是多少?

Nǐ de diànhuà hàomǎ shì duōshao?

니 더 띠엔화 하오마 스 뚜어샤오

▶ 상대방의 전화번호를 물어볼 때 쓸 수 있는 표현입니다.

회화

A 你的电话号码是多少?

Nǐ de diànhuà hàomǎ shì duōshao?

니 더 띠엔화 하오마 스 뚜어샤오

전화번호가 어떻게 되세요?

B 我的电话号码是010-989-0218。

Wǒ de diànhuà hàomǎ shì líng yāo líng jiǔ bā jiǔ líng èr yāo bā.

워 더 띠엔화 하오마 스 링 이야오 링 지우 빠 지우 링 얼 이야오 빠

저의 전화번호는 010-989-0218입니다.

词汇   号码[hàomǎ] 번호 告诉[gàosu] 알려주다 手机[shǒujī] 핸드폰

관련 표현

■ 당신의 핸드폰 번호를 알려주세요.

请告诉你的手机号码。

Qǐng gàosu nǐ de shǒujī hàomǎ.

칭 까우슈 니 더 쇼우지 하오마

■ 저는 그의 전화번호를 알고 있습니다.

我知道他的手机号码。

Wǒ zhīdào tā de shǒujī hàomǎ.

워 즈따오 타 더 쇼우지 하오마

▶ 상대방의 전화번호를 물어보거나 상대방의 전화번호를 안다고 할 때 쓸 수 있는 표현입니다.

키가 어떻게 되세요?

你个子有多高?

Nǐ gèzi yǒu duō gāo?

니 꺼즈 여우 뚜어 까오

▶ 상대방의 키를 물어볼 때 쓸 수 있는 표현입니다.

회화

A 你个子有多高?

Nǐ gèzi yǒu duō gāo?

니 꺼즈 여우 뚜어 까오

키가 어떻게 되세요?

B 我个子有一米六八。

Wǒ gèzi yǒu yì mǐ liù bā.

워 꺼즈 여우 이 미 리우 빠

저는 1미터 68입니다.

词汇 个子[gèzi] 키 高[gāo] (키가) 크다 米[mǐ] 미터

관련 표현

■ 몸무게가 어떻게 되세요?

你有多重?

Nǐ yǒu duō zhòng?

니 여우 뚜어 쭝

■ 체중이 어떻게 되세요?

你的体重有多重?

Nǐ de tǐzhòng yǒu duō zhòng?

니더 티쭝 여우 뚜어 쭝

▶ 몸무게를 물어볼 때 쓸 수 있는 표현입니다.

나이가 어떻게 되세요?
您多大年纪了?
Nín duōdà niánjì le?
닌 뚜어따 니엔지 러

▶ 나이가 많은 분에게 물어볼 때 쓸 수 있는 표현입니다. 나이에 따라 물어보는 방식이
달라집니다.

회화

A 您多大年纪了?
Nín duōdà niánjì le?
닌 뚜어따 니엔지 러
연세가 어떻게 되세요?

B 我三十五岁了。
Wǒ sānshíwǔ suì le.
워 싼스우 슈이 러
저는 35세입니다.

词汇   年纪[niánjì] 연세 岁[suì] (나이)살

관련 표현

■ 너 몇 살이니?
你几岁?
Nǐ jǐ suì?
니 지 슈이

■ 나이가 어떻게 되세요?
你多大?
Nǐ duō dà?
니 뚜어 따

▶ 연령대에 따라 나이를 물어보는 표현이 다양합니다. 그에 맞는 표현법을 익혀서 활용해보세요.

당신의 고향은 어디인가요?
你的老家是哪里?
Nǐ de lǎojiā shì nǎlǐ?
니 더 라오지아 스 나리

▶ 상대방에게 고향을 물어볼 때 쓸 수 있는 표현입니다.

회화

A 你的老家是哪里?
Nǐ de lǎojiā shì nǎlǐ?
니 더 라오지아 스 나리
당신의 고향은 어디세요?

B 我的老家是北京。
Wǒ de lǎojiā shì Běijīng.
워 더 라오지아 스 뻬이징
저의 고향은 베이징입니다.

词汇 老家[lǎojiā] 고향 故乡[gùxiāng] 고향

관련 표현

■ 당신의 고향은 어디인가요?
你的故乡是哪里?
Nǐ de gùxiāng shì nǎlǐ?
닌 더 꾸시앙 스 나리

■ 당신의 고향은 어디인가요?
你的故乡在哪儿?
Nǐ de gùxiāng zài nǎr?
니 더 꾸시앙 짜이 날

▶ 老家, 故乡, 家乡 모두 '고향'이라는 의미를 가집니다. 老家는 보통 구어체에서 사용하고 지명의 수식을 받을 수 있으며 故乡, 家乡는 문어체에서 사용하며, 형용사의 수식을 받습니다.

저는 서울에서 15년째 살고 있어요

我在首尔呆了十五年了。

Wǒ zài Shǒu'ěr dāile shíwǔ nián le.
워 짜이 쇼우얼 따이러 스우 니엔 러

▶ 누군가가 얼마나 어떤 지역에서 살고 있는지 물어볼 때 그에 대해 대답하는 표현입니다.

회화

A 你在首尔呆了多长时间?

Nǐ zài Shǒu'ěr dāile duōcháng shíjiān?
니 짜이 쇼우얼 따이러 뚜어창 스지엔

당신은 서울에서 얼마나 살고 계시나요?

B 我在首尔呆了十五年了。

Wǒ zài Shǒu'ěr dāile shíwǔ nián le.
워 짜이 쇼우얼 따이러 스우 니엔 러

저는 서울에서 15년째 살고 있어요.

词汇 呆[dāi] 머물다 住[zhù] 살다

관련 표현

■ 당신은 어디에 사시나요?

你住在哪儿?

Nǐ zhùzài nǎr?
니 쭈짜이 날

■ 당신은 어디에 사시나요?

你住在什么地方?

Nǐ zhùzài shénme dìfang?
니 쭈짜이 션머 띠팡

▶ 상대방에게 어디에 사는지 대해 묻는 표현입니다.

가장 잘하는 노래가 뭐예요?

你的拿手歌是什么?

Nǐ de náshǒugē shì shénme?

니더 나쇼우꺼 스 션머

▶ 가장 잘하는 노래, 우리는 흔히 18번이라고 합니다. 가장 잘하는 노래를 물어볼 때 쓸 수 있는 표현입니다.

회화

A 你的拿手歌是什么?

Nǐ de náshǒu gē shì shénme?

니더 나쇼우꺼 스 션머

가장 잘하는 노래가 뭐예요?

B 没有, 我唱得不好。

Méiyou, wǒ chàng de bù hǎo.

메이여우, 워 창 더 뿌 하오

없어요, 저는 노래 못해요.

词汇 拿手[náshǒu] 뛰어나다 歌[gē] 노래 唱[chàng] 부르다

관련 표현

■ 당신들이 가장 잘하는 요리는 무엇인가요?

你们的拿手菜是什么?

Nǐmen de náshǒu cài shì shénme?

니먼더 나쇼우 차이 스 션머

■ 우리 선생님은 붓글씨를 잘 쓰십니다.

我们老师写毛笔字很拿手。

Wǒmen lǎoshī xiě máobǐzì hěn náshǒu.

워먼 라오스 시에 마오삐쯔 헌 나쇼우

▶ 拿手는 '뛰어나다, 가장 잘하다'라는 의미를 가집니다. [拿手 + 명사]의 용법으로 표현할 수 있습니다.

노래 정말 잘하시네요
你唱歌唱得很好。
Nǐ chànggē chàng de hěn hǎo.
니 창꺼 창 더 헌 하오

▶ [동사 + 목적어 + 동사 + 得 + 정도보어]의 용법으로 술어 뒤에서 어떤 동작이 진행되는 상황, 결과, 수량 등을 보충 설명할 수 있습니다.

회화

A 你唱歌唱得很好。
Nǐ chànggē chàng de hěn hǎo.
니 창꺼 창 더 헌 하오
노래 정말 잘하시네요.

B 我没有你唱得很好。
Wǒ méiyou nǐ chàng de hěn hǎo.
워 메이여우 니 창 더 헌 하오
저는 당신만큼 잘하지 못해요.

词汇 没有[méiyou] ~만큼 ...하지 못하다 好听[hǎotīng] 듣기 좋다

관련 표현

■ 당신 노래 정말 듣기 좋네요.
你唱歌真好听。
Nǐ chànggē zhēn hǎotīng.
니 창꺼 쩐 하오팅

■ 저는 노래를 못합니다.
我唱歌唱得不好。
Wǒ chànggē chàng de bù hǎo.
워 창꺼 창 더 뿌하오

▶ 비슷한 표현인 好听을 이용하여 말할 수 있는 표현입니다.

저는 음치입니다

我五音不全。

Wǒ wǔyīnbùquán.

워 우인부취엔

▶ 음치라는 표현을 풀면 5음이 완전하지 않다는 뜻입니다.

회화

A 让我们听听你唱歌。

Ràng wǒmen tīngtīng nǐ chànggē.

량 워먼 팅팅 니 창꺼

우리한테 노래 불러주세요.

B 我五音不全。

Wǒ wǔyīnbùquán.

워 우인부취엔

저는 음치입니다.

词汇 让[ràng] ~하게 하다 不太[bútài] 그다지 ~하지 않다

관련 표현

■ 저는 노래를 그다지 잘하지 못합니다.

我唱歌唱得不太好。

Wǒ chànggē chàng de bútài hǎo.

워 창꺼 창 더 부타이 하오

■ 저는 노래를 잘 못 부릅니다.

我唱歌唱得不好听。

Wǒ chànggē chàng de bù hǎotīng.

워 창꺼 창 더 뿌 하오팅

▶ 노래를 잘 부르지 못한다고 말할 때 쓸 수 있는 다른 표현입니다.

제가 노래 부르면 귀 막고 나갈 거예요

我唱歌, 你就会捂着耳朵跑出去的。

Wǒ chànggē, nǐ jiù huì wǔzhe ěrduo pǎo chūqù de.

워 창꺼, 니 지우 후이 우져 얼뚜어 파오 추취 더

▶ 간단하게 음치라고 할 수도 있지만, 상황을 자세하게 설명하면서 그 정도로 노래를 못한다고 말할 때 쓸 수 있는 표현입니다.

회화

A 让我们听听你唱歌。

Ràng wǒmen tīngtīng nǐ chànggē.

랑 워먼 팅팅 니 창꺼

우리한테 노래 불러주세요.

B 我唱歌, 你就会捂着耳朵跑出去的。

Wǒ chànggē, nǐ jiù huì wǔzhe ěrduo pǎo chūqù de.

워 창꺼, 니 지우 후이 우져 얼뚜어 파오 추취 더

제가 노래 부르면 귀 막고 나갈거예요.

词汇 捂[wǔ] 막다, 덮다 耳朵[ěrduo] 귀 跑[pǎo] 뛰다 害羞[hàixiū] 부끄럽다

관련 표현

■ 저는 부끄럽습니다.

我害羞了。

Wǒ hàixiū le.

워 하이시우 러

■ 저는 부끄럽게 얼굴을 가렸습니다.

我害羞地捂着脸。

Wǒ hàixiū de wǔzhe liǎn.

워 하이시우 더 우져 리엔

▶ 창피하거나 부끄러울 때 할 수 있는 행동을 표현해봅시다.

DAY 070

내 꿈 꿔요
梦中有我。
Mèng zhōng yǒu wǒ.
멍중 여우 워

▶ 연인에게, 혹은 관심이 있는 사람에게 자기 전에 말할 수 있는 표현입니다.

회화

A 梦中有我。
Mèng zhōng yǒu wǒ.
멍 중 여우 워
내 꿈 꿔요.

B 我也希望梦见你。
Wǒ yě xīwàng mèng jiàn nǐ.
워 이에 시왕 멍 지엔 니
저도 꿈에서 보길 바라요.

> **词汇** 希望[xīwàng] 희망하다 见[jiàn] 보다

관련 표현

■ 내 꿈 꿔요.
做个有我的梦。
Zuò ge yǒu wǒ de mèng.
쭈어거 여우 워더 멍

■ 저는 꿈에서 당신을 보고 싶어요.
我想梦见到你。
Wǒ xiǎng mèng jiàndào nǐ.
워 시앙 멍 지엔따오 니

▶ 梦中有我와 같은 표현으로 다르게 쓸 수 있는 표현입니다.

꿈 깨세요
别做梦了。
Bié zuò mèng le.
비에 쭈어 멍 러

▶ 누군가가 허무맹랑한 이야기를 할 때 상대방에게 할 수 있는 표현입니다.

회화

A 我喜欢你, 我们做个朋友吧。
Wǒ xǐhuan nǐ, wǒmen zuò ge péngyou ba
워 시후안 니, 워먼 쭈어 거 펑여우 바
당신을 좋아합니다, 우리 사귀어요.

B 别做梦了。
Bié zuò mèng le.
비에 쭈어 멍 러
꿈 깨세요.

词汇   喜欢[xǐhuan] 좋아하다 朋友[péngyou] 친구 做[zuò] 하다

관련 표현

■ 꿈 깨세요.
想得美。
Xiǎng de měi.
시앙 더 메이

■ 꿈 깨세요.
做梦。
Zuò mèng.
쭈어 멍

▶ 직역을 하면 '생각하는 것이 아름답다'로 '꿈도 야무지다'라는 의미로 표현할 수 있습니다.

저는 가끔 잠꼬대를 해요

我有时说梦话。

Wǒ yǒushí shuō mènghuà.

워 여우스 슈어 멍화

▶ 꿈에서 말하는 것을 '잠꼬대를 한다'라고 표현을 합니다.

회화

A 你睡觉的时候, 说梦话吗?

Nǐ shuìjiào de shíhou, shuō mènghuà ma?

니 슈이지아오 더 스호우 슈어 멍화 마

잠잘 때 잠꼬대하세요?

B 我有时说梦话。

Wǒ yǒushí shuō mènghuà.

워 여우스 슈어 멍화

저는 가끔 잠꼬대를 해요.

词汇 有时[yǒushí] 때로는 别[bié] ~하지 마라

관련 표현

■ 잠꼬대 같은 소리 하지 마세요.

别说梦话了。

Bié shuō mènghuà le.

비에 슈어 멍화러

■ 꿈 깨요.

你休想。

Nǐ xiūxiǎng.

니 시우시앙

▶ 허무맹랑한 이야기를 하는 사람에게 '잠꼬대 같은 소리 하지 마라'라고 말할 수 있습니다.

저는 잠잘 때 코를 심하게 골아요

我睡觉时打呼噜打得很厉害。

Wǒ shuìjiào shí dǎ hūlū dǎ de hěn lìhai.

워 슈이지아오 스 따 후루 따 더 헌 리하이

▶ 누군가의 코 고는 소리에 잠을 설친 적이 있을 수도 있고, 본인이 코를 고는 경우가 있을 것입니다. 그때 말할 수 있는 표현입니다.

회화

A 我睡觉时打呼噜打得很厉害。

Wǒ shuìjiào shí dǎhūlū dǎ de hěn lìhai.

워 슈이지아오 스 따 후루 따 더 헌 리하이

저는 잠잘 때 코를 심하게 골아요.

B 你还是去医院吧。

Nǐ háishi qù yīyuàn ba.

니 하이스 취 이위엔 바

병원에 가는 것이 좋겠어요.

词汇 打呼噜[dǎhūlū] 코를 골다 睡着[shuìzháo] 잠들다

관련 표현

■ 저는 1분도 못 잤어요.

我一分钟都没睡着。

Wǒ yì fēnzhōng dōu méi shuìzháo.

워 이 펀 중 또우 메이 슈이짜오

■ 저는 잘 못 잤어요.

我睡得不好。

Wǒ shuì de bù hǎo.

워 슈이 더 뿌 하오

▶ 코 고는 소리에 잠을 자지 못했다고 말할 때, 혹은 다른 문제로 잠을 자지 못했을 때 쓸 수 있는 표현입니다.

어제 저녁에 푹 잤어요

睡得很死, 谁背走我, 我都不会知道。

Shuì de hěn sǐ, shéi bèi zǒu wǒ, wǒ dōu búhuì zhīdào.

슈이 더 헌 쓰, 쉐이 뻬이 쩌우 워, 워 또우 부후이 즈따오

▶ 자고 있을 때 누가 업어가도 모를 정도로, 혹은 죽은 것처럼 잘 잤다고 말할 때 쓸 수 있는 표현입니다.

회화

A 你昨晚睡得舒服了吗?

Nǐ zuówǎn shuì de shūfu le ma?

니 쪼우완 슈이더 슈프 마

어제 저녁에 잘 잤어요?

B 睡得很死, 谁背走我, 我都不会知道。

Shuì de hěn sǐ, shéi bèi zǒu wǒ, wǒ dōu búhuì zhīdào.

슈이 더 헌 쓰, 쉐이 뻬이 쩌우 워, 워 또우 부후이 즈따오

어제 저녁에 푹 잤어요.

词汇　舒服[shūfu] 편하다　背[bèi] 업다

관련 표현

■ 잠을 설쳤어요.

没睡好觉。

Méi shuì hǎo jiào.

메이 슈이 하오 지아오

■ 저는 늦잠을 잤어요.

我睡过头了。

Wǒ shuì guòtóu le.

워 슈이 꾸어토우 러

▶ 잠을 자지 못했을 때 혹은 늦잠을 잤을 때 쓸 수 있는 표현입니다.

누구랑 같이 온 거예요?
跟谁一起来的?
Gēn shéi yìqǐ lái de?
껀 쉐이 이치 라이 더

▶ 是....的 구문으로 강조하는 용법입니다. 본 표현에서는 是가 생략되었지만 누구와
같이 온 것을 강조하여 질문하는 표현입니다.

회화

A 跟谁一起来的?
Gēn shéi yìqǐ lái de?
껀 쉐이 이치 라이 더
누구랑 같이 온 거예요?

B 跟我的朋友一起来的。
Gēn wǒ de péngyou yìqǐ lái de.
껀 워더 펑여우 이치 라이 더
제 친구랑 같이 왔어요.

词汇 　朋友[péngyou] 친구 一起[yìqǐ] 함께

관련 표현

■ 당신과 함께 있다.
和你在一起。
Hé nǐ zài yìqǐ.
흐어 니 짜이 이치

■ 저 혼자 온 것입니다.
是我一个人来的。
Shì wǒ yí ge rén lái de.
스 워 이거 런 라이 더

▶ 2003년에 〈和你在一起〉라는 중국영화가 개봉했는데 한국에는 〈투게더〉라는 제목으로 개봉
되었습니다.

저는 당신이 중국인인 줄 알았어요

我以为你是中国人。

Wǒ yǐwéi nǐ shì Zhōngguórén.

워 이웨이 니 스 중구어런

▶ 以为는 '~라고 여기다'라는 의미를 가진 동사입니다. 추측한 결과가 사실과 일치하지 않는 경우에 사용합니다.

회화

A 我是韩国人。

Wǒ shì Hánguórén.

워 스 한구어런

저는 한국인입니다.

B 我以为你是中国人。

Wǒ yǐwéi nǐ shì Zhōngguórén.

워 이웨이 니 스 중구어런

저는 당신이 중국인인 줄 알았어요.

词汇   重要[zhòngyào] 중요하다 觉得[juéde] (주관적) 생각하다

관련 표현

■ 저는 건강이 제일 중요하다고 생각합니다.

我认为身体健康最重要。

Wǒ rènwéi shēntǐ jiànkāng zuì zhòngyào.

워 런웨이 션티 지엔캉 쭈이 쭝이야오

■ 제 생각에는 중국어가 그렇게 어렵지 않습니다.

我觉得汉语不太难。

Wǒ juéde Hànyǔ bútài nán.

워 지에더 한위 부타이 난

▶ 觉得은 주관적인 느낌이나 감정표현에 많이 사용되고, 认为는 사람과 사물에 대한 객관적인 판단과 생각을 나타냅니다. 以为는 자신이 생각한 것이 사실과 일치하지 않을 때 사용합니다.

그렇게 해요
一言为定。
Yìyánwéidìng.
이이엔웨이띵

▶ 서로 약속을 하고, 약속한 부분을 그렇게 하자고 다시 확인할 때 쓸 수 있는 표현입니다.

회화

A 我们明天晚上七点见面吧。

Wǒmen míngtiān wǎnshang qīdiǎn jiànmiàn ba.

워먼 밍티엔 완상 치 디엔 지엔미엔 바

우리 내일 저녁 7시에 만나요.

B 好的, 一言为定。

Hǎo de, yìyánwéidìng.

하오 더, 이이엔웨이띵

좋아요, 그렇게 해요.

词汇 明天[míngtiān] 내일 晚上[wǎnshang] 저녁

관련 표현

■ 그럼 그렇게 해요.

就这么定了。
Jiù zhème dìng le.
지우 쩌머 띵 러

■ 그러면 이렇게 해요.

那这么办吧。
Nà zhème bàn ba.
나 쩌머 빤 바

▶ 약속을 정하면서 상대방의 의견에 동의할 때 쓸 수 있는 표현입니다.

DAY 078

곧 도착합니다
我马上到。
Wǒ mǎshàng dào.
워 마샹 따오

▶ 도착지를 가고 있는 상황에서 상대방이 언제 도착하냐고 물었을 때 답할 수 있는 표현입니다.

회화

A 你什么时候到?
Nǐ shénmeshíhou dào?
니 션머스호우 따오
언제 도착해요?

B 我马上到。
Wǒ mǎshàng dào.
워 마샹 따오
곧 도착합니다.

词汇   马上[mǎshàng] 곧 到[dào] 도착하다

관련 표현

■ 곧 도착해요.
我快要到了。
Wǒ kuàiyào dào le.
워 쿠와이야오 따오 러

■ 전 아마 늦을 겁니다.
我可能会迟到了。
Wǒ kěnéng huì chídào le.
워 커넝 후이 츠따오 러

▶ [快要....了]는 '곧 ~하려고 하다'라는 의미를 가집니다.

우리도 막 도착했어요
我们也是刚到。
Wǒmen yěshì gāng dào.
워먼 이에스 깡 따오

▶ 상대방이 늦어서 미안하다고 말을 할 때 예의상 방금 왔다고 말하는 표현입니다.

회화

A 不好意思, 我来晚了。
Bùhǎoyìsi, wǒ lái wǎn le.
부하오이쓰, 워 라이 완 러
죄송해요, 제가 늦게 왔어요.

B 没关系, 我们也是刚到。
Méiguānxi, wǒmen yěshì gāngdào.
워먼 이에스 깡 따오
괜찮아요, 우리도 막 도착했어요.

词汇 刚[gāng] 막, 금방 来得及[láidejí] 늦지 않다

관련 표현

■ 지금 가면 제시간에 갈 수 있죠?
现在去来得及吗?
Xiànzài qù láidejí ma?
씨엔짜이 취 라이더지 마

■ 지금 가면 제시간에 갈 수 없습니다.
现在去来不及。
Xiànzài qù láibují.
씨엔짜이 취 라이뿌지

▶ 지각하지 않고 갈 수 있느냐는 질문과 대답 표현입니다. 来得及라는 어휘에 대해 기억을 할 필요가 있습니다.

▶ 상대방이 무슨 일이 있는지 물어보는 표현입니다.

회화

A 你有什么事吗?
Nǐ yǒu shénme shì ma?
니 여우 션머 스 마
무슨 일 있어요?

B 我没有什么事, 就是有点儿头疼。
Wǒ méiyou shénme shì, jiùshì yǒudiǎnr tóuténg.
워 메이여우 션머 스, 지우스 여우디얼 토우텅
무슨 일 없어요, 다만 좀 머리가 아파요.

词汇 有点儿[yǒudiǎnr] 좀, 약간 头疼[tóuténg] 두통 就是[jiùshì] 그렇지만

Part 03 일상생활

관련 표현

■ 왜 그래요?
你怎么了?
Nǐ zěnme le?
니 쩐멀 러

■ 왜 그래요?
干嘛?
Gàn má?
깐 마

▶ 상황에 따라 의미는 달라질 수 있습니다. 상대방이 무슨 일이 있는 듯이 쳐다보거나 갑자기 안 하던 행동을 할 때 쓸 수 있는 말들입니다.

말하자면 길어요
说来话长。
Shuō lái huà cháng.
슈어 라이 화 창

▶ 간단하게 말할 수 없는 상황이 있을 때가 있습니다. 그럴 때 이렇게 말해보세요.

회화

A 这几天你都到哪儿去了?
Zhè jǐ tiān nǐ dōu dào nǎr qù le?
쩌 지티엔 니 또우 따오 날 취 러
요 며칠 어디 갔었어요?

B 说来话长。
Shuō lái huà cháng.
슈어 라이 화 창
말하자면 길어요.

词汇   长[cháng] 길다 心事[xīnshì] 걱정거리, 고민거리

관련 표현

■ 무슨 고민거리가 있으면 저에게 말하세요.
有什么心事跟我说说。
Yǒu shénme xīnshì gēn wǒ shuōshuo.
여우 션머 신스 껀 워 슈어슈어

■ 무슨 문제가 있으면 저에게 말하세요.
有什么问题跟我说说。
Yǒu shénme wèntí gēn wǒ shuōshuo.
여우 션머 원티 껀 워 슈어슈어

▶ 누군가가 고민거리가 있어 보일 때 상대방에게 쓸 수 있는 표현입니다.

저 감기에 걸렸어요
我感冒了。
Wǒ gǎnmào le.
워 간마올 러

▶ 감기에 걸렸을 때나 누군가가 나의 건강을 물어볼 때 쓸 수 있는 표현입니다.

회화

A 我感冒了。
Wǒ gǎnmào le.
워 간마올 러
저 감기에 걸렸어요.

B 请注意身体吧。
Qǐng zhùyì shēntǐ ba.
칭 쭈이 션티 바
건강 주의하세요.

词汇 感冒[gǎnmào] 감기에 걸리다 注意[zhùyì] 주의하다

관련 표현

■ 저는 독감에 걸렸어요.
我得了流感。
Wǒ déle liúgǎn.
워 더러 리우간

■ 감기 조심하세요.
小心感冒。
Xiǎoxīn gǎnmào.
시아오신 간마오

▶ 流感은 流行性感冒를 줄여서 쓰는 단어입니다.

저 이번 시험 망쳤어요

这次考试考砸了。

Zhècì kǎoshì kǎo zá le.

쩌츠 카오스 카오 자 러

▶ 시험을 어떻게 봤냐고 물어보았을 때 쓸 수 있는 표현입니다.

회화

A 这次考试考得怎么样?

Zhècì kǎoshì kǎo de zěnmeyàng?

쩌츠 카오스 카오더 쩐머이양

이번 시험 어떻게 봤어요?

B 这次考试考砸了。

Zhècì kǎoshì kǎo zá le.

쩌츠 카오스 카오 자 러

저 이번 시험 망쳤어요.

词汇 这次[zhècì] 이번 考试[kǎoshì] 시험 砸[zá] 망치다, 실패하다

관련 표현

■ 이번 시험 너무 못 봤어요.

这次考试考得很不好。

Zhècì kǎoshì kǎo de hěn bù hǎo.

쩌츠 카오스 카오더 헌 뿌 하오

■ 이번 시험 또 망쳤어요.

这次考试又考砸了。

Zhècì kǎoshì yòu kǎo zá le.

쩌츠 카오스 여우 카오 자 러

▶ 시험을 못 봤다고 말할 때 쓸 수 있는 다른 표현입니다.

DAY 084

작심삼일이에요
三天打鱼两天晒网。
Sān tiān dǎyú liǎng tiān shài wǎng.
싼 티엔 따위 리앙 티엔 샤이 왕

▶ '사흘간 고기를 잡고 이틀간 그물을 말리다'라는 의미로 꾸준히 하지 못한다는 의미 입니다.

회화

A 你还在戒酒吗?
Nǐ hái zài jièjiǔ ma?
니 하이 짜이 지에지우 마
아직도 금주 중이세요?

B 三天打鱼两天晒网。
Sān tiān dǎyú liǎng tiān shài wǎng.
싼 티엔 따위 리앙 티엔 샤이 왕
작심삼일이죠.

词汇 打鱼[dǎyú] 낚시하다 晒[shài] 햇볕을 쬐다 网[wǎng] 그물

관련 표현

- 작심삼일입니다.
三分种热情。
sān fēnzhōng rèqíng.
싼 펀 중 르어칭

- 저는 시작하자마자 포기했습니다.
我一开始就放弃了。
Wǒ yì kāishǐ jiù fàngqì le.
워 이 카이스 지우 팡치 러

▶ 첫 번째 문장은 직역을 하면 '3분간의 열정'으로, 작심삼일을 표현하는 다른 표현입니다.

식은 죽 먹기죠
小菜一碟。
Xiǎocài yì dié.
시아오차이 이 디에

▶ '간단한 요리 한 접시'라는 의미로 아주 쉽게 할 수 있는 일을 의미합니다.

회화

A 你会这件事吗?
Nǐ huì zhè jiàn shì ma?
니 후이 쩌 지엔 스 마
이 일 할 수 있어요?

B 当然, 小菜一碟。
Dāngrán, xiǎocài yì dié.
땅란, 시아오차이 이 디에
당연합니다, 식은 죽 먹기죠.

词汇 小菜[xiǎocài] 간단한 요리 碟[dié] 접시 当然[dāngrán] 당연하다

관련 표현

■ 이 일은 매우 간단합니다.
这件事太简单了。
Zhè jiàn shì tài jiǎndān le.
쩌 지엔 스 타이 지엔딴 러

■ 이 일은 쉽습니다.
这件事很容易了。
Zhè jiàn shì hěn róngyì le.
쩌 지엔 스 헌 롱이 러.

▶ 어떤 일이 쉽다고 말할 때 쓸 수 있는 또 다른 표현입니다.

오늘 안색이 안 좋으시네요
你今天脸色不太好。
Nǐ jīntiān liǎnsè bútài hǎo.
니 진티엔 리엔써 부타이 하오

▶ 상대방이 몸의 상태가 좋지 않아 보일 때 쓸 수 있는 표현입니다.

회화

A 你今天脸色不太好。
Nǐ jīntiān liǎnsè bútài hǎo.
니 진티엔 리엔써 부타이 하오
오늘 안색이 안 좋으시네요.

B 我昨晚睡得不舒服。
Wǒ zuówǎn shuì de bù shūfu.
워 쭈오완 슈이 더 뿌 슈프
어제 저녁에 잠을 잘 못 잤어요.

词汇 脸色[liǎnsè] 안색 舒服[shūfu] 편안하다 昨晚[zuówǎn] 어제 저녁

관련 표현

■ 보아하니 좀 피곤해 보이네요.
你看上去有点儿累。
Nǐ kànshàngqù yǒudiǎnr lèi.
니 칸샹취 여우디얼 레이

■ 보아하니 좀 피곤해 보이네요.
你看起来有点儿累。
Nǐ kàn qǐlái yǒudiǎnr lèi.
니 칸 치라이 여우디얼 레이

▶ 누군가가 피곤해 보이거나 상태가 좋지 않아 보일 때 쓸 수 있는 표현입니다.

절 도와주시겠어요?

你能帮我吗?

Nǐ néng bāng wǒ ma?

니 넝 빵 워 마

▶ 누군가에게 도와달라고 요청할 때 쓸 수 있는 표현입니다.

회화

A 你能帮我吗?

Nǐ néng bāng wǒ ma?

니 넝 빵 워 마

절 도와주시겠어요?

B 不好意思, 我现在工作很忙。

Bùhǎoyìsi, wǒ xiànzài gōngzuò hěn máng.

부하오이쓰, 워 시엔짜이 꽁쭈어 헌 망

죄송합니다, 제가 지금 일이 바빠요.

词汇 帮[bāng] 돕다 现在[xiànzài] 현재 工作[gōngzuò] 일, 일하다

관련 표현

■ 저를 도와줄 수 있나요?

你能帮我的忙吗?

Nǐ néng bāng wǒ de máng ma?

니 넝 빵 워 더 망 마

■ 저는 당신을 도와줄 수 있습니다.

我能帮你的忙。

Wǒ néng bāng nǐ de máng.

워 넝 빵 니 더 망

▶ 帮忙이라는 단어를 이용하여 자신을 도와줄 수 있는지 물어볼 수 있는 표현입니다.

제가 할게요, 당신 일 보세요
我来吧，你去你的忙吧。
Wǒ lái ba, nǐ qù nǐ de máng ba.
워 라이 바, 니 취 니더 망 바

▶ 누군가에게 도움을 요청하기 위해서 갔지만 바쁜 모습에 말할 수 있는 표현입니다.

회화

A 我现在没有时间。
Wǒ xiànzài méiyou shíjiān.
워 시엔짜이 메이여우 스지엔
제가 지금 시간이 없습니다.

B 我来吧，你去你的忙吧。
Wǒ lái ba, nǐ qù nǐ de máng ba.
워 라이 바, 니 취 니 더 망바
제가 할게요, 일 보세요.

词汇 办[bàn] 하다 自己[zìjǐ] 스스로

관련 표현

■ 제가 스스로 할게요.
我自己来。
Wǒ zìjǐ lái.
워 쯔지 라이

■ 저 혼자 할게요.
我一个人做。
Wǒ yí ge rén zuò.
워 이거 런 쭈어

▶ 여기에서 来는 '오다'라는 의미가 아니고, 화자의 적극적인 동작을 강조하는 말입니다.

이거 촌스러워요
这个很土。
Zhège hěn tǔ.
쩌거 헌 투

▶ 촌스럽다는 말을 할 때 土를 써서 말할 수 있습니다.

회화

A **这件衣服怎么样?**
Zhè jiàn yīfu zěnmeyàng?
쩌 지엔 이프 쩐머이양

이 옷 어때요?

B **这个很土。**
Zhège hěn tǔ.
쩌거 헌 투

이거 촌스러워요.

词汇   土[tǔ] 촌스럽다   衣服[yīfu] 옷   土气[tǔqì] 촌스럽다

관련 표현

■ 이것은 너무 촌스러워요.
这个太土气了吧。
Zhège tài tǔqì le ba.
쩌거 타이 투치러 바

■ 이 옷은 촌스럽습니다.
这件衣服很土。
Zhè jiàn yīfu hěn tǔ.
쩌 지엔 이프 헌 투

▶ 土气는 '촌스럽다, 유행에 뒤처지다'라는 의미를 가지며, 어떤 물건이 투박할 때 말할 수 있는 표현입니다.

생각이 날 듯 말 듯 해요
它就在我嘴边。
Tā jiù zài wǒ zuǐbiān.
타 지우 짜이 워 쭈이비엔

▶ 생각이 날 듯 말 듯 하면서 입가에서 맴돌 때가 많이 있습니다. 그럴 때 쓸 수 있는 표현입니다.

회화

A 他叫什么名字来着?
Tā jiào shénme míngzi láizhe?
타 지아오 션머 밍쯔 라이져
그 사람 이름이 뭐라고 했죠?

B 它就在我嘴边。
Tā jiù zài wǒ zuǐbiān.
타 지우 짜이 워 쭈이비엔
생각이 날 듯 말 듯 하네요.

> **词汇** 嘴边[zuǐbiān] 입가 来着[láizhe] ~했더라

관련 표현

■ 생각이 안 나요.
想不起来。
Xiǎngbuqǐlái.
시앙뿌치라이

■ 생각이 났어요.
想起来了。
Xiǎng qǐlái le.
시앙 치라이 러

▶ 첫 번째 문장은 원래 알고 있는 것을 잊어버려서 다시 생각하려고 해도 생각이 안 날 때 쓸 수 있는 표현입니다.

저는 일찍 자고 일찍 일어납니다
我早睡早起。
Wǒ zǎo shuì zǎo qǐ.
워 짜오 슈이 짜오 치

▶ 일상에서 일찍 자고 일찍 일어난다고 말하는 표현입니다.

회화

A 你一般几点睡觉?
Nǐ yìbān jǐ diǎn shuìjiào?
니 이빤 지디엔 슈이지아오
당신은 보통 몇 시에 주무시나요?

B 我早睡早起。
Wǒ zǎo shuì zǎo qǐ.
워 짜오 슈이 짜오 치
저는 일찍 자고 일찍 일어납니다.

词汇 一般[yìbān] 보통, 일반적으로 睡觉[shuìjiào] 잠자다

관련 표현

- 늦잠 자다
  睡懒觉
  Shuìlǎnjiào
  슈이란지아오

- 침대에서 뒹굴거리고 있어요.
  我还赖在床上不起呢。
  Wǒ hái lài zài chuáng shang bù qǐ ne.
  워 하이 라이 짜이 추양 샹 뿌 치 너

▶ 睡懒觉는 기상시간임을 알았음에도 불구하고 늦잠을 잤을 때 쓸 수 있는 표현이고, 睡过头 [shuìguòtóu]는 기상시간이 지난 것을 모르고 늦잠을 잤을 때 사용하는 표현입니다.

DAY 092

아침에는 밥맛이 없어요

早上没有胃口。

Zǎoshang méiyou wèikǒu.

짜오샹 메이여우 웨이코우

▶ 아침을 안 먹는 사람이 많습니다. 아침을 왜 안 먹느냐는 질문에 답할 수 있는 표현입니다.

회화

A 你为什么不吃早饭?

Nǐ wèishénme bù chī zǎofàn?

니 웨이션머 부 츠 짜오판

왜 아침을 안 먹어요?

B 早上没有胃口。

Zǎoshang méiyou wèikǒu.

짜오샹 메이여우 웨이코우

아침에는 밥맛이 없어요.

词汇 早上[zǎoshang] 아침 胃口[wèikǒu] 입맛

관련 표현

■ 식욕이 조금도 없어요.

一点儿胃口都没有。

Yìdiǎnr wèikǒu dōu méiyou.

이디얼 웨이코우 또우 메이여우

■ 식욕이 없어요.

没食欲。

Méi shíyù.

메이 스위

▶ '입맛이 없다, 식욕이 없다'라고 말할 때 쓸 수 있는 표현입니다.

아침형 인간이 되기 위해 일찍 일어나려고 해요
为了成为早上型的人, 努力早起。
Wèile chéngwéi zǎoshangxíng de rén, nǔlì zǎo qǐ.
웨이러 청웨이 짜오상싱 더 런, 누리 짜오 치

▶ 하루를 어떻게 시작하는지 묻는 질문에 답할 수 있는 표현입니다.

회화

A 你今年的目标是什么?

Nǐ jīnnián de mùbiāo shì shénme?
니 진니엔 더 무비아오 스 션머
올해 목표는 무엇인가요?

B 为了成为早上型的人, 努力早起。

Wèile chéngwéi zǎoshangxíng de rén, nǔlì zǎo qǐ.
웨이러 청웨이 짜오상싱 더 런, 누리 짜오 치
아침형 인간이 되기 위해 일찍 일어나려고 해요.

词汇 今年[jīnnián] 올해 目标[mùbiāo] 목표 努力[nǔlì] 노력하다

관련 표현

■ 저는 아침형 인간입니다.

我习惯早起的人。

Wǒ xíguàn zǎo qǐ de rén.
워 시꾸안 짜오 치 더 런

■ 아침에 일어나기가 힘들어요.

早上很难起床

Zǎoshang hěn nán qǐchuáng.
짜오샹 헌 난 치추앙

▶ 아침형 인간이라는 표현과 아침에 일어나기 힘들다는 표현을 익혀봅시다.

저는 잠을 깨려고 커피를 마셨어요
我喝咖啡让自己清醒。
Wǒ hē kāfēi ràng zìjǐ qīngxǐng.
워 흐어 카페이 랑 쯔지 칭싱

▶ 커피를 또 마시냐는 질문 혹은 왜 커피 마시냐는 질문에 답할 수 있는 표현입니다.

회화

A 你又喝咖啡吗?

Nǐ yòu hē kāfēi ma?
니 여우 흐어 카페이마

또 커피 마셔요?

B 我喝咖啡让自己清醒。

Wǒ hē kāfēi ràng zìjǐ qīngxǐng.
워 흐어 카페이 랑 쯔지 칭싱

저는 잠을 깨려고 커피를 마셨어요.

词汇 清醒[qīngxǐng] 정신이 들다 又[yòu] 또 胃疼[wèiténg] 위통

관련 표현

■ 커피를 마시면 위가 너무 아파요.
喝咖啡太多了会胃疼。
Hē kāfēi tài duōle huì wèiténg.
흐어 카페이 타이 뚜어러 후이 웨이텅

■ 저는 커피 마시는 것에 중독되었습니다.
我喝咖啡上瘾了。
Wǒ hē kāfēi shàngyǐn le.
워 흐어 카페이 샹인 러

▶ 커피를 마시면 좋지 않은 영향이 있다고 말할 때 쓸 수 있는 표현입니다.

이제는 세뱃돈 줘야 할 나이가 되었네요

我已经到了给别人压岁钱的年纪了。

Wǒ yǐjīng dàole gěi biérén yāsuìqián de niánjì le.

워 이징 따오러 게이 비에런 야쉬이치엔 더 니엔지 러

▶ 나이가 먹어감에 따라 주체가 달라지는 것을 느끼는 경우가 있습니다. 이제는 조카
나 아랫사람에게 용돈을 줘야 한다는 것을 말할 때 쓸 수 있는 표현입니다.

회화

A 我已经到了给别人压岁钱的年纪了。

Wǒ yǐjīng dàole gěi biérén yāsuìqián de niánjì le.

워 이징 따오러 게이 비에런 야쉬이치엔 더 니엔지 러

이제는 세뱃돈 줘야 할 나이가 되었네요.

B 我觉得时间过得很快。

Wǒ juéde shíjiān guò de hěn kuài.

워 쥐에더 스지엔 꾸어더 헌 쿠와이

제 생각에 시간이 정말 빠르네요.

词汇 压岁钱[yāsuìqián] 세뱃돈 年纪[niánjì] 나이, 연세

관련 표현

■ 설날 세뱃돈은 아직 준비가 안 됐어요.

过年的压岁钱还没准备呢。

Guònián de yāsuìqián hái méi zhǔnbèi ne.

꾸어니엔더 야쉬이치엔 하이 메이 준뻬이 너

■ 저에 대해 말하자면 세뱃돈은 부담이 됩니다.

对我来说, 压岁钱很负担。

Duì wǒ lái shuō, yāsuìqián hěn fùdān.

뚜이 워 라이 슈어, 야쉬이치엔 헌 푸단

▶ 세뱃돈을 직역하면 '나이를 압박하는 돈'이라는 의미를 가집니다.

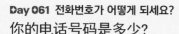
Day 061 전화번호가 어떻게 되세요?
你的电话号码是多少?
Nǐ de diànhuà hàomǎ shì duōshao?

Day 062 키가 어떻게 되세요?
你个子有多高?
Nǐ gèzi yǒu duō gāo?

Day 063 나이가 어떻게 되세요?
您多大年纪了?
Nín duōdà niánjì le?

Day 064 당신의 고향은 어디인가요?
你的老家是哪里?
Nǐ de lǎojiā shì nǎlǐ?

Day 065 저는 서울에서 15년째 살고 있어요.
我在首尔呆了十五年了。
Wǒ zài Shǒu'ěr dāile shíwǔ nián le.

Day 066 가장 잘하는 노래가 뭐예요?
你的拿手歌是什么?
Nǐ de náshǒugē shì shénme?

Day 067 노래 정말 잘하시네요.
你唱歌唱得很好。
Nǐ chànggē chàng de hěn hǎo.

Day 068 저는 음치입니다.
我五音不全。
Wǒ wǔyīnbùquán.

Day 069 제가 노래 부르면 귀 막고 나갈 거예요.
我唱歌，你就会捂着耳朵跑出去的。
Wǒ chànggē, nǐ jiù huì wǔzhe ěrduo pǎo chūqù de.

Day 070 내 꿈 꿔요.
梦中有我。
Mèng zhōng yǒu wǒ.

Day 071 꿈 깨세요.
别做梦了。
Bié zuò mèng le.

Day 072 저는 가끔 잠꼬대를 해요.
我有时说梦话。
Wǒ yǒushí shuō mènghuà.

Day 073 저는 잠잘 때 코를 심하게 골아요.
我睡觉时打呼噜打得很厉害。
Wǒ shuìjiào shí dǎ hūlū dǎ de hěn lìhai.

Day 074 어제 저녁에 푹 잤어요.
睡得很死，谁背走我，我都不会知道。
Shuì de hěn sǐ, shéi bèi zǒu wǒ, wǒ dōu búhuì zhīdào.

Day 075 누구랑 같이 온 거예요?

跟谁一起来的?

Gēn shéi yìqǐ lái de?

Day 076 저는 당신이 중국인인 줄 알았어요.

我以为你是中国人。

Wǒ yǐwéi nǐ shì Zhōngguórén.

Day 077 그렇게 해요.

一言为定。

Yìyánwéidìng.

Day 078 곧 도착합니다.

我马上到。

Wǒ mǎshàng dào.

Day 079 우리도 막 도착했어요.

我们也是刚到。

Wǒmen yěshì gāng dào.

Day 080 무슨 일 있어요?

你有什么事吗?

Nǐ yǒu shénme shì ma?

Day 081 말하자면 길어요.

说来话长。

Shuō lái huà cháng.

Day 082 저 감기에 걸렸어요.

我感冒了。

Wǒ gǎnmào le.

Day 083 저 이번 시험 망쳤어요.

这次考试考砸了。

Zhècì kǎoshì kǎo zá le.

Day 084 작심삼일이에요.

三天打鱼两天晒网。

Sān tiān dǎyú liǎng tiān shài wǎng.

Day 085 식은 죽 먹기죠.

小菜一碟。

Xiǎocài yì dié.

Day 086 오늘 안색이 안 좋으시네요.

你今天脸色不太好。

Nǐ jīntiān liǎnsè bútài hǎo.

Day 087 절 도와주시겠어요?

你能帮我吗?

Nǐ néng bāng wǒ ma?

Day 088 제가 할게요, 당신 일 보세요.

我来吧, 你去你的忙吧。

Wǒ lái ba, nǐ qù nǐ de máng ba.

Day 089 이거 촌스러워요.

这个很土。

Zhège hěn tǔ.

Day 090 생각이 날 듯 말 듯 해요.

它就在我嘴边。

Tā jiù zài wǒ zuǐbiān.

Day 091 저는 일찍 자고 일찍 일어납니다.

我早睡早起。

Wǒ zǎo shuì zǎo qǐ.

Day 092 아침에는 밥맛이 없어요.

早上没有胃口。

Zǎoshang méiyou wèikǒu.

Day 093 아침형 인간이 되기 위해 일찍 일어나려고 해요.

为了成为早上型的人, 努力早起。

Wèile chéngwéi zǎoshangxíng de rén, nǔlì zǎo qǐ.

Day 094 저는 잠을 깨려고 커피를 마셨어요.

我喝咖啡让自己清醒。

Wǒ hē kāfēi ràng zìjǐ qīngxǐng.

Day 095 이제는 새뱃돈 줘야 할 나이가 되었네요.

我已经到了给别人压岁钱的年纪了。

Wǒ yǐjīng dàole gěi biérén yāsuìqián de niánjì le.

Part 04

취미/여가

취미는 무엇인가요?
你的爱好是什么?
Nǐ de àihào shì shénme?
니 더 아이하오 스 션머

▶ 상대방이 좋아하는 취미에 대해 물어볼 때 쓸 수 있는 표현입니다.

회화

A 你的爱好是什么?
Nǐ de àihào shì shénme?
니 더 아이하오 스 션머
취미는 무엇인가요?

B 我的爱好是听音乐。
Wǒ de àihào shì tīng yīnyuè.
워 더 아이하오 스 팅 인위에
저의 취미는 음악 듣기입니다.

词汇 爱好[àihào] 취미 听[tīng] 듣다 音乐[yīnyuè] 음악

관련 표현

■ 저는 농구하는 것을 좋아합니다.
我喜欢打篮球。
Wǒ xǐhuan dǎ lánqiú.
워 시후안 따 란치우

■ 저는 축구하는 것을 좋아합니다.
我喜欢踢足球。
Wǒ xǐhuan tī zúqiú.
워 시후안 티 주치우

▶ 篮球[lánqiú]는 농구, 足球[zúqiú]는 축구입니다. 손으로 하는 운동은 打라는 동사를 쓰고,
발로 하는 운동은 踢라는 동사를 씁니다.

Part 04 취미/여가

저는 음악 듣는 것을 좋아합니다
我喜欢听音乐。
Wǒ xǐhuan tīng yīnyuè.
워 시후안 팅 인위에

▶ 취미를 물어볼 때 쓸 수 있는 표현입니다. 혹은 음악을 좋아하냐고 물어볼 때도 답할
수 있는 표현입니다.

회화

A 你喜欢听音乐吗?
Nǐ xǐhuan tīng yīnyuè ma?
니 시후안 팅 인위에 마
음악 듣는 것을 좋아하시나요?

B 我喜欢听音乐。
Wǒ xǐhuan tīng yīnyuè.
워 시후안 팅 인위에
저는 음악 듣는 것을 좋아합니다.

词汇 流行[liúxíng] 유행, 대중 古典[gǔdiǎn] 클래식

관련 표현

■ 저는 특히 대중음악을 좋아합니다.
我特别喜欢流行音乐。
Wǒ tèbié xǐhuan liúxíng yīnyuè.
워 트어비에 시후안 리우싱 인위에

■ 저는 특히 클래식을 좋아합니다.
我特别喜欢古典音乐。
Wǒ tèbié xǐhuan gǔdiǎn yīnyuè.
워 트어비에 시후안 구디엔 인위에

▶ 자신이 좋아하는 음악장르에 대해 구체적으로 표현해봅시다.

음악을 들으면 스트레스가 풀립니다
听音乐就能消除压力。
Tīng yīnyuè jiù néng xiāochú yālì.
팅 인위에 지우 넝 시아오추 야리

▶ 어떤 취미 생활을 할 때 스트레스가 풀린다는 것을 말할 때 쓸 수 있는 표현입니다.

회화

A 你怎么消除压力呢?

Nǐ zěnme xiāochú yālì ne?
니 쩐머 시아오추 야리 너

어떻게 스트레스를 푸시나요?

B 听音乐就能消除压力。

Tīng yīnyuè jiù néng xiāochú yālì.
팅 인위에 지우 넝 시아오추 야리

음악을 들으면 스트레스가 풀립니다.

> **词汇** 消除[xiāochú] 없애다, 해소되다 减少[jiǎnshǎo] 감소하다

관련 표현

■ 저는 매일 수영을 하는데 스트레스가 풀립니다.

我每天都游泳就能减少压力。

Wǒ měitiān dōu yóuyǒng jiù néng jiǎnshǎo yālì.
워 메이티엔 또우 여우용 지우 넝 지엔샤오 야리

■ 음악을 들으면 스트레스가 풀립니다.

听音乐就能缓解压力。

Tīng yīnyuè jiù néng huǎnjiě yālì.
팅 인위에 지우 넝 환지에 야리

▶ 减少는 '감소하다'라는 의미를 가지는데 스트레스가 감소하다라고 할 때도 사용이 가능합니다.

Part 04 취미/여가

좋아하는 운동은 무엇인가요?
你喜欢的运动是什么?
Nǐ xǐhuan de yùndòng shì shénme?
니 시후안 더 윈똥 스 션머

▶ 좋아하는 운동을 묻는 표현입니다.

회화

A 你喜欢的运动是什么?
Nǐ xǐhuan de yùndòng shì shénme?
니 시후안 더 윈똥 스 션머
좋아하는 운동은 무엇인가요?

B 我最喜欢的运动是打篮球。
Wǒ zuì xǐhuan de yùndòng shì dǎ lánqiú.
워 쭈이 시후안 더 윈똥 스 따 란치우
제가 가장 좋아하는 운동은 농구하는 것입니다.

词汇 运动[yùndòng] 운동 打[dǎ] (손으로 하는 운동) 하다 篮球[lánqiú] 농구

관련 표현

■ 저는 골프 치는 것을 좋아합니다.
我喜欢打高尔夫球。
Wǒ xǐhuan dǎ gāo'ěrfūqiú.
워 시후안 따 까오얼프치우

■ 저는 축구하는 것을 좋아합니다.
我喜欢踢足球。
Wǒ xǐhuan tī zúqiú.
워 시후안 티 주치우

▶ 打는 손으로 할 수 있는 운동을 표현하고, 踢는 발로 할 수 있는 운동을 표현합니다.

가장 좋아하는 TV 프로그램은 무엇인가요?

你最喜欢的电视节目是什么?

Nǐ zuì xǐhuan de diànshì jiémù shì shénme?

니 쭈이 시후안 더 띠엔스 지에무 스 선머

▶ 가장 좋아하는 TV 프로그램을 물어볼 때 쓸 수 있는 표현입니다.

회화

A 你最喜欢的电视节目是什么?

Nǐ zuì xǐhuan de diànshì jiémù shì shénme?

니 쭈이 시후안 더 띠엔스 지에무 스 선머

가장 좋아하는 TV 프로그램은 무엇인가요?

B 我什么都喜欢。

Wǒ shénme dōu xǐhuan.

워 선머 또우 시후안

저는 뭐든 좋아해요.

词汇 节目[jiémù] 프로그램

관련 표현

■ 당신은 어떤 장르의 영화를 좋아하시나요?

你喜欢哪一类电影?

Nǐ xǐhuan nǎ yí lèi diànyǐng?

니 시후안 나 이레이 띠엔잉

■ 저는 액션 영화 보는 것을 좋아합니다.

我喜欢看动作片。

Wǒ xǐhuan kàn dòngzuòpiàn.

워 시후안 칸 똥쭈어피엔

▶ 영화의 장르를 물어보고 대답하는 표현을 익혀봅시다.

Part 04 취미/여가

123 •

친구들과 만날 때 주로 어디에서 만나나요?

跟朋友见面的时候, 一般在哪里见面?

Gēn péngyou jiànmiàn de shíhou, yìbān zài nǎlǐ jiànmiàn?

껀 펑여우 지엔미엔 더 스호을, 이빤 짜이 나리 지엔미엔

▶ 누군가를 만날 때 어디에서 만나는지에 대해 물어볼 때 할 수 있는 표현입니다.

회화

A 跟朋友见面的时候, 一般在哪里见面?

Gēn péngyou jiànmiàn de shíhou, yìbān zài nǎlǐ jiànmiàn?

껀 펑여우 지엔미엔 더 스호을, 이빤 짜이 나리 지엔미엔

친구들과 만날 때 주로 어디에서 만나나요?

B 一般在咖啡厅见面。

Yìbān zài kāfēitīng jiànmiàn.

이빤 짜이 카페이팅 지엔미엔

주로 커피숍에서 만나요.

词汇	时候[shíhou] 때 咖啡厅[kāfēitīng] 커피숍

관련 표현

■ 당신은 어디에서 무엇을 하시나요?

你在哪里做什么?

Nǐ zài nǎlǐ zuò shénme?

니 짜이 나리 쭈어 션머

■ 당신은 어디에서 무엇을 하시나요?

你在哪儿干什么?

Nǐ zài nǎr gàn shénme?

니 짜이 날 깐 션머

▶ 장소와 행위를 동시에 물어볼 때 쓸 수 있는 표현입니다.

퇴근 후에 주로 무엇을 하시나요?

下班后, 一般做什么?

Xiàbān hòu, yìbān zuò shénme?

시아빤호우, 이빤 쭈어 션머

▶ 무엇을 하는지에 대해 물어볼 때 쓸 수 있는 일반적인 표현입니다.

회화

A 下班后, 一般做什么?

Xiàbān hòu, yìbān zuò shénme?

시아빤호우, 이빤 쭈어 션머

퇴근 후에 주로 무엇을 하시나요?

B 下班后, 一般跟朋友见面。

Xiàbān hòu, yìbān, gēn péngyou jiànmiàn.

시아빤호우, 이빤 껀 펑여우 지엔미엔

퇴근 후에 주로 친구와 만납니다.

词汇 下班[xiàbān] 퇴근하다 后[hòu] ~한 후에 连休[liánxiū] 연휴

관련 표현

■ 주말은 어떻게 보내요?

周末怎么过?

Zhōumò zěnme guò?

쪼오모어 쩐머 꾸어

■ 연휴는 어떻게 보낼 건가요?

连休会怎么过?

Liánxiū huì zěnme guò?

리엔시우 후이 쩐머 꾸어

▶ 어떻게 지내는지, 무엇을 하는지 말할 때 쓸 수 있는 표현입니다.

저는 자주 친구와 공원에서 산책해요
我常常跟朋友一起去公园散步。
Wǒ chángcháng gēn péngyou yìqǐ qù gōngyuán sànbù.
워 창창 껀 펑여우 이치 취 꽁위엔 싼뿌

▶ 무엇을 하는 것을 좋아하느냐의 질문에 답할 때 쓸 수 있는 표현입니다.

회화

A 你常常跟朋友做什么?
Nǐ chángcháng gēn péngyou zuò shénme?
니 창창 껀 펑여우 쭈어 션머
친구와 자주 무엇을 하나요?

B 跟朋友一起去公园散步。
Gēn péngyou yìqǐ qù gōngyuán sànbù.
껀 펑여우 이치 취 꽁위엔 싼뿌
친구와 공원에서 산책해요.

词汇 常常[chángcháng] 자주 公园[gōngyuán] 공원 散步[sànbù] 산책하다

관련 표현

■ 저는 친구들과 자주 공원에 가서 산책을 합니다.
我经常跟朋友一起去公园散步。
Wǒ jīngcháng gēn péngyou yìqǐ qù gōngyuán sànbù.
워 진창 껀 펑여우 이치 취 꽁위엔 싼뿌

■ 주말에 자주 아이쇼핑을 합니다.
周末的时候, 经常去逛街。
Zhōumò de shíhou, jīngcháng qù guàngjiē.
쩌우모어 더 스호우, 진창 취 꾸앙지에

▶ 经常은 常常에 비해 발생 빈도가 높으며, 그 빈번하게 발생하는 동작이나 상황이 규율성이 있거나 습관적이라는 것을 강조하는 반면, 常常은 일반적으로 동작이나 상황이 빈번하게 발생하는 것만을 나타냅니다.

산책하면 건강을 지킬 수 있다고 생각해요

我觉得散步可以保持健康。

Wǒ juéde sànbù kěyǐ bǎochí jiànkāng.

워 쥐에더 싼부 커이 빠오츠 지엔캉

▶ 무언가를 함에 있어서 왜 하는지에 대해 물어볼 때 답할 수 있는 표현입니다.

회화

A 你为什么散步?

Nǐ wèishénme sànbù?

니 웨이션머 싼부

왜 산책을 하나요?

B 我觉得散步可以保持健康。

Wǒ juéde sànbù kěyǐ bǎochí jiànkāng.

워 쥐에더 싼부 커이 빠오츠 지엔캉

산책을 하면 건강을 지킬 수 있다고 생각해요.

词汇   保持[bǎochí] 견지하다, 고수하다   健康[jiànkāng] 건강

Part 04

취미/여가

관련 표현

■ 건강이 제일입니다.

健康第一。

Jiànkāng dìyī.

지엔캉 띠이

■ 건강이 가장 중요합니다.

健康最重要。

Jiànkāng zuì zhòngyào.

지엔캉 쭈이 쭝이야오

▶ 건강이 중요하다고 말할 때 쓸 수 있는 표현입니다.

좀 쉬엄쉬엄하세요
你悠着点儿。
Nǐ yōuzhe diǎnr.
니 여우저 디얼

▶ 바쁘고 정신없이 일을 하고 있는 사람에게 쓸 수 있는 표현입니다.

회화

A 今天要开夜车。
Jīntiān yào kāiyèchē.
진티엔 이야오 카이이에쳐
오늘 밤새야 돼요.

B 你悠着点儿。
Nǐ yōuzhe diǎnr.
니 여우저 디얼
좀 쉬엄쉬엄하세요.

词汇 开夜车[kāiyèchē] 밤새다 悠着[yōuzhe] 쉬엄쉬엄하다

관련 표현

■ 마음이 홀가분합니다.
心里很轻松。
Xīnli hěn qīngsōng.
신리 헌 칭송

■ 우리 가벼운 화제로 바꿔요.
我们换个轻松的话题吧。
Wǒmen huàn ge qīngsōng de huàtí ba.
워먼 후안 거 칭송 더 화티바

▶ 홀가분하다는 말과 화제를 전환하고자 하는 말을 알아봅시다.

스트레스는 어떻게 푸세요?
你怎么缓解压力呢?
Nǐ zěnme huǎnjiě yālì ne?
니 쩐머 환지에 야리 너

▶ 현대인들은 스트레스의 시대에 살 정도로 많이 바쁘다 보니 스트레스를 풀 기회도 없는 것 같습니다. 스트레스를 어떻게 푸는지에 대해 질문하는 표현입니다.

회화

A 你怎么缓解压力呢?
Nǐ zěnme huǎnjiě yālì ne?
니 쩐머 환지에 야리 너
스트레스는 어떻게 푸세요?

B 我跟朋友一起聊天儿来缓解压力。
Wǒ gēn péngyou yìqǐ liáotiānr lái huǎnjiě yālì.
워 껀 펑여우 이치 리아오티얼 라이 환지에 야리
저는 친구와 수다를 떨면 스트레스가 풀려요.

词汇 缓解[huǎnjiě] 완화되다, 호전되다 压力[yālì] 스트레스

관련 표현

■ 저는 최근에 업무 스트레스가 많습니다.
我最近工作压力很大。
Wǒ zuìjìn gōngzuò yālì hěn dà.
워 쭈이진 꽁쭈어 야리 헌 따

■ 저는 스트레스가 많습니다.
我有很多的压力。
Wǒ yǒu hěn duō de yālì.
워 여우 헌 뚜어 더 야리

▶ 스트레스가 많다는 표현을 익혀봅시다.

저는 자주 인터넷으로 쇼핑을 합니다
我常常上网购物。
Wǒ chángcháng shàngwǎng gòuwù.
워 창창 샹왕 꼬우우

▶ 인터넷으로 무엇을 하는지에 대해 물을 때 쓸 수 있는 표현입니다.

회화

A 你在网上做什么?
Nǐ zài wǎngshàng zuò shénme?
니 짜이 왕샹 쭈어 선머
인터넷에서 무엇을 하나요?

B 我常常上网购物。
Wǒ chángcháng shàngwǎng gòuwù.
워 창창 샹왕 꼬우우
저는 자주 인터넷으로 쇼핑을 합니다.

词汇	网上[wǎngshàng] 인터넷, 온라인 上网[shàngwǎng] 인터넷하다

관련 표현

■ 저는 아이쇼핑을 좋아합니다.
我喜欢逛街。
Wǒ xǐhuan guàngjiē.
워 시후안 꾸왕지에

■ 우리 아이쇼핑해요.
我们去逛街吧。
Wǒmen qù guàngjiē ba.
워먼 취 꾸앙지에 바

▶ 아이쇼핑이라는 말을 활용한 표현입니다.

저는 매일 아침에 공원에서 조깅을 합니다
我每天早上在公园跑步。
Wǒ měitiān zǎoshang zài gōngyuán pǎobù.
워 메이티엔 짜오샹 짜이 공위엔 파오부

▶ 무언가를 하느냐고 물을 때 대답으로 할 수 있는 표현이고, 주로 아침에 어떻게 시간
을 보내는지에 대해 말할 때 쓸 수 있는 표현입니다.

회화

A 你每天运动吗?
Nǐ měitiān yùndòng ma?
니 메이티엔 윈똥 마

매일 운동하나요?

B 我每天早上在公园跑步。
Wǒ měitiān zǎoshang zài gōngyuán pǎobù.
워 메이티엔 짜오샹 짜이 공위엔 파오부

저는 매일 아침에 공원에서 조깅을 합니다.

| 词汇 | 每天[měitiān] 매일 跑步[pǎobù] 조깅하다 胖[pàng] 뚱뚱하다 |

Part 04

취미/여가

관련 표현

■ 최근에 살이 쪘습니다. 다이어트해야 합니다.
最近很胖了,要减肥。
Zuìjìn hěn pàng le, yào jiǎnféi.
쭈이진 헌 팡러, 이야오 지엔페이

■ 저는 빨리 다이어트해야 합니다.
我得快点儿减肥。
Wǒ děi kuài diǎnr jiǎnféi.
워 데이 꾸와이 디얼 지엔페이

▶ 운동을 하는 이유는 건강을 유지하는 이유도 있지만 다이어트를 하는 이유도 있겠지요. 그럴
때 쓸 수 있는 표현입니다.

저는 장기적으로 해볼 생각이에요

我打算长期抗战。

Wǒ dǎsuan chángqī kàngzhàn.

워 따수안 창치 캉짠

▶ 무슨 일을 함에 있어서 오랜 시간을 투자해야 한다고 말할 때 쓸 수 있는 표현입니다.

회화

A 我打算长期抗战。

Wǒ dǎsuan chángqī kàngzhàn.
워 따수안 창치 캉짠
저는 장기적으로 해볼 생각이에요.

B 我永远支持你。

Wǒ yǒngyuǎn zhīchí nǐ.
저는 영원히 당신을 지지합니다.

워 용위엔 즈츠 니

词汇 打算[dǎsuan] ~할 계획이다 长期[chángqī] 장기 认真[rènzhēn] 성실하다

관련 표현

■ 저는 성실한 사람이 자신을 바꿀 수 있다고 생각합니다.

我觉得认真的人改变自己。

Wǒ juéde rènzhēn de rén gǎibiàn zìjǐ.
워 쥐에더 런쩐더런 까이비엔 쯔지

■ 자신을 바꾸면 많은 변화가 있는 것을 발견합니다.

我改变自己发现有很多变化。

Wǒ gǎibiàn zìjǐ fāxiàn yǒu hěn duō biànhuà.
워 까이비엔 쯔지 파시엔 여우 헌 뚜어 삐엔화

▶ 꾸준히 성실하게 하는 사람이 자신을 바꿀 수 있다고 말할 때 이 표현을 사용해보세요.

저는 시간이 나면 여행을 가요
我一有时间就去旅游。
Wǒ yì yǒu shíjiān jiù qù lǚyóu.
워 이 여유 스지엔 지우 취 뤼여우

▶ 一....就의 용법으로 '~하자마자 …하다'라는 의미를 가집니다.

회화

A 你经常去旅游吗?
Nǐ jīngcháng qù lǚyóu ma?
니 징창 취 뤼여우 마
자주 여행을 가시나요?

B 我一有时间就去旅游。
Wǒ yì yǒu shíjiān jiù qù lǚyóu.
워 이 여유 스지엔 지우 취 뤼여우
저는 시간이 나면 여행을 갑니다.

> **词汇** 经常[jīngcháng] 자주 旅游[lǚyóu] 여행

관련 표현

■ 시간이 있으면 바로 돈이 없습니다.
有时间就没有钱,
Yǒu shíjiān jiù méiyou qián.
여우 스지엔 지우 메이여우 치엔

■ 돈이 있으면 시간이 없습니다.
有钱就没有时间。
Yǒu qián jiù méiyou shíjiān.
여우 치엔 지우 메이여우 스지엔

▶ 여행을 가고 싶다는 말을 자주 하지만 돈이나 시간이 없어서 못 가는 경우가 많습니다. 그럴 때 쓸 수 있는 표현입니다.

어떤 영화든 모두 좋아합니다
我什么电影都喜欢。
Wǒ shénme diànyǐng dōu xǐhuan.
워 선머 띠엔잉 또우 시후안

▶ 영화 장르에 상관없이 좋아한다고 말할 때 쓸 수 있는 표현입니다.

회화

A 你喜欢什么样的电影?
Nǐ xǐhuan shénmeyàng de diànyǐng?
니 시후안 선머이양더 띠엔잉
어떤 영화를 좋아하시나요?

B 我什么电影都喜欢。
Wǒ shénme diànyǐng dōu xǐhuan.
워 선머 띠엔잉 또우 시후안
어떤 영화든 모두 좋아합니다.

词汇 动作片 [dòngzuòpiàn] 액션영화 压力 [yālì] 스트레스

관련 표현

■ 저는 로멘스영화 보는 것을 좋아합니다.
我喜欢看爱情片。
Wǒ xǐhuan kàn àiqíngpiàn.
워 시후안 칸 아이칭피엔

■ 저는 액션영화 보는 것을 좋아하는데, 스트레스가 풀립니다.
我喜欢看动作片, 可以缓解压力。
Wǒ xǐhuān kàn dòngzuòpiàn, kěyǐ huǎnjiě yālì.
워 시후안 칸 똥쭈어피엔, 커이 환지에 야리

▶ 영화의 장르에 대한 어휘를 익힐 필요가 있습니다.

저는 인터넷에서 영화표를 예약합니다

我在网上订电影票。

Wǒ zài wǎngshàng dìng diànyǐngpiào.

워 짜이 왕상 띵 띠엔잉피아오

▶ 영화표를 어떻게 예매하는지 물어볼 때 쓸 수 있는 표현입니다.

회화

A 你是怎么订电影票的?

Nǐ shì zěnme dìng diànyǐngpiào de?

니 스 쩐머 띵 띠엔잉피아오 더

어떻게 영화표를 예매하시나요?

B 我在网上订电影票。

Wǒ zài wǎngshàng dìng diànyǐngpiào.

워 짜이 왕상 띵 띠엔잉피아오

저는 인터넷에서 영화표를 예약합니다.

词汇　订[dìng] 예약하다, 예매하다　电影票[diànyǐngpiào] 영화표

Part 04

취미/여가

관련 표현

■ 이 물건은 싸면서 이쁩니다.

这个东西又便宜又漂亮。

Zhè ge dōngxi yòu piányi yòu piàoliang.

쩌거 똥시 여우 피엔이 여우 피아오리앙

■ 인터넷에서 영화표를 예약하는데 편리하기도 하고 시간을 줄일 수 있습니다.

我在网上订电影票, 又方便又省时间。

Wǒ zài wǎngshàng dìng diànyǐngpiào, yòu fāngbiàn yòu shěng shíjiān.

워 짜이 왕상 띵 띠엔잉피아오, 여우 팡비엔 여우 셩 스지엔

▶ 又……又의 용법으로 '~하면서, …하다'라는 의미를 가지면서 두 가지의 장점이나 단점을 말할 때 쓸 수 있는 표현입니다.

보통 주말에는 뭐하세요?

你一般周末做什么?

Nǐ yìbān zhōumò zuò shénme?

니 이빤 쩌우모어 쭈어 션머

▶ 주말에 무엇을 할 것인지 물어보는 표현입니다. 주말 자리에 다른 단어를 넣어 활용할 수 있습니다.

회화

A 你一般周末做什么?

Nǐ yìbān zhōumò zuò shénme?

니 이빤 쩌우모어 쭈어 션머

보통 주말에는 뭐하세요?

B 我一般周末跟家人出去玩儿。

Wǒ yìbān zhōumò gēn jiārén chūqù wánr.

워 이빤 쩌우모어 껀 지아런 추취 왈

저는 보통 주말에 가족과 밖으로 놀러갑니다.

词汇 一般[yìbān] 보통 周末[zhōumò] 주말 家人[jiārén] 가족 玩[wán] 놀다

관련 표현

■ 저는 집에서 할 것이 없습니다.

我在家里没有什么做的。

Wǒ zài jiā li méiyou shénme zuò de.

워 짜이 지아리 메이여우 션머 쭈어 더

■ 가족들과 같이 TV를 보고, 편하게 하루를 보냅니다.

我和家人一起看看电视, 轻轻松松地过一天。

Wǒ hé jiārén yìqǐ kànkan diànshì, qīngqīngsōngsōng de guò yì tiān.

워 흐어 지아런 이치 칸칸 띠엔스, 칭칭쑹쑹 더 꾸어 이티엔

▶ 집에서 편하게 하루를 보낸다고 말할 때 쓸 수 있는 표현입니다.

하는 일 없이 바빴어요

什么也没干, 还特别忙。

Shénme yě méi gàn, hái tèbié máng.

선머 이에 메이 깐, 하이 트어비에 망

▶ 특별히 하는 일이 없었지만 바빴다고 말할 때 쓸 수 있는 표현입니다.

회화

A 最近生意怎么样?

Zuìjìn shēngyì zěnmeyàng?

쭈이진 성이 쩐머이양

최근에 장사 어때요?

B 什么也没干, 还特别忙。

Shénme yě méi gàn, hái tèbié máng.

선머 이에 메이 깐, 하이 트어비에 망

하는 일 없이 바빴어요.

> **词汇**　生意[shēngyì] 장사, 일　特别[tèbié] 특히, 매우　忙[máng] 바쁘다

관련 표현

■ 바빠 죽겠어요.

忙死了。

Máng sǐ le.

망 쓸 러

■ 피곤해 죽겠어요.

累死了。

Lèi sǐ le.

레이 쓸 러

▶ [형용사 + 死了]는 '형용사해 죽겠어'라는 의미를 가집니다. 다양한 형용사를 활용해보세요.

하루 종일 집에서 빈둥거렸어요
一整天在家闲呆。
Yìzhěngtiān zài jiā xiándāi.
이정티엔 짜이 지아 시엔따이

▶ 특별히 하는 일 없이 지냈다고 말할 때 쓸 수 있는 표현입니다.

회화

A 你今天怎么过?
Nǐ jīntiān zěnme guò?
니 진티엔 쩐머 꾸어
오늘 어떻게 보냈어요?

B 一整天在家闲呆。
Yìzhěngtiān zài jiā xiándāi.
이정티엔 짜이 지아 시엔따이
하루 종일 집에서 빈둥거렸어요.

词汇 一整天[yìzhěngtiān] 하루 종일 闲呆[xiándāi] 빈둥거리다

관련 표현

■ 저는 집에서 빈둥거렸어요.
我在家闲着。
Wǒ zài jiā xiánzhe.
워 짜이 지아 시엔져

■ 저는 집에서 아무것도 안 했어요.
我在家没做什么。
Wǒ zài jiā méi zuò shénme.
워 짜이 지아 메이 쭈어 션머

▶ 집에서 특별한 일 없이 빈둥거렸다고 말할 때 쓸 수 있는 또 다른 표현입니다.

특별한 일이 없어요
没有什么特别的事。
Méiyou shénme tèbié de shì.
메이여우 선머 트어비에 더 스

▶ 특이사항 없이 어떤 일이 없었다고 말할 때 쓸 수 있는 표현입니다.

회화

A 你有什么事情吗?
Nǐ yǒu shénme shìqíng ma?
니 여우 선머 스칭 마
무슨 일이 있어요?

B 没有什么特别的事。
Méiyou shénme tèbié de shì.
메이여우 선머 트어비에 더 스
특별한 일이 없어요.

| 词汇 | 事情[shìqíng] 일 团团转[tuántuánzhuǎn] 쩔쩔매다 |

관련 표현

■ 바빠서 이리저리 뛰었습니다.
忙得团团转。
Máng de tuántuánzhuǎn.
망 더 투안투안쭈안

■ 정신없이 바빴어요.
忙晕了。
Máng yūn le.
망 윈 러

▶ 어떤 일을 해결함에 있어서 이리저리 정신 없을 정도로 뛰었다고 말할 때 쓸 수 있는 표현입니다.

Part 04

취미/여가

저는 혼자 여행 갑니다
我一个人去旅游。
Wǒ yí ge rén qù lǚyóu.
워 이거런 취 뤼여우

▶ 휴가 때 무엇을 하는지에 대해 물을 때 대답할 수 있는 표현입니다.

회화

A 你放假的时候，一般做什么?
　Nǐ fàngjià de shíhou, yìbān zuò shénme?
　니 팡지아더 스호우, 이빤 쭈어 션머

　휴가 때 보통 무엇을 하시나요?

B 我一个人去旅游。
　Wǒ yí ge rén qù lǚyóu.
　워 이거런 취 뤼여우

　저는 혼자 여행 갑니다.

词汇 　放假[fàngjià] 휴가 　放松[fàngsōng] 긴장을 풀다. 　暑假[shǔjià] 여름휴가

관련 표현

■ 듣자 하니 중국 출장 간다면서요.
听说你去中国出差。
Tīngshuō nǐ qù Zhōngguó chūchāi.
팅슈어 니 취 쭝구어 추차이

■ 듣자 하니 이번 휴가 때 해외여행 간다면서요?
听说这个暑假你打算出国旅行?
Tīngshuō zhège shǔjià nǐ dǎsuan chūguó lǚxíng?
팅슈어 쩌거 슈지아 니 따수안 추구어 뤼싱

▶ 听说는 누군가로부터 들은 이야기를 말할 때 쓸 수 있는 표현입니다.

저는 아무것도 하지 않아요
我什么都不做。
Wǒ shénme dōu bú zuò.
워 션머 또우 부 쭈어

▶ 휴가 때 아무것도 하지 않았다고 말할 때 쓸 수 있는 표현입니다.

회화

A 你休假的时候，做什么?
Nǐ xiūjià de shíhou, zuò shénme?
니 시우지아더 스호을, 쭈어 션머
휴가 때 무엇을 했어요?

B 我什么都不做。
Wǒ shénme dōu bú zuò.
워 션머 또우 부 쭈어
저는 아무것도 하지 않아요.

词汇 休假[xiūjià] 휴가 美好[měihǎo] 좋다, 훌륭하다 花钱[huāqián] 돈을 소비하다

관련 표현

■ 여행은 가장 좋은 경험입니다.
旅行就是最好的经验。
Lǚxíng jiùshì zuì hǎo de jīngyàn.
뤼싱 지우스 쭈이 하오더 징이엔

■ 멋진 여행을 위해서 돈을 쓰는 것은 가치가 있는 일입니다.
为了美好的旅行，花钱也是值得的。
Wèile měihǎo de lǚxíng, huāqián yěshì zhídé de.
웨이러 메이하오 더 뤼싱, 화치엔 이에스 즈더 더

▶ 여행을 해야 하는 이유에 대해 말할 때 쓸 수 있는 표현입니다.

시간 있으면 같이 밥 먹어요
我们有时间一起吃饭吧。
Wǒmen yǒu shíjiān yìqǐ chīfàn ba.
워먼 여우 스지엔 이치 츠판 바

▶ 여유가 있을 때 같이 먹자고 제안할 때 쓸 수 있는 표현입니다.

회화

A 我们有时间一起吃饭吧。
Wǒmen yǒu shíjiān yìqǐ chīfàn ba.
워먼 여우 스지엔 이치 츠판 바
시간 있으면 같이 밥 먹어요.

B 我什么时候都可以。
Wǒ shénmeshíhou dōu kěyǐ.
워 션머스호우 또우 커이
저는 언제든지 가능합니다.

词汇 主意[zhǔyì] 생각 什么时候[shénmeshíhou] 언제

관련 표현

■ 우리 언제 같이 밥 먹을까요?
我们什么时候一起吃饭?
Wǒmen shénmeshíhou yìqǐ chīfàn?
워먼 션머스호을 이치 츠판

■ 언제 편하신지 같이 밥 먹어요.
你什么时候方便就一起吃饭吧。
Nǐ shénmeshíhou fāngbiàn jiù yìqǐ chīfàn ba.
니 션머스호우 팡비엔 지우 이치 츠판 바

▶ 언제 같이 밥 먹자고 물어볼 때 쓸 수 있는 표현입니다.

우리 커피 마시면서 이야기해요

我们一边喝咖啡，一边聊天儿。

Wǒmen yìbiān hē kāfēi, yìbiān liáotiānr.

워먼 이비엔 흐어 카페이, 이비엔 리아오티얼

▶ 一边.....一边 용법으로 동시에 어떤 행위를 할 때 말할 수 있는 표현입니다. '~하면서, …하다'라는 의미를 가집니다.

회화

A 我们进去咖啡厅吧。

Wǒmen jìnqù kāfēitīng ba.

워먼 진취 카페이팅 바

우리 커피숍에 들어가요.

B 我们一边喝咖啡，一边聊天儿。

Wǒmen yìbiān hē kāfēi, yìbiān liáotiānr.

워먼 이비엔 흐어 카페이, 이비엔 리아오티얼

우리 커피 마시면서 이야기해요.

词汇 咖啡厅[kāfēitīng] 커피숍 聊天儿[liáotiānr] 이야기하다

Part 04 취미/여가

관련 표현

■ 그는 노래를 부르면서 춤을 춥니다.

他一边唱歌，一边跳舞。

Tā yìbiān chànggē, yìbiān tiàowǔ.

타 이비엔 창꺼, 이비엔 티아오우

■ 우리 밥 먹으면서 수다 떨어요.

我们一边吃饭，一边聊天儿吧。

Wǒmen yìbiān chīfàn, yìbiān liáotiānr ba.

워먼 이비엔 츠판, 이비엔 리아오티얼 바

▶ 一边은 위에서도 언급했듯이 동시에 어떤 행동을 할 때 쓸 수 있는 표현입니다.

얼마나 신나는지 모르겠어요
别提多开心了。
Bié tí duō kāixīn le.
비에 티 뚜어 카이신 러

▶ [别提多 + 형용사/동사 + 了]는 정도가 상당함을 표현하는 것으로 '얼마나 ~는지 모른다, 매우 ~하다'라는 의미를 가집니다.

회화

A 别提多开心了。
Bié tí duō kāixīn le.
비에 티 뚜어 카이신 러
얼마나 신나는지 모르겠어요.

B 你有什么高兴的事吗?
Nǐ yǒu shénme gāoxìng de shì ma?
니 여우 션머 까오싱더 스 마
무슨 기쁜 일 있어요?

词汇 开心[kāixīn] 즐겁다 过瘾[guòyǐn] 재미있다, 신나다

관련 표현

■ 오늘 정말 신나게 놀았어요!
今天玩儿得真过瘾!
Jīntiān wánr de zhēn guòyǐn!
진티엔 왈 더 쩐 꾸어인

■ 오늘 기분 좋게 놀았습니다.
今天玩儿得很开心。
Jīntiān wánr de hěn kāixīn.
진티엔 왈 더 헌 카이신

▶ 오늘 하루를 잘 지냈다고 할 때 만족해서 쓸 수 있는 표현입니다.

너무 웃겨서 배가 아파요
笑得肚子疼。
Xiào de dùzi téng.
시아오 더 뚜즈 텅

▶ 재미있는 이야기나 상황에서 쓸 수 있는 표현입니다. 우리말의 '웃겨서 배꼽이 빠질 지경이야'라는 어감을 나타냅니다.

회화

A 笑得肚子疼。
Xiào de dùzi téng.
시아오 더 뚜즈 텅
너무 웃겨서 배가 아파요.

B 我还没说完呢。
Wǒ hái méi shuō wán ne.
워 하이 메이 슈어 완 너
저 아직 끝나지 않았어요.

词汇 笑[xiào] 웃다 肚子[dùzi] 배 幽默感[yōumògǎn] 유머감각

관련 표현

■ 유머감각이 있으시네요.
你有幽默感。
Nǐ yǒu yōumògǎn.
니 여우 여우모어간

■ 유머감각이 있으시네요.
你有幽默细胞。
Nǐ yǒu yōumò xìbāo.
니 여우 여우모 시빠오

▶ 상대방이 웃긴 이야기를 할 때 쓸 수 있는 표현입니다.

오늘 너무 즐겁게 놀았어요
今天玩得很开心。
Jīntiān wán de hěn kāixīn.
진티엔 완 더 헌 카이신

▶ 재미있게 놀았다고 말할 때 쓸 수 있는 표현입니다.

회화

A 今天玩得很开心。
Jīntiān wán de hěn kāixīn.
진티엔 완 더 헌 카이신
오늘 너무 즐겁게 놀았어요.

B 我也是, 路上小心。
Wǒ yěshì, lùshang xiǎoxīn.
워 이에스, 루샹 시아오신
저도요, 가는 길 조심하세요.

词汇 路上[lùshang] 가는 길 小心[xiǎoxīn] 조심하다 派对[pàiduì] 파티

관련 표현

■ 오늘의 파티는 매우 유쾌했습니다.
今天的派对非常愉快。
Jīntiān de pàiduì fēicháng yúkuài.
진티엔더 파이뚜이 페이창 위쿠와이

■ 오늘 유쾌하게 놀았습니다.
今天玩儿得很愉快。
Jīntiān wánr de hěn yúkuài.
진티에 왈 더 헌 위쿠와이

▶ 파티를 마치고 헤어질 때 파티가 즐거웠다고 말할 때 쓸 수 있는 표현입니다.

매일 전화기를 붙잡고 살아요
每天煲电话粥。
Měitiān bāo diànhuàzhōu.
메이티엔 빠오 띠엔화쪼우

▶ '전화로 죽을 쑨다'라는 의미로 오랜 시간 죽을 쑤는 것처럼 전화기를 붙잡고 놓지 않는 행동을 의미합니다.

회화

A 每天煲电话粥, 你们到底什么关系?
Měitiān bāo diànhuàzhōu, nǐmen dàodǐ shénme guānxi?
메이티엔 빠오 띠엔화쪼우, 니먼 따오띠 션머 꾸완시

매일 전화기를 붙잡고 있네요, 도대체 무슨 관계예요?

B 我们不是那种关系。
Wǒmen búshì nà zhǒng guānxi.
워먼 부스 나 종 꾸완시

우리는 그런 관계 아니에요.

> **词汇** 煲[bāo] 끓이다, 졸이다 到底[dàodǐ] 도대체 关系[guānxi] 관계

관련 표현

■ 제 남자친구는 저랑 장시간 전화하는 것을 원하지 않아요.
我的男朋友不愿意跟我煲电话粥。
Wǒ de nánpéngyou bú yuànyì gēn wǒ bāo diànhuàzhōu.
워더 난펑여우 부 위엔이 껀 워 빠오 띠엔화쪼우

■ 저는 남자친구랑 장시간 전화하는 것을 좋아합니다.
我喜欢跟男朋友煲电话粥。
Wǒ xǐhuan gēn nánpéngyou bāo diànhuàzhōu.
워 시후안 껀 난펑여우 빠오 띠엔화쪼우

▶ 장시간의 전화를 하는 것에 대한 의견에 대해 말할 수 있는 표현입니다.

우리 동전 던지기로 정해요
我们抛硬币决定吧。
Wǒmen pāo yìngbì juédìng ba.
워먼 파오 잉삐 쮜에띵 바

▶ 어떤 결정을 함에 있어서 정하지 못할 때 쓸 수 있는 표현입니다.

회화

A 我们怎么决定? 你有什么意见吗?

Wǒmen zěnme juédìng? Nǐ yǒu shénme yìjiàn ma?

워먼 쩐머 쮜에띵? 니 여우 션머 이지엔 마

우리 어떻게 결정할까요? 의견있어요?

B 我们抛硬币决定吧。

Wǒmen pāo yìngbì juédìng ba.

워먼 파오 잉삐 쮜에띵 바

우리 동전 던지기로 정해요.

词汇 抛[pāo] 던지다 硬币[yìngbì] 동전 决定[juédìng] 결정하다

관련 표현

■ 가위바위보

石头剪刀布
Shítou jiǎndāo bù
스토우 지엔따오 뿌

■ 3판 2승제

三局两胜制
Sān jú liǎng shèngzhì
삼 쮜 리앙 셩즈

▶ 가위바위보가 중국어에서는 순서가 다르기 때문에 주의를 해야 합니다. 3판 2승제는 3판 해서 2번 이기는 사람이 승리하는 것을 의미합니다.

Day 096 취미는 무엇인가요?

你的爱好是什么?

Nǐ de àihào shì shénme?

Day 097 저는 음악 듣는 것을 좋아합니다.

我喜欢听音乐。

Wǒ xǐhuan tīng yīnyuè.

Day 098 음악을 들으면 스트레스가 풀립니다.

听音乐就能缓解压力。

Tīng yīnyuè jiù néng huǎnjiě yālì.

Day 099 좋아하는 운동은 무엇인가요?

你喜欢的运动是什么?

Nǐ xǐhuan de yùndòng shì shénme?

Day 100 가장 좋아하는 TV 프로그램은 무엇인가요?

你最喜欢的电视节目是什么?

Nǐ zuì xǐhuan de diànshì jiémù shì shénme?

Day 101 친구들과 만날 때 주로 어디에서 만나나요?

跟朋友见面的时候，一般在哪里见面?

Gēn péngyou jiànmiàn de shíhou, yìbān zài nǎli jiànmiàn?

Day 102 퇴근 후에 주로 무엇을 하시나요?

下班后，一般做什么?

Xiàbān hòu, yìbān zuò shénme?

Day 103 저는 자주 친구와 공원에서 산책해요.

我常常跟朋友一起去公园散步。

Wǒ chángcháng gēn péngyou yìqǐ qù gōngyuán sànbù.

Day 104 산책하면 건강을 지킬 수 있다고 생각해요.

我觉得散步可以保持健康。

Wǒ juéde sànbù kěyǐ bǎochí jiànkāng.

Day 105 좀 쉬엄쉬엄하세요.

你悠着点儿。

Nǐ yōuzhe diǎnr.

Day 106 스트레스는 어떻게 푸세요?

你怎么缓解压力呢?

Nǐ zěnme huǎnjiě yālì ne?

Day 107 저는 자주 인터넷으로 쇼핑을 합니다.

我常常上网购物。

Wǒ chángcháng shàngwǎng gòuwù.

Part 04

취미/여가

Day 108 저는 매일 아침에 공원에서 조깅을 합니다.

我每天早上在公园跑步。

Wǒ měitiān zǎoshang zài gōngyuán pǎobù.

Day 109 저는 장기적으로 해볼 생각이에요.

我打算长期抗战。

Wǒ dǎsuan chángqī kàngzhàn.

Day 110 저는 시간이 나면 여행을 가요.

我一有时间就去旅游。

Wǒ yì yǒu shíjiān jiù qù lǚyóu.

Day 111 어떤 영화든 모두 좋아합니다.

我什么电影都喜欢。

Wǒ shénme diànyǐng dōu xǐhuan.

Day 112 저는 인터넷에서 영화표를 예약합니다.

我在网上订电影票。

Wǒ zài wǎngshàng dìng diànyǐngpiào.

Day 113 보통 주말에는 뭐하세요?

你一般周末做什么?

Nǐ yìbān zhōumò zuò shénme?

Day 114 하는 일 없이 바빴어요.

什么也没干，还特别忙。

Shénme yě méi gàn, hái tèbié máng.

Day 115 하루 종일 집에서 빈둥거렸어요.

一整天在家闲呆。

Yìzhěngtiān zài jiā xiándāi.

Day 116 특별한 일이 없어요.

没有什么特别的事。

Méiyou shénme tèbié de shì.

Day 117 저는 혼자 여행 갑니다.

我一个人去旅游。

Wǒ yí ge rén qù lǚyóu.

Day 118 저는 아무것도 하지 않아요.

我什么都不做。

Wǒ shénme dōu bú zuò.

Day 119 시간 있으면 같이 밥 먹어요.

我们有时间一起吃饭吧。

Wǒmen yǒu shíjiān yìqǐ chīfàn ba.

Day 120 우리 커피 마시면서 이야기해요.

我们一边喝咖啡，一边聊天儿。

Wǒmen yìbiān hē kāfēi, yìbiān liáotiānr.

Day 121 얼마나 신나는지 모르겠어요.

别提多开心了。

Bié tí duō kāixīn le.

Day 122 너무 웃겨서 배가 아파요.

笑得肚子疼。

Xiào de dùzi téng.

Day 123 오늘 너무 즐겁게 놀았어요.

今天玩得很开心。

Jīntiān wán de hěn kāixīn.

Day 124 매일 전화기를 붙잡고 살아요.

每天煲电话粥。

Měitiān bāo diànhuàzhōu.

Day 125 우리 동전 던지기로 정해요.

我们抛硬币决定吧。

Wǒmen pāo yìngbì juédìng ba.

취미/여가

Part | 05

날씨/계절/시간

오늘은 너무 춥네요
今天冷死了。
Jīntiān lěng sǐ le.
진티엔 렁 쓸 러

▶ 날씨에 대한 표현입니다. 한국어와 마찬가지로 [형용사 + 死]는 '형용사해 죽겠다'라
는 의미로 쓰이며 강한 정도를 표현합니다.

회화

A 今天冷死了。
Jīntiān lěng sǐ le.
진티엔 렁 쓸 러
오늘은 너무 춥네요.

B 那你多穿点儿。
Nà nǐ duō chuān diǎnr.
나 니 뚜어 추안 디얼
그럼 옷 좀 든든하게 입으세요.

| 词汇 | 冷[lěng] 춥다 冻[dòng] 얼다 快要[kuàiyào] 곧 |

관련 표현

■ 곧 얼어 죽을 것 같아요.
我快要冻死了。
Wǒ kuàiyào dòng sǐ le.
워 쿠와이이야오 똥 쓸 러

■ 저는 곧 졸업합니다.
我快要毕业了。
Wǒ kuàiyào bìyè le.
워 쿠와이이야오 삐이에 러

▶ '곧 ~할 것 같다, 곧 ~한다'라고 이야기할 때 쓸 수 있는 표현입니다.

오늘 정말 뼛속까지 추운 날씨였어요
今天真是寒冷刺骨。
Jīntiān zhēnshì hánlěngcìgǔ.
진티엔 쩐스 한렁츠꾸

▶ 寒冷刺骨는 춥고 차고 뼈까지 추위를 느끼는 날씨를 말하는데 날씨가 정말 추울 때 쓸 수 있는 표현입니다.

회화

A 今天天气怎么样了?
Jīntiān tiānqì zěnmeyàng le?
진티엔 티엔치 쩐머이양 러
오늘 날씨 어땠어요?

B 今天真是寒冷刺骨。
Jīntiān zhēnshì hánlěng cìgǔ.
진티엔 쩐스 한렁츠꾸
오늘 정말 뼛속까지 추운 날씨였어요.

词汇 寒冷[hánlěng] 춥고 차다 刺骨[cìgǔ] 뼛속까지 파고들다

관련 표현

■ 오늘 날씨 정말 추워요.
今天天气冷得要命。
Jīntiān tiānqì lěng de yàomìng.
진티엔 티엔치 렁 더 이야오밍

■ 오늘 정말 바빠요.
今天忙得要命。
Jīntiān máng de yàomìng.
진티엔 망 더 이야오밍

▶ [동사/형용사 + 得 + 要命]의 용법은 동작이나 상태의 정도가 최고점에 도달했음을 표현합니다. '매우 ~하다, ~해 죽을 지경이다'라는 의미를 가집니다.

요 며칠 날씨는 예측하기 힘드네요
过几天的天气变幻莫测。
Guò jǐ tiān de tiānqì biànhuànmòcè.
꾸어 지 티엔 더 티엔치 삐엔후안모어처

▶ 특히 봄에는 날씨가 자주 변해서 예측을 하기 힘들죠. 变幻莫测는 성어로 '변화가 무쌍하여 예측할 수 없다'라는 의미를 가집니다.

회화

A 过几天的天气 变幻莫测。
Guò jǐ tiān de tiānqì biànhuànmòcè.
꾸어 지 티엔 더 티엔치 삐엔후안모어처
요 며칠 날씨는 예측하기 힘드네요.

B 可不是嘛!
Kě búshì ma!
커 부스 마
그러게 말입니다.

词汇 变幻莫测[biànhuànmòcè] 변화무쌍하다 总是[zǒngshì] 늘, 항상

관련 표현

■ 요즘 날씨는 늘 변덕스럽습니다.
最近天气总是阴晴不定。
Zuìjìn tiānqì zǒngshì yīnqíng bú dìng.
쭈이진 티엔치 쫑스 잉칭 부 띵

■ 요 며칠 날씨가 변화무쌍합니다.
这两天天气变幻莫测。
Zhè liǎngtiān tiānqì biànhuànmòcè.
쩌 리앙티엔 티엔치 삐엔후안모어처

▶ 날씨가 변덕스러울 때 사용하는 표현들을 익혀봅시다.

Part 05 날씨/계절/시간

오늘 황사 정말 심하네요
今天的沙尘暴太严重。
Jīntiān de shāchénbào tài yánzhòng.
진티엔 더 샤천빠오 타이 이엔중

▶ 봄에 특히 중국에서 넘어온 황사바람이 한국까지 영향을 끼칩니다. 황사가 심하다는
표현을 배워봅시다.

회화

A 今天的沙尘暴太严重。
Jīntiān de shāchénbào tài yánzhòng.
진티엔 더 샤천빠오 타이 이엔중
오늘 황사 정말 심하네요.

B 出门别忘了戴口罩。
Chūmén bié wàng le dài kǒuzhào.
추먼 비에 왕 러 따이 코우짜오
외출할 때 마스크 쓰는거 잊지 마세요.

词汇 沙尘暴[shāchénbào] 황사바람 严重[yánzhòng] 심각하다

관련 표현

■ 오늘은 황사바람이 있습니다.
今天有沙尘暴。
Jīntiān yǒu shāchénbào.
진티엔 여우 샤천빠오

■ 황사가 빈번히 발생하는 계절이 도래했습니다.
沙尘暴频发季来临。
Shāchénbào pínfā jì láilín.
샤천빠오 핀파 지 라이린

▶ 황사가 발생하는 것에 대한 표현입니다.

요즘 꽃샘추위가 심해요
最近倒春寒很厉害。
Zuìjìn dàochūnhán hěn lìhai.
쭈이진 따오춘한 헌 리하이

▶ 봄이지만 추운 날씨를 우리는 꽃샘추위라고 합니다. 그런 날씨를 말할 때 쓸 수 있는 표현입니다.

회화

A 最近倒春寒很厉害。
Zuìjìn dàochūnhán hěn lìhai.
쭈이진 따오춘한 헌 리하이
요즘 꽃샘추위가 심해요.

B 你得小心感冒, 多穿点衣服吧。
Nǐ děi xiǎoxīn gǎnmào, duō chuān diǎn yīfu ba.
니 데이 시아오신 간마오, 뚜어 추안 디엔 이프 바
감기 조심해야 돼요, 옷 단단히 입고요.

| 词汇 | 倒春寒[dàochūnhán] 꽃샘추위 厉害[lìhai] 심하다 |

관련 표현

■ 내일부터 꽃샘추위가 시작되니 감기 조심하세요.
明天开始倒春寒, 小心感冒。
Míngtiān kāishǐ dàochūnhán, xiǎoxīn gǎnmào.
밍티엔 카이스 따오춘한, 시아오신 간마오

■ 듣기에 내일부터 꽃샘추위 시작이라고 하네요.
听说从明天开始倒春寒。
Tīngshuō cóng míngtiān kāishǐ dàochūnhán.
팅슈어 총 밍티엔 카이스 따오춘한

▶ 꽃샘추위와 관련한 표현입니다. 내일부터 꽃샘 추위가 시작한다는 표현들을 익혀봅시다.

황사는 한국에 여러 번 영향을 주었습니다

沙尘暴已经多次影响到韩国。

Shāchénbào yǐjīng duō cì yǐngxiǎng dào Hánguó.

샤천빠오 이징 뚜어 츠 잉시앙 따오 한구어

▶ 실제로 황사는 한국에 많은 영향을 끼쳤습니다. 황사에 관련하여 설명할 수 있는 표현을 배워봅시다.

회화

A 沙尘暴已经多次影响到韩国。

Shāchénbào yǐjīng duō cì yǐngxiǎng dào Hánguó.

샤천빠오 이징 뚜어 츠, 잉시앙 따오 한구어

황사는 한국에 여러 번 영향을 주었습니다.

B 是吗? 这么厉害。

Shì ma? zhème lìhai.

스 마? 쩌머 리하이

그래요? 이렇게 심각하군요.

> **词汇** 影响[yǐngxiǎng] 영향을 주다 无法[wúfǎ] 방법이 없다

관련 표현

■ 황사 때문에 숨을 쉴 수가 없습니다.

因沙尘暴, 无法呼吸。

Yīn shāchénbào, wúfǎ hūxī.

인 샤천빠오, 우파 후시

■ 마스크랑 모자를 쓰면 돼요.

我们可以戴上口罩和帽子。

Wǒmen kěyǐ dài shàng kǒuzhào hé màozi.

워먼 커이 따이 샹 코우짜오 흐어 마오즈

▶ 봄만 되면 많은 사람들이 마스크를 착용하는 모습을 자주 볼 수 있습니다. 그에 대해 설명할 수 있는 표현입니다.

저는 더운 날씨가 싫어요
我不喜欢天热。
Wǒ bù xǐhuan tiān rè.
워 뿌 시후안 티엔 르어

▶ 날씨에 대해 자신의 의견을 말할 때 쓸 수 있는 표현입니다.

회화

A 你喜欢夏天吗?
Nǐ xǐhuan xiàtiān ma?
니 시후안 시아티엔 마
여름을 좋아하시나요?

B 我不喜欢天热。
Wǒ bù xǐhuan tiān rè.
워 뿌 시후안 티엔 르어
저는 더운 날씨가 싫어요.

词汇 夏天[xiàtiān] 여름 热[rè] 덥다 下雨天[xiàyǔtiān] 비 오는 날

관련 표현

■ 저는 비 오는 날을 좋아하지 않습니다.
我不喜欢下雨天。
Wǒ bù xǐhuan xiàyǔtiān.
워 뿌 시후안 시아위티엔

■ 저는 맑은 날을 좋아합니다.
我喜欢晴天。
Wǒ xǐhuan qíngtiān.
워 시후안 칭티엔

▶ 날씨에 대한 의견을 말할 때 쓸 수 있는 표현입니다.

Part 05

날씨/계절/시간

날씨가 점점 좋아지고 있어요
天气越来越好。
Tiānqì yuèláiyuè hǎo.
티엔치 위에라이위에 하오

▶ 날씨가 점점 좋아지고 있다고 말할 때 쓸 수 있는 표현입니다.

회화

A 你看过天气预报吗?
Nǐ kànguo tiānqì yùbào ma?
니 칸구어 티엔치 위빠오 마
일기예보를 봤나요?

B 天气越来越好。
Tiānqì yuèláiyuè hǎo.
티엔치 위에라이위에 하오
날씨가 점점 좋아지고 있어요.

> **词汇** 天气[tiānqì] 날씨 越来越[yuèláiyuè] 더욱더 预报[yùbào] 예보

관련 표현

■ 일기예보에서 말하길, 오늘 비가 올 수 있다고 합니다.
听天气预报说，今天会下雨的。
Tīng tiānqì yùbào shuō, jīntiān huì xiàyǔ de.
팅 티엔치 위빠오 슈어, 진티엔 후이 시아위 더

■ 일기예보에 의하면 내일 황사 있다네요.
天气预报说明天是沙尘天气。
Tiānqì yùbào shuō míngtiān shì shāchén tiānqì.
티엔치 위빠오 슈어 밍티엔 스 샤천 티엔치

▶ 일기예보를 보고 날씨에 대해 말할 때 쓸 수 있는 표현입니다.

어떤 계절을 좋아하시나요?
你喜欢哪个季节?
Nǐ xǐhuan nǎge jìjié?
니 시후안 나거 지지에

▶ 좋아하는 계절을 물어볼 때 쓸 수 있는 표현입니다.

회화

A 你喜欢哪个季节?
Nǐ xǐhuan nǎge jìjié?
니 시후안 나거 지지에
어떤 계절을 좋아하시나요?

B 我喜欢秋天, 很凉快。
Wǒ xǐhuan qiūtiān, hěn liángkuai.
워 시후안 치우티엔, 헌 리앙쿠와이
저는 가을을 좋아합니다, 시원합니다.

词汇 季节[jìjié] 계절 凉快[liángkuai] 시원하다 秋天[qiūtiān] 가을

관련 표현

■ 당신은 무슨 계절을 가장 좋아하시나요?
你最喜欢什么季节?
Nǐ zuì xǐhuan shénme jìjié?
니 쭈이 시후안 션머 지지에

■ 가을을 좋아하시나요?
你喜欢秋天吗?
Nǐ xǐhuan qiūtiān ma?
니 시후안 치우티엔 마

▶ 어떤 계절을, 혹은 특정한 계절을 좋아하는지에 대해 물어보는 표현입니다.

저는 봄을 좋아합니다
我喜欢春天。
Wǒ xǐhuan chūntiān.
워 시후안 춘티엔

▶ 어떤 계절을 좋아하느냐는 질문에 대한 답변입니다.

회화

A 你喜欢哪个季节?
Nǐ xǐhuan nǎge jìjié?
니 시후안 나거 지지에
어떤 계절을 좋아하시나요?

B 我喜欢春天。
Wǒ xǐhuan chūntiān.
워 시후안 춘티엔
저는 봄을 좋아합니다.

词汇 春天[chūntiān] 봄 夏天[xiàtiān] 여름 冬天[dōngtiān] 겨울

관련 표현

■ 저는 여름을 좋아합니다.
我喜欢夏天。
Wǒ xǐhuan xiàtiān.
워 시후안 시아티엔

■ 저는 겨울을 좋아합니다.
我喜欢冬天。
Wǒ xǐhuan dōngtiān.
워 시후안 똥티엔

▶ 자신이 좋아하는 계절을 표현해보세요.

한국은 사계절이 분명한 나라입니다
韩国是四季分明的国家。
Hánguó shì sìjì fēnmíng de guójiā.
한구어 스 쓰지 펀밍 더 구어지아

▶ 한국에 대해 모르는 외국인들이 한국의 계절에 대해 물을 때 소개할 수 있는 표현입니다.

회화

A 请介绍韩国的季节。
Qǐng jièshào Hánguó de jìjié.
칭 지에샤오 한구어 더 지지에
한국의 계절에 대해 소개해주세요.

B 韩国是四季分明的国家。
Hánguó shì sìjì fēnmíng de guójiā.
한구어 스 쓰지 펀밍 더 구어지아
한국은 사계절이 분명한 나라입니다.

词汇 | 分明[fēnmíng] 분명하다 国家[guójiā] 국가 浪漫[làngmàn] 낭만

관련 표현

■ 가을은 그야말로 낭만의 계절입니다.
秋天可真是浪漫的季节。
Qiūtiān kě zhēnshì làngmàn de jìjié.
치우티엔 커 쩐스 랑만 더 지지에

■ 한국의 10월은, 하늘은 높고 공기는 맑습니다.
韩国的十月, 秋高气爽。
Hánguó de shí yuè, qiūgāo qìshuǎng.
한구어더 스 위에, 치우까오 치슈앙

▶ 가을의 특징에 대해 표현을 했습니다. 각 계절의 특징에 대해 정리하여 준비한다면 좋은 소개가 되지 않을까 생각합니다.

생일이 언제예요?
你的生日是什么时候?
Nǐ de shēngrì shì shénmeshíhou?
니 더 셩르 스 션머스호우

▶ 생일을 물어볼 때 쓸 수 있는 표현입니다.

회화

A 你的生日是什么时候?
Nǐ de shēngrì shì shénmeshíhou?
니 더 셩르 스 션머스호우
생일이 언제예요?

B 我的生日是二月十八号。
Wǒ de shēngrì shì èr yuè shíbā hào.
워더 셩르 스 얼 위에 스빠 하오
저의 생일은 2월 18일입니다.

词汇 生日[shēngrì] 생일 几[jǐ] 몇 月[yuè] 월 号[hào] 일

관련 표현

■ 당신 생일은 몇 월 며칠인가요?
你的生日是几月几号?
Nǐ de shēngrì shì jǐ yuè jǐ hào?
니더 셩르 스 지 위에 지 하오

■ 저의 생일은 1월 1일입니다.
我的生日是一月一号。
Wǒ de shēngrì shì yī yuè yī hào.
워더 셩르 스 이 위에 이 하오

▶ 一 뒤에 4성이 오면 2성으로 변하지만 순서를 나타낼 때는 원래의 성조 1성으로 표기를 하게
됩니다.

오늘은 무슨 요일인가요?

今天星期几?

Jīntiān xīngqījǐ?

진티엔 싱치지

▶ 무슨 요일인지 물어볼 때 쓸 수 있는 표현입니다.

회화

A 今天星期几?

Jīntiān xīngqījǐ?
진티엔 싱치지
오늘은 무슨 요일인가요?

B 今天星期天。

Jīntiān xīngqītiān.
진티엔 싱치티엔
오늘은 일요일입니다.

词汇　星期[xīngqī] 요일　星期天[xīngqītiān] 일요일　礼拜[lǐbài] 요일

관련 표현

■ 오늘은 무슨 요일인가요?
今天礼拜几?
Jīntiān lǐbàijǐ?
진티엔 리빠이지

■ 오늘은 일요일입니다.
今天礼拜天。
Jīntiān lǐbàitiān.
진티엔 리빠이티엔

▶ 星期와 礼拜는 같은 의미입니다. 보편적으로는 星期를 쓰기도 하지만 사람에 따라 礼拜를 쓰기도 합니다. 의미적으로 전혀 다르지 않습니다.

또 월요일이네요
今天又是星期一了。
Jīntiān yòu shì xīngqīyī le.
진티엔 여우 스 싱치이 러

▶ [명사 + 了]의 용법은 새로운 상태가 됨을 나타냅니다. 한 주가 지나고 새로운 월요일이 왔다는 의미입니다.

회화

A 今天又是星期一了。
Jīntiān yòu shì xīngqīyī le.
진티엔 여우 스 싱치이 러

또 월요일이네요.

B 我们都有星期一综合症啊!
Wǒmen dōu yǒu xīngqīyī zōnghézhèng a!
워먼 또우 여우 싱치이 쫑흐어쩡 아

우리는 모두 월요병을 가지고 있어요!

词汇 又[yòu] 또, 다시 综合症[zōnghézhèng] 증후군

관련 표현

■ 월요일은 정말 고통스러워요.
星期一真痛苦。
Xīngqīyī zhēn tòngkǔ.
싱치이 쩐 통쿠

■ 월요병
星期一症侯群。
Xīngqīyī zhènghóuqún.
싱치이 쩡호우췬

▶ 월요일이 얼마나 심리적으로 힘든지를 보여주는 표현입니다.

오늘은 몇 월 며칠인가요?

今天是几月几号?

Jīntiān shì jǐ yuè jǐ hào?

진티엔 스 지 위에 지 하오

▶ 몇 월 며칠인지 물어보는 표현입니다.

회화

A 今天是几月几号?

Jīntiān shì jǐ yuè jǐ hào?

진티엔 스 지 위에 지 하오

오늘은 몇 월 며칠인가요?

B 今天是二月十九号。

Jīntiān shì èr yuè shíjiǔ hào.

진티엔 스 얼 위에 스지우 하오

오늘은 2월 19일입니다.

词汇   今天[jīntiān] 오늘

관련 표현

■ 오늘은 몇 월 며칠인가요?

今天几月几号?

Jīntiān jǐ yuè jǐ hào?

진티엔 지 위에 지 하오

■ 오늘은 5월 20일입니다.

今天五月二十号。

Jīntiān wǔ yuè èrshí hào.

진티엔 우 위에 얼스 하오

▶ 첫 번째 문장은 위의 표현에서 是가 빠진 표현입니다. 시간명사일 때는 是가 없어도 시간명사
가 서술어 역할을 합니다.

저는 2002년에 졸업했습니다
我是二零零二年毕业的。
Wǒ shì èr líng líng èr nián bìyè de.
워 스 얼 링 링 얼 니엔 삐이에 더

▶ 누군가가 언제 졸업했는지에 대해 물어볼 때 대답하는 표현입니다.

회화

A 你是什么时候毕业的?
Nǐ shì shénme shíhou bìyè de?
니 스 션머 스호우 삐이에 더
언제 졸업했어요?

B 我是二零零二年毕业的。
Wǒ shì èr líng líng èr nián bìyè de.
워 스 얼 링 링 얼 니엔 삐이에 더
저는 2002년에 졸업했습니다.

词汇 什么时候[shénme shíhou] 언제 毕业[bìyè] 졸업하다

관련 표현

■ 당신은 몇 년도에 졸업했나요?
你是哪一年毕业的?
Nǐ shì nǎ yì nián bìyè de?
니 스 나이니엔 삐이에더

■ 당신은 언제 졸업했나요?
你是什么时候毕业的?
Nǐ shì shénme shíhou bìyè de?
니 스 션머 스호우 삐이에 더

▶ 언제 졸업했는지 물어보는 다른 표현입니다.

지금 몇 시인가요?
现在几点?
Xiànzài jǐ diǎn?
시엔짜이 지 디엔

▶ 시간을 물어보는 표현입니다.

회화

A 现在几点?
Xiànzài jǐ diǎn?
시엔짜이 지 디엔
지금 몇 시인가요?

B 现在下午两点。
Xiànzài xiàwǔ liǎng diǎn.
시엔짜이 시아우 리앙 디엔
지금 오후 2시입니다.

词汇 点[diǎn] 시 下午[xiàwǔ] 오후 一刻[yíkè] 15분 半[bàn] 30분

관련 표현

■ 1시 15분
一点一刻
Yì diǎn yí kè
이 디엔 이 커

■ 3시 30분
三点半
Sān diǎn bàn
싼 디엔 빤

▶ 15분, 30분을 표현할 때 쓸 수 있는 표현입니다.

DAY 143

오늘은 설날입니다
今天是春节。
Jīntiān shì Chūnjié.
진티엔 스 춘지에

▶ 음력 1월 1일은 설날입니다. 중국에서는 '춘절(춘지에)'라고 부르며, 설은 한국, 중국 모두 최대의 명절입니다.

회화

A 今天是春节。
Jīntiān shì Chūnjié.
진티엔 스 춘지에
오늘은 설날입니다.

B 跟家人聚在一起吃饭，聊天儿等等。
Gēn jiārén jù zài yìqǐ chīfàn, liáotiānr děngdeng.
껀 지아런 쥐 짜이 이치 츠판, 리아오 티얼 떵떵
가족들과 같이 밥 먹고, 이야기 등등을 합니다.

词汇 春节[chūnjié] 설날 活动[huódòng] 활동 聚[jù] 모이다

관련 표현

■ 중국에서는 설날을 쇨 때 매우 시끌벅적하게 보낸다고 들었어요.
听说中国过春节很热闹。
Tīngshuō Zhōngguó guò Chūnjié hěn rènào.
팅슈어 쭝구어 꾸어 춘지에 헌 르어나오

■ 중국 설날에는 만두를 먹어요.
中国过春节吃饺子。
Zhōngguó guò Chūnjié chī jiǎozi.
쭝구어 꾸어 춘지에 츠 지아오즈

▶ 중국과 한국 모두 최대명절 중의 하나가 설날입니다. 중국에서는 폭죽을 터뜨리며 한 해의 소원을 빈다고 합니다.

오늘은 밸런타인데이입니다
今天是情人节。
Jīntiān shì Qíngrénjié.
진티엔 스 칭런지에

▶ 중국에서도 밸런타인데이는 존재합니다. 남자는 여자에게 장미꽃을, 여자는 남자에게 초콜릿을 주면서 사랑을 확인합니다.

회화

A 今天是情人节。
Jīntiān shì Qíngrénjié.
진티엔 스 칭런지에
오늘은 밸런타인데이입니다.

B 我和男朋友约会, 他向我求婚了。
Wǒ hé nánpéngyou yuēhuì, tā xiàng wǒ qiúhūn le.
워 흐어 난펑여우 위에후이, 타 시앙 워 치우훈 러
저는 남자친구랑 데이트했고, 그가 저에게 프로포즈했어요.

词汇 过[guò] 보내다 求婚[qiúhūn] 프로포즈하다

관련 표현

■ 내 맘속에 당신뿐입니다. (장미 1송이)
我的心中只有你。
Wǒ de xīn zhōng zhǐyǒu nǐ.
워더 신중 즈여우 니

■ 제 일생에 사랑은 당신뿐입니다. (장미 11송이)
一生一世只爱你一个。
Yì shēng yì shì zhǐ ài nǐ yí ge.
이셩 이스 즈 아이 니 이거

▶ 중국에서는 장미 개수에 따라 의미가 달라집니다. 모두가 그렇게 한다기보다는 일반적으로 그렇다는 것입니다. 求婚[qiúhūn]은 '프로포즈하다'로 장미 108송이입니다.

Part 05

날씨/계절/시간

171 ●

오늘은 만우절입니다
今天是愚人节。
Jīntiān shì Yúrénjié.
진티엔 스 위런지에

▶ 4월 1일은 만우절입니다. 중국에서는 만우절을 어리석은 사람의 날이라고 표현합니다.

회화

A 你知道今天是什么日子?
Nǐ zhīdào jīntiān shì shénme rìzi?
니 즈따오 진티엔 스 션머 르즈
오늘이 무슨 날인지 알아요?

B 今天是愚人节。
Jīntiān shì Yúrénjié.
진티엔스 위런지에
오늘은 만우절입니다.

词汇　日子[rìzi] 날　愚人节[yúrénjié] 만우절　骗人[piànrén] 속이다

관련 표현

■ 거짓말쟁이.
你骗人。
Nǐ piànrén.
니 피엔런

■ 저 속이지 마세요.
你不要骗人。
Nǐ búyào piànrén.
니 부이야오 피엔런

▶ 속이지 말라고 말할 때 쓸 수 있는 표현입니다.

오늘은 노동절입니다
今天是劳动节。
Jīntiān shì Láodòngjié.
진티엔 스 라오똥지에

▶ 한국에서도 노동절(5월 1일)에 쉬는데 중국에서는 춘절, 국경절과 함께 노동절이 3대 황금연휴라고 합니다.

회화

A 今天是劳动节。
Jīntiān shì Láodòngjié.
진티엔 스 라오똥지에
오늘은 노동절입니다.

B 我打算去父母家, 好久没去。
Wǒ dǎsuan qù fùmǔ jiā, hǎo jiǔ méi qù.
워 따오안 취 푸무 지아, 하오지우 메이 취
저는 부모님 댁에 가려고 하는데, 오랫동안 가지 않았어요.

词汇 劳动节[láodòngjié] 노동절 父母[fùmǔ] 부모

관련 표현

■ 5월 1일 국제 노동절
五一国际劳动节
Wǔyī Guójì Láodòngjié
우이 구어지 라오똥지에

■ 노동절에 며칠 쉬나요?
劳动节休息几天?
Láodòngjié xiūxi jǐ tiān?
라오똥지에 시우시 지 티엔

▶ 중국에서는 노동절을 五一라고 표현을 하기도 합니다.

오늘은 어린이날입니다
今天是儿童节。
Jīntiān shì Értóngjié.
진티엔 스 얼통지에

▶ 원래 중국의 어린이날은 항일운동시기에 만들어진 4월 4일이었는데, 1949년부터
는 6월 1일이 어린이날로 지정되었습니다.

회화

A 今天是儿童节。
Jīntiān shì Értóngjié.
진티엔 스 얼통지에
오늘은 어린이날입니다.

B 和家人们一起去了主题公园。
Hé jiārénmen yìqǐ qùle zhǔtí gōngyuán.
흐어 지아런먼 이치 취러 주티공위엔
가족들과 같이 테마공원에 갔습니다.

词汇 儿童节[értóngjié] 어린이날 主题公园[zhǔtí gōngyuán] 테마공원

관련 표현

■ 당신은 무슨 선물을 준비하려고 하나요?
你要准备什么礼物?
Nǐ yào zhǔnbèi shénme lǐwù?
니 이야오 준뻬이 션머 리우

■ 저는 현금을 준비했어요.
我准备了现金。
Wǒ zhǔnbèile xiànjīn.
워 준뻬이러 시엔진

▶ 어린이날에 보통 아이에게 선물을 사줍니다. 어떤 것을 준비했는지 묻고 답하는 표현입니다.

DAY 148

중국의 어린이날은 6월 1일입니다

中国儿童节是六月一号。

Zhōngguó Értóngjié shì liù yuè yī hào.

쭝구어 얼퉁지에 스 리우 위에 이 하오

▶ 중국은 6월 1일이 어린이날입니다. 중국은 보통 아이가 한 명이기 때문에 백화점의 경우 어린이날 특수를 이용하여 많은 행사를 진행하고 있습니다.

회화

A 儿童节是五月五号。

Értóngjié shì wǔ yuè wǔ hào.

얼퉁지에 스 우위에 우하오

어린이날은 5월 5일입니다.

B 中国儿童节是六月一号。

Zhōngguó Értóngjié shì liù yuè yī hào.

쭝구어 얼퉁지에 스 리우 위에 이 하오

중국의 어린이날은 6월 1일입니다.

词汇 祝[zhù] 축하하다 大家[dàjiā] 여러분

관련 표현

■ 어린이날 모두 축하해요.

祝大家儿童节快乐。

Zhù dàjiā Értóngjié kuàilè.

쭈 따지아 얼퉁지에 쿠와이르어

■ 어린이날 즐겁게 놀았습니다.

儿童节玩儿得愉快。

Értóngjié wánr de yúkuài.

얼퉁지에 왈 더 위쿠와이

▶ 어린이날 잘 보내라는 덕담을 말할 때 쓸 수 있는 표현입니다.

중국의 어머니날은 5월 둘째 주 일요일입니다

中国母亲节是五月的第两个星期天。

Zhōngguó Mǔqīnjié shì wǔ yuè de dì liǎng ge xīngqītiān.

쭝구어 무친지에 스 우 위에 더 띠 량거 싱치티엔

▶ 중국은 어머니날과 아버지날이 따로 있습니다. 중국의 아버지날은 6월 셋째 주 일요일입니다.

회화

A 母亲节是什么时候?

Mǔqīnjié shì shénmeshíhou?

무친지에 스 션머스호우

어머니날은 언제인가요?

B 中国母亲节是五月的第两个星期天。

Zhōngguó Mǔqīnjié shì wǔ yuè de dì liǎng ge xīngqītiān.

쭝구어 무친지에 스 우 위에 더 띠 량 거 싱치티엔

중국의 어머니날은 5월 둘째 주 일요일입니다.

词汇 母亲节[mǔqīnjié] 어머니날 父亲节[fùqīnjié] 아버지날

관련 표현

■ 당신의 존재로 제가 이런 날을 지낼 수 있습니다. 어머니날 즐겁게 보내세요!

因为有你的存在, 我才过节日, 母亲节快乐!

Yīnwèi yǒu nǐ de cúnzài, wǒ cái guò jiérì, Mǔqīnjié kuàilè!

인웨이 여우 니 더 춘짜이, 워 차이 꾸어 지에르, 무친지에 쿠와이르어

■ 중국의 아버지날은 6월의 세 번째 일요일입니다.

中国父亲节是六月的第三个星期天。

Zhōngguó Fùqīnjié shì liù yuè de dì sān ge xīngqītiān.

쭝구어 푸친지에 스 리우 위에 더 띠 싼 거 싱치티엔

▶ 한국의 어버이날이라고 할 수 있는 어머니날에 부모님에게 이런 말을 전해드리는 것은 어떨까요?

국경절은 10월 1일입니다
国庆节是十月一号。
Guóqìngjié shì shí yuè yī hào.
구어칭지에 스 스 위에 이 하오

▶ 1949년 10월 1일 마오쩌둥이 중화인민공화국 수립을 선포한 데에서 유래되었고 1949년 12월 2일 공산당 정부가 매년 10월 1일을 국경일로 지정했습니다.

회화

A 中国国庆节是几月几号?
Zhōngguó Guóqìngjié shì jǐ yuè jǐ hào?
쭝구어 구어칭지에 스 지 위에 지 하오
중국 국경절은 언제인가요?

B 国庆节是十月一号。
Guóqìngjié shì shí yuè yī hào.
구어칭지에 스 스 위에 이 하오
국경절은 10월 1일입니다.

词汇 国庆节[guóqìngjié] 국경절 休息[xiūxi] 쉬다

관련 표현

■ 국경절에 며칠 쉬시나요?
国庆节休息几天?
Guóqìngjié xiūxi jǐ tiān?
구어칭지에 시우시 지 티엔

■ 국경절에 3일 쉽니다.
国庆节休息三天。
Guóqìngjié xiūxi sān tiān.
구어칭지에 시우시 싼 티엔

▶ 국경절은 중국의 큰 명절 중의 하나입니다. 국경절에 며칠 쉬는지 물어볼 때 쓸 수 있는 표현입니다.

중국의 11월 11일은 솔로데이입니다
中国的双十一是光棍节。
Zhōngguó de shuāng shíyī shì Guānggùnjié.
쫑구어 더 슈왕 스이 스 꾸왕꾼지에

▶ 한국에서는 11월 11일이 빼빼로데이라는 이름으로 연인에게 서로 빼빼로를 주고받으며 사랑을 확인하는 날이고, 중국에서는 솔로데이입니다.

회화

A 中国的双十一是光棍节。
Zhōngguó de shuāng shíyī shì Guānggùnjié.
쫑구어 더 슈왕 스이 스 꾸왕꾼지에
중국의 11월 11일은 솔로데이입니다.

B 那时有很多活动。
Nàshí yǒu hěn duō huódòng.
나스 여우 헌두어 후어똥
그때 많은 활동이 있습니다.

> **词汇** 光棍节[guānggùnjié] 솔로의 날 单身[dānshēn] 솔로

관련 표현

■ 중국의 11월 11일은 솔로데이입니다.
中国的双十一是单身节。
Zhōngguó de shuāng shíyī shì dānshēnjié.
쫑구어더 슈왕 스이 스 딴션지에

■ 솔로데이 때는 많은 사람들이 같이 밥을 먹습니다.
光棍节很多人在一起吃饭。
Guānggùnjié hěn duō rén zài yìqǐ chīfàn.
꾸왕꾼지에 헌 뚜어런 짜이 이치 츠판

> ▶ 혼자를 의미하는 1이 두 개가 겹친 1월 1일은 소(小)광군제, 세 개인 1월 11일과 11월 1일은 중광군제, 4개가 겹친 11월 11일은 대광군제라고 부릅니다. 독신자를 위한 대대적 할인행사를 시작하면서 광군제는 중국 최대 쇼핑일로 탈바꿈했습니다.

오늘은 성탄절입니다
今天是圣诞节。
Jīntiān shì Shèngdànjié.
진티엔 스 성딴지에

▶ 성탄절에 대한 표현입니다. 중국에서는 성탄절에 큰 의미를 두지 않습니다.

회화

A 今天是圣诞节。
Jīntiān shì Shèngdànjié.
진티엔 스 성딴지에
오늘은 성탄절입니다.

B 圣诞节快乐!
Shèngdànjié kuàilè!
성딴지에 쿠와이르어
메리크리스마스!

词汇 圣诞节[shèngdànjié] 성탄절 平安夜[píng'ānyè] 크리스마스이브

관련 표현

■ 오늘은 성탄절 전날 밤 크리스마스이브입니다.
今天是圣诞节前夜平安夜。
Jīntiān shì Shèngdànjié qiányè píng'ānyè.
진티엔 스 성딴지에 치엔이에 핑안지에

■ 오늘은 화이트 크리스마스입니다.
今天是白色圣诞。
Jīntiān shì báisè shèngdàn.
진티엔 스 빠이써 성딴

▶ 크리스마스에 관련된 다양한 표현을 익혀봅시다.

가장 빠른 것이 몇 시죠?

最快的是几点?

Zuì kuài de shì jǐ diǎn?

쭈이 쿠와이 더 스 지 디엔

▶ 공연이나 대중교통 표를 사는 데 있어서 가장 빠른 시간을 물어볼 때 쓸 수 있는 표현입니다.

회화

A 不好意思, 七点的电影票都卖完了。

Bùhǎoyìsi, qī diǎn de diànyǐngpiào dōu mài wán le.

부하오이쓰, 치 디엔 더 티엔잉피아오 또우 마이완 러

죄송한데, 7시 영화표가 다 팔렸습니다.

B 最快的是几点?

Zuì kuài de shì jǐ diǎn?

쭈이 쿠와이 더 스 지 디엔

가장 빠른 것이 몇 시죠?

词汇 快[kuài] 빠르다 卖[mài] 팔다 最后[zuìhòu] 마지막

관련 표현

■ 가장 늦게는 몇 시인가요?

最后的是几点?

Zuìhòu de shì jǐ diǎn?

쭈이호우 더 스 지 디엔

■ 가장 늦게는 언제인가요?

最后的是什么时候?

Zuìhòu de shì shénmeshíhou?

쭈이호우더 스 션머스호우

▶ 가장 늦은 시간이 언제냐고 물어볼 때 쓸 수 있는 표현입니다.

저는 시간이 많아요

我有的是时间。

Wǒ yǒu de shì shíjiān.

워 여우 더 스 스지엔

▶ [有的是 + 명사]는 '있는 것은 명사뿐이다'라는 의미를 가집니다.

회화

A 你想跟你商量一件事, 你什么时候有时间?

Nǐ xiǎng gēn nǐ shāngliang yí jiàn shì, nǐ shénmeshíhou yǒu shíjiān?

니 시앙 껀니 상리앙 이 지엔 스, 니 션머스호우 여우 스지엔

제가 상의드릴 일이 있는데, 언제 시간이 되세요?

B 我有的是时间。

Wǒ yǒu de shì shíjiān.

워 여우 더 스 스지엔

저는 시간이 많아요.

词汇   商量[shāngliang] 상의하다 时间[shíjiān] 시간

관련 표현

■ 저는 시간이 많습니다.

我有很多时间。

Wǒ yǒu hěn duō shíjiān.

워 여우 헌 뚜어 스지엔

■ 저는 시간이 없습니다.

我没有时间。

Wǒ méiyou shíjiān.

워 메이여우 스지엔

▶ 시간이 많다고 할 때와 시간이 없다고 할 때 쓸 수 있는 표현입니다.

오늘은 시간이 없어요
今天有点儿紧张。
Jīntiān yǒudiǎnr jǐnzhāng.
진티엔 여우디얼 진장

▶ 紧张은 심리적으로 '긴장하다'라는 의미도 있지만 시간이 없거나 주머니 사정이 좋지 않다고 할 때 쓸 수 있는 표현입니다.

회화

A 我们今天进行会议吧。
Wǒmen jīntiān jìnxíng huìyì ba.
워먼 진티엔 진싱 후이이 바
우리 오늘 회의 진행해요.

B 今天有点儿紧张。
Jīntiān yǒudiǎnr jǐnzhāng.
진티엔 여우디얼 진장
오늘은 시간이 없어요.

词汇 进行[jìnxíng] 진행하다 会议[huìyì] 회의 手头[shǒutóu] 주머니 사정

관련 표현

■ 지금 주머니 사정이 좀 안 좋습니다.
现在手头有点儿紧。
Xiànzài shǒutóu yǒudiǎnr jǐn.
시인짜이 쇼우토우 여우디얼 진

■ 저는 1원도 없습니다.
我一分钱也没有。
Wǒ yī fēn qián yě méiyou.
워 이 펀 치엔 이에 메이여우

▶ 경제상황을 설명할 때 紧을 이용하여 쓸 수 있는 표현을 알아봅시다.

Day 126 오늘은 너무 춥네요.

今天冷死了。

Jīntiān lěng sǐ le.

Day 127 오늘 정말 뼛속까지 추운 날씨였어요.

今天真是寒冷刺骨。

Jīntiān zhēnshì hánlěngcìgǔ.

Day 128 요 며칠 날씨는 예측하기 힘드네요.

过几天的天气变幻莫测。

Guò jǐ tiān de tiānqì biànhuànmòcè.

Day 129 오늘 황사 정말 심하네요.

今天的沙尘暴太严重。

Jīntiān de shāchénbào tài yánzhòng

Day 130 요즘 꽃샘추위가 심해요.

最近倒春寒很厉害。

Zuìjìn dàochūnhán hěn lìhai.

Day 131 황사는 한국에 여러 번 영향을 주었습니다.

沙尘暴已经多次影响到韩国。

Shāchénbào yǐjīng duō cì yǐngxiǎng dào Hánguó.

Day 132 저는 더운 날씨가 싫어요.

我不喜欢天热。

Wǒ bù xǐhuan tiān rè.

Day 133 날씨가 점점 좋아지고 있어요.

天气越来越好。

Tiānqì yuèláiyuè hǎo.

Day 134 어떤 계절을 좋아하시나요?

你喜欢哪个季节?

Nǐ xǐhuan nǎge jìjié?

Day 135 저는 봄을 좋아합니다.

我喜欢春天。

Wǒ xǐhuan chūntiān.

Day 136 한국은 사계절이 분명한 나라입니다.

韩国是四季分明的国家。

Hánguó shì sìjì fēnmíng de guójiā.

Day 137 생일이 언제예요?

你的生日是什么时候?

Nǐ de shēngrì shì shénme shíhou?

Day 138 오늘은 무슨 요일인가요?

今天星期几?

Jīntiān xīngqījǐ?

Day 139 또 월요일이네요.

今天又是星期一了。

Jīntiān yòu shì xīngqīyī le.

Day 140 오늘은 몇 월 며칠인가요?

今天是几月几号?

Jīntiān shì jǐ yuè jǐ hào?

Day 141 저는 2002년에 졸업했습니다.

我是二零零二年毕业的。

Wǒ shì èr líng líng èr nián bìyè de.

Day 142 지금 몇 시인가요?

现在几点?

Xiànzài jǐ diǎn?

Day 143 오늘은 설날입니다.

今天是春节。

Jīntiān shì Chūnjié.

Day 144 오늘은 밸런타인데이입니다.

今天是情人节。

Jīntiān shì Qíngrénjié.

Day 145 오늘은 만우절입니다.

今天是愚人节。

Jīntiān shì Yúrénjié.

Day 146 오늘은 노동절입니다.

今天是劳动节。

Jīntiān shì Láodòngjié.

Day 147 오늘은 어린이날입니다.

今天是儿童节。

Jīntiān shì Értóngjié.

Day 148 중국의 어린이날은 6월 1일입니다.

中国儿童节是六月一号。

Zhōngguó Értóngjié shì liù yuè yī hào.

Day 149 중국의 어머니날은 5월 둘째 주 일요일입니다.

中国母亲节是五月的第两个星期天。

Zhōngguó Mǔqīnjié shì wǔ yuè de dì liǎng ge xīngqītiān.

Day 150 국경절은 10월 1일입니다.

国庆节是十月一号。

Guóqìngjié shì shí yuè yī hào.

Day 151 중국의 11월 11일은 솔로데이입니다.

中国的双十一是光棍节。

Zhōngguó de shuāng shíyī shì Guānggùnjié.

Day 152 오늘은 성탄절입니다.

今天是圣诞节。

Jīntiān shì Shèngdànjié.

Day 153 가장 빠른 것이 몇 시죠?

最快的是几点?

Zuì kuài de shì jǐ diǎn?

Day 154 저는 시간이 많아요.

我有的是时间。

Wǒ yǒu de shì shíjiān.

Day 155 오늘은 시간이 없어요.

今天有点儿紧张。

Jīntiān yǒudiǎnr jǐnzhāng.

Part | *06*

쇼핑/음식

얼마예요?
多少钱?
Duōshao qián?
뚜어샤오 치엔

▶ 물건을 살 때 쓸 수 있는 표현입니다.

회화

A 多少钱?
Duōshao qián?
뚜어샤오 치엔
얼마예요?

B 一斤十四块钱。
Yì jīn shísì kuài qián.
이 진 스쓰 콰이 치엔
한 근에 14원입니다.

词汇 斤[jīn] 근 块[kuài] 원 卖[mài] 팔다

관련 표현

■ 어떻게 팔아요?
怎么卖?
Zěnme mài?
쩐머 마이

■ 총 얼마인가요?
一共多少钱?
Yígòng duōshao qián?
이꽁 뚜어샤오 치엔

▶ 가격을 물어볼 때 쓸 수 있는 표현이지만 특히 무게를 재는 물건(과일, 채소)을 살 때 쓸 수 있는 표현입니다.

너무 비싸요
太贵了。
Tài guì le.
타이 꾸이 러

▶ 물건을 살 때 쓸 수 있는 표현입니다. [太 + 형용사 + 了]의 용법은 '매우 ~하다'라는 의미로 개인의 주관적 의견을 표현합니다.

회화

A 这个是五十块。
Zhège shì wǔshí kuài.
쩌거 스 우스 쿠와이
이것은 50원입니다.

B 太贵了。
Tài guì le.
타이 꾸이 러
너무 비싸요.

词汇   贵[guì] 비싸다

관련 표현

■ 너무 비싸요.
太贵。
Tài guì.
타이 꾸이

■ 비싸다.
很贵。
Hěn guì.
헌 꾸이

▶ [太 + 형용사 + 了]에서 了가 없는 상태입니다. 이럴 때는 객관적으로 비싸다는 의미를 가집니다.

싸게 해주실 수 있어요?

能不能便宜点儿?

Néngbunéng piányi diǎnr?

넝뿌넝 피엔이 디얼

▶ 물건을 사면서 가격을 흥정할 때가 있습니다. 가게 주인이 가격을 제시할 때 쓸 수 있는 표현입니다.

회화

A 能不能便宜点儿?

Néngbunéng piányi diǎnr?

넝뿌넝 피엔이 디얼

싸게 해주실 수 있어요?

B 不好意思, 不能再便宜了。

Bùhǎoyìsi, bùnéng zài piányi le.

뿌하오이쓰, 뿌넝 짜이 피엔이 러

죄송합니다, 더 싸게는 안 됩니다.

词汇 便宜[piányi] 싸다 打折[dǎzhé] 할인하다

관련 표현

■ 가격 흥정을 하다

讨价还价

Tǎojià huánjià

타오지아 환지아

■ 20% 할인해주세요.

打8折吧。

Dǎ bā zhé ba.

따 빠 져 바

▶ 8折라고 하면 80%에 팔겠다는 이야기입니다. 우리하고는 세일 % 개념이 반대입니다.

가장 싼 물건은 무엇인가요?
最便宜的东西是什么?
Zuì piányi de dōngxi shì shénme?
쭈이 피엔이 더 똥시 스 션머

▶ 물건을 사러 가서 가장 저렴한 물건을 고를 때 물어볼 수 있는 표현입니다.

회화

A 最便宜的东西是什么?
Zuì piányi de dōngxi shì shénme?
쭈이 피엔이 더 똥시 스 션머
가장 싼 물건은 무엇인가요?

B 最便宜的东西是红色的衣服。
Zuì piányi de dōngxi shì hóngsè de yīfu.
쭈이 피엔이 더 똥시 스 홍써 더 이푸
가장 싼 물건은 빨간색 옷입니다.

词汇 东西[dōngxi] 물건 红色[hóngsè] 빨간색 衣服[yīfu] 옷

관련 표현

■ 가장 싼 물건은 얼마인가요?
最便宜的东西是多少钱?
Zuì piányi de dōngxi shì duōshao qián?
쭈이 피엔이더 똥시 스 뚜어샤오 치엔

■ 가장 비싼 물건은 얼마인가요?
最贵的东西是多少钱?
Zuì guì de dōngxi shì duōshao qián?
쭈이 꾸이더 똥시 스 뚜어샤오 치엔

▶ 가장 저렴한 물건과 비싼 물건의 가격을 물어볼 때 쓸 수 있는 표현입니다.

잔돈 있어요?

有零钱吗?

Yǒu língqián ma?

여우 링치엔 마

▶ 실생활에서 많이 쓸 수 있는 표현으로 중국에서 100위안을 주면서 잔돈이 있는지를 물어볼 수 있는 표현입니다.

회화

A 有零钱吗?

Yǒu língqián ma?

여우 링치엔 마

잔돈 있어요?

B 没有, 我只有一百块。

Méiyou, wǒ zhǐyǒu yì bǎi kuài.

메이여우, 워 즈여우 이빠이 쿠와이

없어요, 저는 100위안밖에 없어요.

词汇   零钱[língqián] 잔돈 只有[zhǐyǒu] ~밖에 없다

관련 표현

■ 저는 잔돈이 없습니다.

我没有零钱。

Wǒ méiyou língqián.

워 메이여우 링치엔

■ 죄송하지만 잔돈을 바꿔주세요.

麻烦帮我换成零钱。

Máfan bāng wǒ huàn chéng língqián.

마판 빵 워 환청 링치엔

▶ 첫 번째 문장은 상대방이 잔돈이 있냐고 물어볼 때 답변할 수 있는 표현입니다.

잔돈 바꿔줄 수 있나요?

您这儿能不能破开?

Nín zhèr néngbunéng pòkāi?

닌 쩔 넝뿌넝 포어카이

▶ 破开는 큰돈을 깨서 연다는 의미이기 때문에 잔돈을 바꾸어달라는 말이 됩니다.

회화

A 100块您这儿能不能破开?

Yì bǎi kuài nín zhèr néngbunéng pòkāi?

이 빠이 쿠와이 닌 쩔 넝뿌넝 포어카이

100위안을 잔돈으로 바꿔줄 수 있나요?

B 没问题, 请稍等。

Méi wèntí, qǐng shāo děng.

메이 원티, 칭 샤오 덩

문제없습니다, 잠시만 기다리세요.

词汇 稍[shāo] 잠시 等[děng] 기다리다

관련 표현

■ 지금은 바꿔줄 수가 없어요.

现在破不开。

Xiànzài pòbukāi.

시엔짜이 포어뿌카이

■ 지금은 바꿔줄 수 없습니다.

现在不能破开。

Xiànzài bùnéng pòkāi.

시엔짜이 뿌넝 포어카이

▶ 잔돈이 있냐고 물어볼 때 바꾸어줄 수 없다고 말하는 표현을 익혀봅시다.

무엇을 사야 할지 모르겠습니다
我不知道买点儿什么。
Wǒ bù zhīdào mǎi diǎnr shénme.
워 뿌 즈따오 마이 디얼 션머

▶ 가게에 들어가서 무엇을 사야 할지 몰라서 추천을 해달라고 하기 전에 할 수 있는 표현입니다.

회화

A 您要买什么?
Nín yào mǎi shénme?
닌 이야오 마이 션머

무엇을 사시려고 하시나요?

B 我不知道买点儿什么。
Wǒ bù zhīdào mǎi diǎnr shénme.
워 뿌 즈따오 마이 디얼 션머

무엇을 사야 할지 모르겠습니다.

词汇 买[mǎi] 사다 知道[zhīdào] 알다

관련 표현

■ 저는 무엇을 사야 좋을지 모르겠습니다.
我不知道买什么好。
Wǒ bù zhīdào mǎi shénme hǎo.
워 뿌 즈따오 마이 션머 하오

■ 저는 무엇을 사야 비교적 좋은지 모르겠습니다.
我不知道买什么比较好。
Wǒ bù zhīdào mǎi shénme bǐjiào hǎo.
워 뿌 즈따오 마이 션머 비지아오 하오

▶ 무언가를 사야 할지 모른다고 할 때 쓸 수 있는 표현입니다.

당신 맘대로 좋은 것 하나 고르세요
你随便挑一个好的。
Nǐ suíbiàn tiāo yí ge hǎo de.
니 슈이비엔 티아오 이 거 하오 더

▶ 가게에 들어가서 다른 사람에게 선물을 사주고 싶을 때 쓸 수 있는 표현입니다.

회화

A 你随便挑一个好的。
Nǐ suíbiàn tiāo yí ge hǎo de.
니 슈이비엔 티아오 이 거 하오 더
당신 맘대로 좋은 것 하나 고르세요.

B 真的吗? 我要挑很贵的。
Zhēn de ma? Wǒ yào tiāo hěn guì de.
쩐 더 마? 워 이야오 티아오 헌 꾸이 더
정말요? 저 비싼 것 고를 거예요.

> **词汇**　随便[suíbiàn] 마음대로　挑[tiāo] 고르다　喜欢[xǐhuan] 좋아하다

관련 표현

■ 당신이 좋아하는 것 있으면 사세요.
你喜欢什么就买什么。
Nǐ xǐhuan shénme jiù mǎi shénme.
니 시후완 션머 지우 마이 션머

■ 당신이 먹고 싶은 것이 있으면 그거 드세요.
你想吃什么就吃什么。
Nǐ xiǎng chī shénme jiù chī shénme.
니 시앙 츠 션머 지우 츠 션머

▶ ~什么就…什么 용법으로 '~하는 것 있으면 …하다'라는 의미입니다.

마음에 드는 것 있으면 그걸로 사세요
你看中哪个就买哪个。
Nǐ kànzhòng nǎge jiù mǎi nǎge.
니 칸중 나거 지우 마이 나거

▶ ~哪个就 …哪个 용법으로 '~하고 싶은 것이 있으면 …하라'는 표현입니다.

회화

A 我不知道买什么好。
Wǒ bù zhīdào mǎi shénme hǎo.
워 뿌 즈따오 마이 션머 하오
제가 뭘 사야 좋을지 모르겠어요.

B 你看中哪个就买哪个。
Nǐ kànzhòng nǎge jiù mǎi nǎge.
니 칸중 나거 지우 마이 나거
마음에 드는 것 있으면 그걸로 사세요.

词汇 看中[kànzhòng] 좋아하다 点[diǎn] 주문하다

관련 표현

■ 먹고 싶은 거 주문하세요.
你想吃什么就点什么。
Nǐ xiǎng chī shénme jiù diǎn shénme.
니 시앙 츠 션머 지우 디엔 션머

■ 가고 싶은 곳으로 가세요.
你想去哪儿就去哪儿。
Nǐ xiǎng qù nǎr jiù qù nǎr.
니 시앙 취 날 지우 취 날

▶ [동사 + 什么就 + 동사 + 什么]의 용법으로 '동사하면 바로 동사하다'라는 의미로 표현할 수 있습니다.

이 옷을 꺼내서 보여주세요
请把那件衣服拿给我看看。
Qǐng bǎ nà jiàn yīfu ná gěi wǒ kànkan.
칭 바 나 지엔 이프 나 게이 워 칸칸

▶ 마음에 드는 옷을 보고 꺼내달라고 할 때 쓸 수 있는 표현입니다.

회화

A 请把那件衣服拿给我看看。
Qǐng bǎ nà jiàn yīfu ná gěi wǒ kànkan.
칭 바 나 지엔 이프 나 게이 워 칸칸

이 옷을 꺼내서 보여주세요.

B 好的, 请等一下。
Hǎo de, qǐng děng yíxià.
하오더, 칭 떵 이시아

좋아요, 잠깐만 기다리세요.

词汇 拿[ná] 꺼내다 试[shì] 시험 삼아 해보다

관련 표현

■ 제가 이 옷 입어봐도 될까요?
我可以试试这件衣服吗?
Wǒ kěyǐ shìshi zhè jiàn yīfu ma?
워 커이 스스 쩌 지엔 이프 마

■ 옷을 입어봐도 됩니다.
你可以试试这件衣服。
Nǐ kěyǐ shìshi zhè jiàn yīfu.
니 커이 스스 쩌 지엔 이프

▶ 마음에 드는 옷을 입어봐도 되는지 묻고 답하는 표현입니다.

원하시는 물건은 다 팔렸습니다
您要的东西已经卖完了。
Nín yào de dōngxi yǐjīng mài wán le.
닌 이야오 더 똥시 이징 마이 완 러

▶ 원하는 물건을 사려고 하는데 다 팔렸을 때 주인이 나에게 할 수 있는 표현입니다.

회화

A 您要的东西已经卖完了。
Nín yào de dōngxi yǐjīng mài wán le.
닌 이야오 더 똥시 이징 마이 완 러
원하시는 물건은 다 팔렸습니다.

B 什么时候能进货?
Shénme shíhou néng jìnhuò?
선머스호을 넝 진후어
언제 들어올 수 있나요?

词汇 已经[yǐjīng] 이미 进货[jìnhuò] 물품이 들어오다

관련 표현

■ 당신이 원하시는 물건은 이미 다 팔렸습니다.
您要的东西已经卖光了。
Nín yào de dōngxi yǐjīng mài guāng le.
닌 이야오 더 똥시 이징 마이 꾸왕 러

■ 저는 이 요리를 다 먹었습니다.
我把这个菜吃光了。
Wǒ bǎ zhège cài chī guāng le.
워 바 쩌거 차이 츠 꾸왕 러

▶ [동사 + 光]은 '깡그리 동사하다'라는 의미로 쓰였습니다.

당신하고 잘 어울려요

这个跟你很合适。

Zhège gēn nǐ hěn héshì.

쩌거 껀 니 헌 흐어스

▶ 나의 옷차림이나 내가 산 것에 대해 상대방이 나에게 할 수 있는 표현입니다.

회화

A 我买的包怎么样?

Wǒ mǎi de bāo zěnmeyàng?

워 마이더 빠오 쩐머이양

제가 산 가방 어때요?

B 这个跟你很合适。

Zhège gēn nǐ hěn héshì.

쩌거 껀 니 헌 흐어스

당신하고 잘 어울려요.

词汇 包[bāo] 가방 合适[héshì] 어울린, 적합한 适合[shìhé] 어울리다

관련 표현

■ 이 물건은 당신하고 어울려요.

这个东西适合你。

Zhège dōngxi shìhé nǐ.

쩌거 똥시 스흐어 니

■ 이 옷은 당신하고 어울려요.

这件衣服跟你很合适。

Zhè jiàn yīfu gēn nǐ hěn héshì.

쩌 지엔 이프 껀 니 헌 흐어스

▶ 合适는 형용사로 '어울리다'라는 의미지만 适合는 동사로 '어울리다'는 의미입니다.

사이즈가 딱 맞아요
大小正合适。
Dàxiǎo zhèng héshì.
따시아오 쩡 흐어스

▶ 입은 옷이 어떤지에 대해 물어볼 때 대답할 수 있는 표현입니다.

회화

A 您穿的衣服怎么样?

Nín chuān de yīfu zěnmeyàng?
닌 추안 더 이프 쩐머이양

당신이 입은 옷 어때요?

B 大小正合适。

Dàxiǎo zhèng héshì.
따시아오 쩡 흐어스

사이즈가 딱 맞아요.

词汇 大小[dàxiǎo] 사이즈 穿[chuān] 입다 正[zhèng] 딱

관련 표현

■ 크지도 작지도 않고 딱 맞아요.
不大也不小正合适。
Bú dà yě bù xiǎo zhèng héshì.
부따 이에 뿌시아오 쩡 흐어스

■ 좀 더 큰 것이 있나요?
有没有大点儿的?
Yǒuméiyou dà diǎnr de?
여우메이여우 따 디얼 더

▶ 크지도 작지도 않은 딱 맞다고 할 때 쓸 수 있는 표현입니다. 두 번째 문장은 큰 사이즈가 있는
지 물어볼 때 쓸 수 있는 표현입니다.

한 치수 작은 것 있나요?
有小一号的吗?
Yǒu xiǎo yí hào de ma?
여우 시아오 이 하오 더 마

▶ 사이즈가 다른 물건을 요구할 때 쓸 수 있는 표현입니다.

회화

A 有小一号的吗?
Yǒu xiǎo yí hào de ma?
여우 시아오 이 하오 더 마
한 치수 작은 것 있나요?

B 让我看看, 等一下。
Ràng wǒ kànkan, děng yíxià.
랑 워 칸칸, 떵 이시아
제가 좀 볼게요, 기다려주세요.

词汇 小[xiǎo] 작다 让[ràng] ~하게 하다

관련 표현

■ 좀 큰 것 있나요?
有大一点儿吗?
Yǒu dà yìdiǎnr ma?
여우 따 이디얼 마

■ 사이즈가 좀 큽니다.
大小有点儿大。
Dàxiǎo yǒudiǎnr dà.
따시아오 여우디얼 따

▶ 큰 사이즈를 원할 때와 사이즈가 좀 클 때 쓸 수 있는 표현입니다.

그는 구두쇠입니다
他是铁公鸡。
Tā shì tiěgōngjī.
타 스 티에꽁지

▶ 铁公鸡는 '쇠로 만든 수탉'입니다. 铁公鸡一毛不拔라는 헐후어와 관련있는데 보통 닭에서는 털을 쉽게 뽑지만 쇠로 만든 닭에서는 털을 뽑을 수가 없습니다. 그런 의미로 구두쇠가 됩니다.

회화

A 想让他请客, 别做梦了!
Xiǎng ràng tā qǐngkè, bié zuòmèng le!
시앙 랑 타 칭커, 비에 쭈어멍 러

그가 식사 대접하기를 원하면 꿈 깨세요!

B 他是铁公鸡。
Tā shì tiěgōngjī.
타 스 티에꽁지

그는 구두쇠입니다.

词汇 铁公鸡[tiěgōngjī] 구두쇠 别[bié] ~하지 마라 吝啬鬼[lìnsèguǐ] 구두쇠

관련 표현

■ 인색한 구두쇠
一毛不拔的吝啬鬼
Yì máo bù bá de lìnsèguǐ
이 마오 뿌 빠더 린써꾸이

■ 그는 매우 인색합니다.
他是个抠门儿鬼。
Tā shì ge kōuménr guǐ.
타 스 거 코우멀 꾸이

▶ '구두쇠'라는 의미를 나타내는 표현입니다.

여기 리필이 되나요?

可以续杯吗?

Kěyǐ xùbēi ma?

커이 쉬뻬이 마

▶ 커피숍에서 리필이 필요할 때 쓸 수 있는 표현입니다.

회화

A 可以续杯吗?

Kěyǐ xùbēi ma?

커이 쉬뻬이 마

여기 리필되나요?

B 不好意思, 我们不提供续杯。

Bùhǎoyìsi, wǒmen bù tígòng xùbēi.

부하오이쓰, 워먼 뿌 티꽁 쉬뻬이

죄송합니다, 저희는 리필을 제공하지 않습니다.

词汇 续杯[xùbēi] 리필하다 提供[tígòng] 제공하다

관련 표현

■ 리필 한 잔 해주세요.

这里再续一杯。

Zhèli zài xù yì bēi.

쩌리 짜이 쉬 이뻬이

■ 무료로 리필이 되나요?

可以免费续杯吗?

Kěyǐ miǎnfèi xùbēi ma?

커이 미엔페이 쉬뻬이 마

▶ 리필을 해달라고 할 때 쓸 수 있는 또 다른 표현입니다.

Part 06

쇼핑/음식

201 •

냅킨 좀 주세요
请给我餐巾纸。
Qǐng gěi wǒ cānjīnzhǐ.
칭 게이 워 찬진즈

▶ 식당이나 커피숍에서 냅킨을 달라고 할 때 쓸 수 있는 표현입니다.

회화

A 请给我餐巾纸。
Qǐng gěi wǒ cānjīnzhǐ.
칭 게이 워 찬진즈
냅킨 좀 주세요.

B 请稍等, 马上给您。
Qǐng shāo děng, mǎshàng gěi nín.
칭 샤오 덩, 마상 게이 닌
잠깐만 기다리세요, 곧 드릴게요.

词汇 餐巾纸[cānjīnzhǐ] 냅킨 给[gěi] 주다 马上[mǎshàng] 곧

관련 표현

■ 냅킨 좀 주세요.
请拿点餐巾纸来。
Qǐng ná diǎn cānjīnzhǐ lái.
칭 나 디엔 찬징즈 라이

■ 저에게 냅킨 좀 많이 주세요.
请多给我点餐巾纸。
Qǐng duō gěi wǒ diǎn cānjīnzhǐ.
칭 뚜어 게이 워 디엔 찬징즈

▶ 냅킨을 달라고 할 때 쓸 수 있는 다른 표현입니다.

너무 배고파요
肚子饿得咕咕叫。
Dùzi è de gūgū jiào.
뚜즈 으어 더 꾸꾸 지아오

▶ 배고프다고 할 때 쓸 수 있는 표현으로 의성어를 이용하여 꼬르륵 소리가 난다고 말할 수 있습니다.

회화

A 肚子饿得咕咕叫。

Dùzi è de gūgū jiào.
뚜즈 으어 더 꾸꾸 지아오
너무 배고파요.

B 我们吃点儿东西吧。

Wǒmen chī diǎnr dōngxi ba.
워먼 츠 디얼 똥시 바
우리 뭐 좀 먹어요.

词汇 饿[è] 배고프다 东西[dōngxi] 물건

관련 표현

- 이뻐 죽겠어요.
  # 漂亮死了。
  Piàoliang sǐ le.
  피아오리앙 쓸러

- 배고파 죽겠어요.
  # 我饿死了。
  Wǒ è sǐ le.
  워 으어 쓸러

▶ [형용사 + 死了]는 '형용사해 죽겠다'라는 의미로 쓰였습니다.

무슨 음식을 좋아하시나요?

你喜欢什么菜?

Nǐ xǐhuan shénme cài?

니 시후안 선머 차이

▶ 좋아하는 음식에 대해 물어볼 때 쓸 수 있는 표현입니다.

회화

A 你喜欢什么菜?

Nǐ xǐhuan shénme cài?

니 시후안 선머 차이

무슨 음식을 좋아하시나요?

B 我喜欢中国菜, 特别喜欢北京烤鸭。

Wǒ xǐhuan Zhōngguó cài, tèbié xǐhuan Běijīngkǎoyā.

워 시후안 쭝구어 차이, 트어비에 시후안 뻬이징카오이야

저는 중국요리를 좋아합니다, 특히 북경오리를 좋아합니다.

词汇 菜[cài] 요리 北京烤鸭[běijīngkǎoyā] 북경오리

관련 표현

■ 당신은 어떤 것을 먹는 것을 좋아하시나요?

你喜欢吃什么东西?

Nǐ xǐhuan chī shénme dōngxi?

니 시후안 츠 선머 똥시

■ 당신은 어떤 것을 먹는 것을 좋아하시나요?

你喜欢吃哪个东西?

Nǐ xǐhuan chī nǎge dōngxi?

니 시후안 츠 나거 똥시

▶ 어떤 음식을 좋아하는지에 대해 질문하는 또 다른 표현입니다.

병을 원하시나요, 캔을 원하시나요?
您要瓶装的还是要听装的?
Nín yào píngzhuāng de háishi yào tīngzhuāng de?
닌 이야오 핑쭈왕 더 하이스 이야오 팅쭈왕 더

▶ 가게에서 음료수를 살 때 주인이 손님에게 물어볼 수 있는 표현입니다.

회화

A 您要瓶装的还是要听装的?
Nín yào píngzhuāng de háishi yào tīngzhuāng de?
닌 이야오 핑쭈왕 더 하이스 이야오 팅쭈왕 더
병을 원하시나요, 캔을 원하시나요?

B 我要瓶的。
Wǒ yào píng de.
워 이야오 핑 더
저는 병을 원해요.

词汇 还是[háishi] 아니면 听[tīng] 캔 瓶[píng] 병

관련 표현

■ 당신은 어떤 종류의 콜라를 원하시나요?
您需要哪种可乐?
Nín xūyào nǎ zhǒng kělè?
닌 쉬이야오 나 종 크어러

■ 저는 캔 콜라를 필요로 합니다.
我需要听的可乐。
Wǒ xūyào tīng de kělè.
워 쉬이야오 팅 더 크어러

▶ 물건의 종류를 묻고 답하는 표현입니다.

대충 먹어요
凑合着吃点吧。
Còuhezhe chī diǎn ba.
초우흐어져 츠 디얼 바

▶ 무언가를 제대로 먹지 못할 상황일 때 쓸 수 있는 표현입니다.

회화

A 今天我们吃什么?
Jīntiān wǒmen chī shénme?
진티엔 워먼 츠 션머
오늘 우리 뭐 먹죠?

B 凑合着吃点吧。
Còuhezhe chī diǎn ba.
초우흐어져 츠 디얼 바
대충 먹어요.

词汇 凑合[còuhe] 아쉬운 대로 ~하다 重要[zhòngyào] 중요하다

관련 표현

■ 아쉬운 대로 봐요, 이것은 중요한 것도 아니잖아요.
凑合着看吧, 这不是什么重要的。
Còuhezhe kàn ba, zhè búshì shénme zhòngyào de.
초우흐어져 칸바, 쩌 부스 션머 쭝이야오 더

■ 아쉬운 대로 써요.
凑合着用吧。
Còuhezhe yòng ba.
초우흐어져 용 바

▶ [凑合着 + 동사]는 '아쉬운 대로 ~하다'라는 의미를 가집니다.

더 드세요
请多吃点儿。
Qǐng duō chī diǎnr.
칭 뚜어 츠 디얼

▶ 식사를 할 때 상대에게 드시라고 권할 때 쓸 수 있는 표현입니다.

회화

A 请多吃点儿。
Qǐng duō chī diǎnr.
칭 뚜어 츠 디얼
더 드세요.

B 够了够了!
Gòule gòule!
꺼울러 꺼울러
충분해요!

词汇	够[gòu] 충분하다

관련 표현

■ 좀 더 드세요.
再吃点儿吧。
Zài chī diǎnr ba.
짜이 츠 디얼 바

■ 천천히 드세요.
慢慢多吃点儿。
Mànman duō chī diǎnr.
만만 뚜어 츠 디얼

▶ 慢慢은 '천천히'라는 의미입니다.

전 이미 배불러요
我已经吃饱了。
Wǒ yǐjīng chībǎo le.
워 이징 츠빠올 러

▶ 더 먹으라고 권할 때 이미 배부르다고 말하는 표현입니다.

회화

A 我已经吃饱了。
Wǒ yǐjīng chībǎo le.
워 이징 츠빠올 러
전 이미 배불러요.

B 我也吃饱了, 我们散散步吧。
Wǒ yě chībǎo le, women sànsànbù ba.
워 이에 츠빠올러, 워먼 싼싼부 바
저도 배불러요, 우리 산책해요.

词汇 吃饱[chībǎo] 배부르다 撑[chēng] 가득 채우다

관련 표현

- 이미 배불러요.
  ### 已经吃撑了。
  Yǐjīng chī chēng le.
  이징 츠 청 러

- 이미 많이 먹었어요.
  ### 已经吃多了。
  Yǐjīng chī duō le.
  이징 츠 뚜어 러

▶ '배부르다'라는 의미로 쓸 수 있는 또 다른 표현입니다.

더 이상 못 먹겠어요
我吃不下。
Wǒ chībuxià.
워 츠부시아

▶ 더 먹으라고 권하는 상황에서 더 이상 들어가지 않는다고 할 때 쓸 수 있는 표현입니다.

회화

A 你再吃点儿。
Nǐ zài chī diǎnr.
니 짜이 츠 디얼
더 드세요.

B 我吃不下。
Wǒ chībuxià.
워 츠부시아
더 이상 못 먹겠어요.

词汇 吃不下[chībuxià] 먹을 수 없다 吃不了[chībuliǎo] 다 먹지 못하다

관련 표현

■ 다 먹지 못합니다.
吃不了。
Chībuliǎo.
츠뿌리아오

■ 먹을 수 없습니다.
吃不起。
Chībuqǐ.
츠뿌치

▶ 吃不了는 너무 많아서 못 먹는다라는 의미이고, 吃不起는 돈이나 자격이 없어서 못 먹는다는 의미입니다.

맛있긴 맛있는데 느끼해요
好吃是好吃, 有点儿油腻。
Hǎochī shì hǎochī, yǒudiǎnr yóunì.
하오츠 스 하오츠, 여우디얼 여우니

▶ A是A는 'A하긴 A한데'라는 의미로 쓰입니다.

회화

A 味道怎么样?
Wèidao zěnmeyàng?
웨이따오 쩐머이양
맛이 어때요?

B 好吃是好吃, 有点儿油腻。
Hǎochī shì hǎochī, yǒudiǎnr yóunì.
하오츠 스 하오츠 여우디얼 여우니
맛있긴 맛있는데 느끼해요.

| 词汇 | 好吃[hǎochī] 맛있다 油腻[yóunì] 느끼하다 味道[wèidao] 맛 |

관련 표현

■ 예쁘긴 예쁜데 좀 비싸요.
漂亮是漂亮, 就是有点儿贵。
Piàoliang shì piàoliang, jiùshì yǒudiǎnr guì.
피아리앙 스 피아오리앙, 지우스 여우디얼 꾸이

■ 좋긴 좋은데 돈이 없어요.
好是好, 可是没有钱。
Hǎo shì hǎo, kěshì méiyou qián.
하오 스 하오, 커스 메이여우 치엔

▶ A是A를 가지고 말할 수 있는 다른 표현입니다.

먹을 수 있을 만큼 먹어요, 억지로 먹지 말고요
你能吃多少就吃多少, 不要勉强。
Nǐ néng chī duōshao jiù chī duōshao, búyào miǎnqiǎng.
니 넝 츠 뚜어샤오 지우 츠 뚜어샤오, 부이야오 미엔치양

▶ [能 + 동사 + 多少 + 就 + 동사 + 多少]의 용법으로 '~할 수 있는 만큼 …하다' 입니다.

회화

A 我已经吃饱了。
Wǒ yǐjīng chībǎo le.
워 이징 츠빠올 러

저 이미 배불러요.

B 你能吃多少就吃多少, 不要勉强。
Nǐ néng chī duōshao jiù chī duōshao, búyào miǎnqiǎng.
니 넝 츠 뚜어샤오 지우 츠 뚜어샤오, 부이야오 미엔치양

먹을 수 있을 만큼 먹어요, 억지로 먹지 말고요.

词汇 勉强[miǎnqiǎng] 억지로~하다

관련 표현

■ 우리는 팔 수 있는 만큼 팔 거예요.
我们能卖多少就卖多少。
Wǒmen néng mài duōshao jiù mài duōshao.
워먼 넝 마이 뚜어샤오 지우 마이 뚜어샤오

■ 먹을 수 있을 만큼 먹으세요.
你能吃多少就吃多少。
Nǐ néng chī duōshao jiù chī duōshao.
니 넝 츠 뚜어샤오 지우 츠 뚜어샤오

▶ [能 + 동사 + 多少 + 就 + 동사 + 多少]의 용법을 이용하여 쓸 수 있는 표현입니다.

맛있으면서 싸요
又好吃又便宜。
Yòu hǎochī yòu piányi.
여우 하오츠 여우 피엔이

▶ [又.....又] 용법으로 '~하면서 …하다'라는 의미를 가지며, 두 가지에 대해 설명할 때 쓸 수 있는 표현입니다.

회화

A 你觉得这个菜怎么样?
Nǐ juéde zhège cài zěnmeyàng?
니 쥐에더 쩌거 차이 쩐머이양

이 요리 어떻다고 생각하세요?

B 又好吃又便宜。
Yòu hǎochī yòu piányi.
여우 하오츠 여우 피엔이

맛있으면서 싸요.

| 词汇 | 便宜[piányi] 싸다 觉得[juéde] 느끼다 |

관련 표현

■ 그는 중국어도 말할 뿐만 아니라 영어도 할 줄 압니다.

他又会说中文又会说英文。
Tā yòu huì shuō Zhōngwén yòu huì shuō Yīngwén.
타 여우 후이 슈어 쭝원 여우 후이 슈어 잉원

■ 이것은 품질도 좋으면서 가격도 쌉니다.

这个质量又好, 价钱又便宜。
Zhège zhìliàng yòu hǎo, jiàqián yòu piányi.
쩌거 즈리앙 여우 하오, 지아치엔 여우 피엔이

▶ [又.....又]용법을 이용하여 다른 표현을 할 수 있습니다.

오늘 취할 때까지 마셔요
今天我不醉不休。
Jīntiān wǒ bú zuì bù xiū.
진티엔 워 부 쭈이 부 시우

▶ 부정이 두 개가 들어가서 강한 긍정을 의미합니다. '~하지 않으면 …하지 않는다'는
의미를 가집니다.

회화

A 今天我不醉不休。
Jīntiān wǒ bú zuì bù xiū.
진티엔 워 부 쭈이 부 시우
오늘 취할 때까지 마셔요.

B 你今天有什么高兴的事吗?
Nǐ jīntiān yǒu shénme gāoxìng de shì ma?
니 진티엔 여우 션머 까오싱 더 스 마
오늘 무슨 기쁜 일 있어요?

词汇 醉[zuì] 취하다 高兴[gāoxìng] 기쁘다

관련 표현

■ 코가 삐뚤어지게 마시다.

一醉方休。
Yízuìfāngxiū.
이쭈이팡시우

■ 저는 취하지 않으면 가지 않을 겁니다.

我不醉不走。
Wǒ bú zuì bù zǒu.
워 부 쭈이 뿌 쪼우

▶ '취할 때까지 마시다'라는 또 다른 표현입니다.

딱 맞게 왔네요, 먹을 복이 많네요
来得正好, 你真有口福啊!
Lái de zhèng hǎo, nǐ zhēn yǒu kǒufú a!
라이 더 쩡 하오, 니 쩐 여우 코우푸 아

▶ 口福는 '먹을 복'이라는 의미로 먹고만 있으면 어디에 있건 오는 사람에게 할 수 있는 표현입니다.

회화

A 来得正好, 你真有口福啊!
Lái de zhènghǎo, nǐ zhēn yǒu kǒufú a!
라이 더 쩡 하오, 니 쩐 여우 코우푸 아
딱 맞게 왔네요, 먹을 복이 많네요.

B 是吗? 这么巧!
Shì ma? Zhème qiǎo!
스마, 쩌머 치아오
그래요? 공교롭군요!

词汇   正好[zhènghǎo] 딱 맞다 口福[kǒufú] 먹을 복 巧[qiǎo] 공교롭다

관련 표현

■ (신기하고 아름다운 경치) 실컷 보고 즐기다
大饱眼福
Dàbǎo yǎnfú
따빠오 이엔푸

■ 귀를 즐겁게 하다, 귀 호강하다
大饱耳福
Dàbǎo ěrfú
따빠오 얼푸

▶ 福을 이용하여 활용할 수 있는 표현을 알아봅시다.

카드 되나요?
可以刷卡吗?
Kěyǐ shuā kǎ ma?
커이 슈아 카 마

▶ 카드 결제가 되냐고 물어볼 때 쓸 수 있는 표현입니다.

회화

A 可以刷卡吗?
Kěyǐ shuā kǎ ma?
커이 슈아 카 마
카드 되나요?

B 不好意思, 我们这儿不能刷卡。
Bùhǎoyìsi, wǒmen zhèr bù néng shuā kǎ.
뿌하오이쓰, 워먼 쩔 뿌넝 슈아 카
죄송합니다, 이곳은 카드가 안됩니다.

词汇 刷[shuā] (솔로) 닦다 卡[kǎ] 카드 信用卡[xìnyòngkǎ] 신용카드

관련 표현

■ 신용카드 사용이 가능한가요?
可以用信用卡吗?
Kěyǐ yòng xìnyòngkǎ ma?
커이 용 신용카 마

■ 카드 가능한가요?
能不能刷卡?
Néngbunéng shuā kǎ?
넝뿌넝 슈아 카

▶ 카드가 되냐고 물을 때 쓸 수 있는 표현입니다.

Day 156 얼마예요?
多少钱?
Duōshao qián?

Day 157 너무 비싸요.
太贵了。
Tài guì le.

Day 158 싸게 해주실 수 있나요?
能不能便宜点儿?
Néngbunéng piányi diǎnr?

Day 159 가장 싼 물건은 무엇인가요?
最便宜的东西是什么?
Zuì piányi de dōngxi shì shénme?

Day 160 잔돈 있어요?
有零钱吗?
Yǒu língqián ma?

Day 161 잔돈 바꿔줄 수 있나요?
您这儿能不能破开?
Nín zhèr néngbunéng pòkāi?

Day 162 무엇을 사야 할지 모르겠습니다.
我不知道买点儿什么。
Wǒ bù zhīdào mǎi diǎnr shénme.

Day 163 당신 맘대로 좋은 것 하나 고르세요.
你随便挑一个好的。
Nǐ suíbiàn tiāo yí ge hǎo de.

Day 164 마음에 드는 것 있으면 그걸로 사세요.
你看中哪个就买哪个。
Nǐ kànzhòng nǎge jiù mǎi nǎge.

Day 165 이 옷을 꺼내서 보여주세요.
请把那件衣服拿给我看看。
Qǐng bǎ nà jiàn yīfu ná gěi wǒ kànkan.

Day 166 원하시는 물건은 다 팔렸습니다.
您要的东西已经卖完了。
Nín yào de dōngxi yǐjīng mài wán le.

Day 167 당신하고 잘 어울려요.
这个跟你很合适。
Zhège gēn nǐ hěn héshì.

Day 168 사이즈가 딱 맞아요.
大小正合适。
Dàxiǎo zhèng héshì.

Day 169 한 치수 작은 것 있나요?
有小一号的吗?
Yǒu xiǎo yí hào de ma?

Day 170 그는 구두쇠입니다.
他是铁公鸡。
Tā shì tiěgōngjī.

Day 171 여기 리필이 되나요?
可以续杯吗?
Kěyǐ xùbēi ma?

Day 172 냅킨 좀 주세요.

请给我餐巾纸。

Qǐng gěi wǒ cānjīnzhǐ.

Day 173 너무 배고파요.

肚子饿得咕咕叫。

Dùzi è de gūgū jiào.

Day 174 무슨 음식을 좋아하시나요?

你喜欢什么菜?

Nǐ xǐhuan shénme cài?

Day 175 병을 원하시나요, 캔을 원하시나요?

您要瓶装的还是要听装的?

Nín yào píngzhuāng de háishi yào tīngzhuāng de?

Day 176 대충 먹어요.

凑合着吃点吧。

Còuhezhe chī diǎn ba.

Day 177 더 드세요.

请多吃点儿。

Qǐng duō chī diǎnr.

Day 178 전 이미 배불러요.

我已经吃饱了。

Wǒ yǐjīng chībǎo le.

Day 179 더 이상 못 먹겠어요.

我吃不下。

Wǒ chībuxià.

Day 180 맛있긴 맛있는데 느끼해요.

好吃是好吃，有点儿油腻。

Hǎochī shì hǎochī, yǒudiǎnr yóunì.

Day 181 먹을 수 있을 만큼 먹어요. 억지로 먹지 말고요.

你能吃多少就吃多少, 不要勉强。

Nǐ néng chī duōshao jiù chī duōshao, búyào miǎnqiǎng.

Day 182 맛있으면서 싸요.

又好吃又便宜。

Yòu hǎochī yòu piányi.

Day 183 오늘 취할 때까지 마셔요.

今天我不醉不休。

Jīntiān wǒ bú zuì bù xiū.

Day 184 딱 맞게 왔네요, 먹을 복이 많네요!

来得正好, 你真有口福啊!

Lái de zhèng hǎo, nǐ zhēn yǒu kǒufú a!

Day 185 카드 되나요?

可以刷卡吗?

Kěyǐ shuā kǎ ma?

Part 07

교통

DAY 186

길이 막혀요
路上堵车了。
Lùshang dǔchē le.
루샹 두처 러

▶ '차가 막히다'라고 할 때는 堵车로 표현합니다. 일반적으로는 堵车로 쓰이지만 压车 [yāchē]라고 쓰는 곳도 있습니다.

회화

A 你怎么这么来晚了?
Nǐ zěnme zhème lái wǎn le?
니 쩐머 쩌머 라이 완 러
당신은 왜 이렇게 늦게 왔어요?

B 路上堵车了。
Lùshang dǔchē le.
루샹 두처 러
길이 막혔어요.

词汇 怎么[zěnme] 어떻게, 왜 这么[zhème] 이렇게 厉害[lìhai] 심각하다

관련 표현

■ 왜 또 막히죠?
怎么又堵车了?
Zěnme yòu dǔchē le?
쩐머 여우 두처 러

■ 차가 막히는 것이 정말 심각하네요.
堵车堵得真厉害。
Dǔchē dǔ de zhēn lìhai.
두처 두더 쩐 리하이

▶ 厉害는 '심각하다'라는 의미로도 사용되지만, 상황에 따라서 '대단하다'라는 긍정적인 의미로도 쓰일 때가 있습니다.

서울은 차가 막히는데 심각해요
首尔堵车堵得真厉害。
Shǒu'ěr dǔchē dǔ de zhēn lìhai.
쇼우얼 뚜처 뚜 더 쩐 리하이

▶ 정도보어를 사용하여 차가 막힐 때 쓸 수 있는 표현입니다. 정도보어는 동사 뒤에서 보충설명을 해줍니다.

회화

A 首尔的交通情况怎么样?
Shǒu'ěr de jiāotōng qíngkuàng zěnmeyàng?
쇼우얼더 지아오통 칭쿠왕 쩐머이양
서울의 교통 상황은 어때요?

B 首尔堵车堵得真厉害。
Shǒu'ěr dǔchē dǔ de zhēn lìhai.
쇼우얼 뚜처 뚜 더 쩐 리하이
서울은 차가 막히는데 심각해요.

词汇 首尔[Shǒu'ěr] 서울 堵车[dǔchē] 차가 막히다 交通[jiāotōng] 교통

관련 표현

■ 올해 여름은 그렇게 덥다라고 할 수 없어요.
今年的夏天不算太热。
Jīnnián de xiàtiān bú suàn tài rè.
진니엔더 시아티엔 부 쑤안 타이 르어

■ 이건 막히는 거라 말할 수 없어요, 출퇴근 시간에는 더 심해요!
这都不算堵车, 上下班时间更厉害!
Zhè dōu bú suàn dǔchē, shàngxiàbān shíjiān gèng lìhai!
쩌 또우 부 쑤안 뚜처, 샹시아빤 스지엔 껑 리하이

▶ A不算B는 'A는 B라고 할 수 없다'라는 의미로 쓰입니다.

DAY 188

길을 잃어버렸어요
我迷路了。
Wǒ mílù le.
워 미루 러

▶ 迷는 '헤매다, 길을 잃다'라는 의미를 가집니다. 어딘가를 찾아가는데 헤맬 때 쓸 수 있는 표현입니다.

회화

A 我在十字路口迷路了。
Wǒ zài shízìlùkǒu mílù le.
워 짜이 스즈루코우 미루 러
사거리에서 길을 잃어버렸어요.

B 是吗? 我去那儿接你。
Shì ma? Wǒ qù nàr jiē nǐ.
스 마? 워 취 날 지에 니
그래요? 제가 바로 거기 갈게요.

词汇　迷路[mílù] 길을 잃다　那儿[nàr] 그것, 거기

관련 표현

■ 제가 길을 잘못 들어갔네요.
我走错了路。
Wǒ zǒu cuò le lù.
워 쪼우 추어 러 루

■ 제가 말을 잘못했습니다.
我说错了。
Wǒ shuō cuò le.
워 슈어 추어 러

▶ 走错는 잘못 간 것을 의미하고, [동사 + 错]의 용법으로 '동사를 잘못했다'라는 의미를 나타낼 수 있습니다.

저는 길치예요
我是路痴。
Wǒ shì lùchī.
워 스 루츠

▶ 어떤 일의 감각이나 지각이 무디어 잘하지 못하는 사람은 중국어 痴를 이용해서 표현합니다. 음치는 音痴[yīnchī], 몸치는 舞痴[wǔchī]입니다.

회화

A 我是路痴。
Wǒ shì lùchī.
워 스 루츠
저는 길치입니다.

B 没关系, 我带你去吧。
Méiguānxi, wǒ dài nǐ qù ba.
메이꾸완시, 워 따이 니 취 바
괜찮아요, 제가 데리고 갈게요.

词汇 路痴[lùchī] 길치 带[dài] 휴대하다, 가지다 路盲[lùmáng] 길치

관련 표현

■ 저는 길치입니다.
我是路盲。
Wǒ shì lùmáng.
워 스 루망

■ 저는 지도를 보고도 길을 못 찾아요.
我看地图也找不到路。
Wǒ kàn dìtú yě zhǎobudào lù.
워 칸 띠투 이에 짜오부따오 루

▶ 路痴와는 다른 표현으로 맹인을 의미하는 盲을 사용하여 같은 의미를 만들 수 있습니다.

DAY
190

제가 이곳을 잘 몰라요

我对这儿不太熟悉。

Wǒ duì zhèr bútài shúxī.

워 뚜이 쩔 부타이 수시

▶ 누군가가 길을 물어볼 때 모른다고 말할 수 있는 표현입니다.

회화

A 请问, 这附近有没有书店?

Qǐngwèn, zhè fùjìn yǒuméiyou shūdiàn?

칭원, 쩌 푸진 여우메이여우 슈디엔

실례합니다, 이 근처에 서점 있나요?

B 我对这儿不太熟悉。

Wǒ duì zhèr bútài shúxī.

워 뚜이 쩔 부타이 수시

제가 이곳을 잘 몰라요.

词汇 熟悉[shúxī] 익숙하다 附近[fùjìn] 근처 书店[shūdiàn] 서점

관련 표현

■ 서점은 어떻게 가죠?

书店怎么走?

Shūdiàn zěnme zǒu?

슈디엔 쩐머 쪼우

■ 쭉 가시면 도착합니다.

一直往前走就到了。

Yìzhí wǎng qián zǒu jiù dào le.

이즈 왕 치엔 쪼우 지우 따오 러

▶ 모르는 길을 물어볼 때와 그에 맞는 답변을 할 때 쓸 수 있는 표현입니다.

어떻게 가면 되나요?

怎么走?

Zěnme zǒu?

쩐머 쪼우

▶ 어딘가를 가는 데 있어서 길을 물어볼 때 쓸 수 있는 표현입니다.

회화

A 我要去动物园, 怎么走?

Wǒ yào qù dòngwùyuán, zěnme zǒu?

워 이야오 취 똥우위엔, 쩐머 쪼우

저는 동물원에 가려고 하는데, 어떻게 가나요?

B 你坐地铁就到了。

Nǐ zuò dìtiě jiù dào le.

니 쭈어 띠티에 지우 따오 러

전철 타면 도착합니다.

词汇 动物园[dòngwùyuán] 동물원 地铁[dìtiě] 전철

관련 표현

■ 제가 데리고 갈게요.

我带你去吧。

Wǒ dài nǐ qù ba.

워 따이 니 취 바

■ 제가 당신을 모시고 갈 수 있어요.

我可以陪您去。

Wǒ kěyǐ péi nín qù.

워 커이 페이 닌 취

▶ 길을 모르는 누군가를 데리고 길을 안내해줄 때 쓸 수 있는 표현입니다. 陪의 경우는 아랫사람 이 윗사람을 모시고 갈 때 쓸 수 있는 어휘입니다.

DAY 192

앞으로 쭉 가시면 돼요

一直往前走就到了。

Yìzhí wǎng qián zǒu jiù dào le.

이즈 왕 치엔 쪼우 지우 따오 러

▶ 누군가가 길을 물어볼 때 답변할 수 있는 표현입니다.

회화

A 百货商店怎么走?

Bǎihuòshāngdiàn zěnme zǒu?

빠이후어샹디엔 쩐머 쪼우

백화점은 어떻게 가나요?

B 一直往前走就到了。

Yìzhí wǎng qián zǒu jiù dào le.

이즈 왕 치엔 쪼우 지우 따오 러

앞으로 쭉 가시면 돼요.

词汇 百货商店[bǎihuòshāngdiàn] 백화점 掉头[diàotóu] 유턴하다

관련 표현

■ 앞에서 유턴해주세요.

请在前边掉头。

Qǐng zài qiánbian diàotóu.

칭 짜이 치엔비엔 띠아오토우

■ 앞의 신호등에서 좌회전해주세요.

前面红绿灯往左拐。

Qiánmiàn hónglǜdēng wǎng zuǒ guǎi.

치엔미엔 홍뤼떵 왕 쭈어 꾸와이

▶ 차를 탔을 때 기사님에게 말할 수 있는 표현입니다.

저기에서 유턴해주실래요?

能在那儿掉头吗?

Néng zài nàr diàotóu ma?

넝 짜이 날 띠아오토우 마

▶ 택시를 타고 길을 갈 때, 특히나 본인이 아는 길을 기사에게 설명할 때 쓸 수 있는 표현입니다.

회화

A 马上到了, 我在哪儿停?

Mǎshàng dào le, wǒ zài nǎr tíng?

마샹 따올러, 워 짜이 날 팅

곧 도착합니다, 어디에 정차할까요?

B 能在那儿掉头吗?

Néng zài nàr diàotóu ma?

넝 짜이 날 띠아오토우 마

저기에서 유턴해주실래요?

词汇 单行线[dānxíngxiàn] 일방통행 尽量[jǐnliàng] 가능한 한, 최대한

관련 표현

■ 이곳은 일방통행입니다.

这是单行线。

Zhè shì dānxíngxiàn.

쩌 스 딴싱시엔

■ 최대한 빨리 가주세요.

尽量快点吧。

Jǐnliàng kuài diǎn ba.

진리앙 쿠와이 디엔 바

▶ 택시에서 사용할 수 있는 다른 표현들을 익혀봅시다.

DAY 194

앞에서 세워주세요
在前边停车。
Zài qiánbian tíngchē.
짜이 치엔비엔 팅처

▶ 택시를 타고 가다가 앞에서 세워달라고 할 때 쓸 수 있는 표현입니다.

회화

A 在前边停车。
Zài qiánbian tíngchē.
짜이 치엔비엔 팅처
앞에서 세워주세요.

B 好的, 请稍等。
Hǎo de, qǐng shāo děng.
하오 더, 칭 샤오 덩
알겠습니다. 잠깐만 기다리세요.

词汇 前边[qiánbian] 앞쪽 停车[tíngchē] 정차하다

관련 표현

■ 이곳에서 세워주세요.
请在这儿停车。
Qǐng zài zhèr tíngchē.
칭 짜이 쩔 팅처

■ 한쪽에 세워주세요.
靠边停一下。
Kàobiān tíng yíxià.
카오비엔 팅 이시아

▶ 바로 앞에서 세워달라고 말할 때 쓸 수 있는 표현입니다.

차를 한 대 불러주시겠어요?

您能帮我叫一辆车吗?

Nín néng bāng wǒ jiào yí liàng chē ma?

닌 넝 빵 워 지아오 이 리앙 처 마

▶ 호텔에서 차를 불러달라고 할 때 쓸 수 있는 표현입니다.

회화

A 您能帮我叫一辆车吗?

Nín néng bāng wǒ jiào yí liàng chē ma?

닌 넝 빵 워 지아오 이 리앙 처 마

차를 한 대 불러주시겠어요?

B 好的, 您到哪儿去?

Hǎo de, nín dào nǎr qù?

하오더, 닌 따오 나알 취

알겠습니다. 어디까지 가시나요?

词汇 辆[liàng] 교통수단의 양사 叫[jiào] 부르다 救护车[jiùhùchē] 구급차

관련 표현

■ 구급차를 불러주세요.

请叫救护车。

Qǐng jiào jiùhùchē.

칭 지아오 지우후처

■ 구급차를 불러주세요.

我要急救车。

Wǒ yào jíjiùchē.

워 이야오 지지우처

▶ 위급한 일이 있을 때 구급차를 불러야 할 때가 있습니다. 그런 상황에서 쓸 수 있는 표현입니다.

DAY 196

제 생각에는 택시를 타는 것이 좋겠어요

我觉得还是坐出租车比较好。

Wǒ juéde háishi zuò chūzūchē bǐjiào hǎo.

워 쥐에더 하이스 쭈어 추주처 비지아오 하오

▶ 还是는 '~하는 편이 좋겠다'라는 의미를 가지며 결정할 때 쓸 수 있는 표현입니다.

회화

A 你觉得坐什么比较好?

Nǐ juéde zuò shénme bǐjiào hǎo?

니 쥐에더 쭈어 선머 비지아오 하오

어떤 것을 타고 가는 게 좋을까요?

B 我觉得还是坐出租车比较好。

Wǒ juéde háishi zuò chūzūchē bǐjiào hǎo.

워 쥐에더 하이스 쭈어 추주처 비지아오 하오

제 생각에는 택시를 타는 것이 좋겠어요.

> **词汇**　还是[háishi] ~하는 편이 좋다 出租车[chūzūchē] 택시

관련 표현

■ 전철을 타는 것이 막히지 않기 때문에 전철을 타는 것이 더 좋습니다.

因为坐地铁没有堵车, 觉得坐地铁更好。

Yīnwèi zuò dìtiě méiyou dǔchē, juéde zuò dìtiě gèng hǎo.

인웨이 쭈어 띠티에 메에여우 뚜처, 쥐에더 쭈어 띠티에 껑 하오

■ 저는 버스를 타면 멀미가 나요.

我坐公共汽车有点儿晕。

Wǒ zuò gōnggòngqìchē yǒudiǎnr yūn.

워 쭈어 꽁꽁치처 여우디얼 윈

▶ 전철을 타야 하는 이유에 대해 말할 수 있는 표현입니다.

미터기로 가면 얼마나 나와요?

打表的话, 一般多少钱?

Dǎbiǎo de huà, yìbān duōshao qián?

따비아오 더 화, 이빤 뚜어샤오 치엔

▶ 택시를 타고 가기 전에 금액에 대해 물어볼 때 쓸 수 있는 표현입니다.

회화

A 打表的话, 多少钱?

Dǎ biǎo de huà, duōshao qián?

따비아오 더 화, 뚜어샤오 치엔

미터기로 가면 얼마나 나와요?

B 打表的话, 一百块左右。

Dǎbiǎo de huà, yì bǎi kuài zuǒyòu.

따비아오 더 화, 이 빠이 쿠와이 쭈어여우

미터기로 가면 100위안 정도 나와요.

词汇 打表[dǎbiǎo] 미터기로 가다 左右[zuǒyòu] 정도

관련 표현

■ 기본요금이 얼마죠?

起步价多少钱?

Qǐbùjià duōshao qián?

치뿌지아 뚜어샤오 치엔

■ 기본요금이 인상되었습니다.

起步价上涨了。

Qǐbùjià shàngzhǎng le.

치뿌지아 샹쟝러

▶ 택시 기본요금을 묻고 답할 때 쓸 수 있는 표현입니다.

DAY 198

저는 택시를 타고 왔습니다
我是坐出租车来的。
Wǒ shì zuò chūzūchē lái de.
워 스 쭈어 추주처 라이 더

▶ 是……的는 강조할 때 쓸 수 있는 표현입니다. 본 표현에서는 택시를 타고 온 상황을 강조했습니다.

회화

A 你是怎么来的?
Nǐ shì zěnme lái de?
니 스 쩐머 라이 더
당신은 어떻게 온 것인가요?

B 我是坐出租车来的。
Wǒ shì zuò chūzūchē lái de.
워 스 쭈어 추주처 라이 더
저는 택시를 타고 왔습니다.

词汇 自行车[zìxíngchē] 자전거 摩托车[mótuōchē] 오토바이

관련 표현

■ 저는 자전거를 타고 학교에 갑니다.
我骑自行车去学校。
Wǒ qí zìxíngchē qù xuéxiào.
워 치 쯔싱처 취 쉬에시아오

■ 저는 오토바이를 타고 회사에 갑니다.
我骑摩托车去公司。
Wǒ qí mótuōchē qù gōngsī.
워 치 모어투어처 취 꽁쓰

▶ 어떤 교통수단을 타고 가냐고 말할 때 쓸 수 있는 표현입니다.

저는 중국에서 '띠띠타처'를 이용해 택시를 탑니다

我在中国用滴滴打车坐出租车。

Wǒ zài Zhōngguó yòng Dīdīdǎchē zuò chūzūchē.

워 짜이 쭝구어 용 띠띠따처 쭈어 추주처

▶ 滴滴打车는 중국의 콜택시 어플로 많은 사람들이 이용하고 있으며, 한국의 카카오 택시와 비슷한 것으로 이해하시면 될 것 같습니다.

회화

A 你在中国怎么坐出租车?

Nǐ zài Zhōngguó zěnme zuò chūzūchē?

니 짜이 쭝구어 쩐머 쭈어 추주처

중국에서 어떻게 택시를 탔어요?

B 用滴滴打车坐出租车。

Yòng Dīdīdǎchē zuò chūzūchē.

용 띠띠따처 쭈어 추주처

띠띠따처를 이용해서 택시를 탔어요.

词汇 额外[éwài] 별도의 服务费[fúwùfèi] 서비스 비용

관련 표현

■ 차를 부르는 데 별도의 서비스 비용은 없습니다.

叫车没有额外的服务费。

Jiào chē méiyou éwài de fúwùfèi.

지아오 처 메이여우 으어와이더 푸우페이

■ 띠띠따처를 이용하여 택시를 타는 것은 유용합니다.

用滴滴打车坐出租车很有用。

Yòng Dīdīdǎchē zuò chūzūchē hěn yǒuyòng.

용 띠띠따쳐 쭈어 추주처 헌 여우용

▶ 콜택시를 부를 때 추가비용이 없다고 말해 봅시다.

DAY
200

여기에서 버스를 타면 얼마나 걸려요?

从这儿到那儿坐公交车需要多长时间?

Cóng zhèr dào nàr zuò gōngjiāochē xūyào duōcháng shíjiān?

총 쩔 따오 날 쭈어 꽁지아오처 쉬이야오 뚜어창 스지엔

▶ 대중교통을 타고 걸리는 시간을 물어볼 때 쓸 수 있는 표현입니다.

회화

A 从这儿到那儿坐公交车需要多长时间?

Cóng zhèr dào nàr zuò gōngjiāochē xūyào duōcháng shíjiān?

총 쩔 따오 날 쭈어 꽁지아오처 쉬이야오 뚜어창 스지엔

여기에서 버스를 타면 얼마나 걸려요?

B 需要一个小时。

Xūyào yí ge xiǎoshí.

쉬이야오 이 거 시아오스

1시간이 필요합니다.

| 词汇 | 需要[xūyào] 필요하다 小时[xiǎoshí] 시간 |

관련 표현

■ 버스를 타면 몇 시간이 필요합니까?

坐公交车得几个小时?

Zuò gōngjiāochē děi jǐ ge xiǎoshí?

쭈어 꽁지아오처 데이 지 거 시아오스

■ 버스를 타면 몇 시간이 필요합니까?

坐公交车需要几个小时?

Zuò gōngjiāochē xūyào jǐ ge xiǎoshí?

쭈어 꽁지아오처 쉬이야오 지 거 시아오스

▶ 교통수단을 타고 얼마의 시간이 걸리는지 질문하는 표현입니다.

저는 버스를 타고 출퇴근을 합니다
我坐公交车上下班。

Wǒ zuò gōngjiāochē shàngxiàbān.
워 쭈어 꽁지아오처 샹시아빤

▶ 어떤 대중교통을 타고 출근하는지 물어보는 것에 대해 답변할 수 있는 표현입니다.

회화

A 你怎么去上下班?

Nǐ zěnme qù shàngxiàbān?
니 쩐머 취 샹시아빤

어떻게 출퇴근하시나요?

B 我坐公交车上下班。

Wǒ zuò gōngjiāochē shàngxiàbān.
워 쭈어 꽁지아오처 샹시아빤

저는 버스를 타고 출퇴근합니다.

词汇 公交车[gōngjiāochē] 버스 走[zǒu] 걷다 上班[shàngbān] 출근하다

관련 표현

■ 저는 걸어서 출근합니다.
我走着去上班。

Wǒ zǒuzhequ shàngbān.
워 쪼우져취 샹빤

■ 그는 웃으면서 말했다.
他笑着说。

Tā xiàozheshuō.
타 시아오져슈어

▶ [동사1 + 着 + 동사2]는 '동사1 상황에서 동사2를 하다'입니다.

DAY 202

저는 차를 타면 멀미를 해요

我一坐车就晕。

Wǒ yí zuò chē jiù yūn.

워 이 쭈어처 지우 윈

▶ [一……就] 용법으로 '~하지마자 …하다'라는 의미를 가집니다.

회화

A 我一坐车就晕。

Wǒ yí zuò chē jiù yùn.

워 이 쭈어처 지우 윈

저는 차를 타면 멀미를 해요.

B 是吗? 这么厉害?

Shì ma? zhème lìhai?

스마? 쩌머 리하이

그래요? 그렇게 심각해요?

词汇 晕[yùn] 어지럽다, 멀미하다 药[yào] 약

관련 표현

■ 저에게 멀미약을 주세요.

请给我晕机药。

Qǐng gěi wǒ yùnjī yào.

칭 게이 워 윈지 이야오

■ 배 탈 때도 멀미를 안 해요.

坐船的时候也不会恶心。

Zuò chuán de shíhou yě búhuì èxīn.

쭈어 추안 더 스호우 이에 부후이 으어신

▶ 멀미약을 달라고 할 때와 멀미를 안 한다고 할 때 쓸 수 있는 표현입니다.

당신은 어떤 항공편을 타시나요?

你坐哪个航班的飞机?

Nǐ zuò nǎge hángbān de fēijī?

니 쭈어 나거 항빤 더 페이지

▶ 비행기를 알고 있는 상태에서 어느 항공편을 타는지에 대해 물어볼 때 쓸 수 있는 표현입니다.

회화

A 你坐哪个航班的飞机?

Nǐ zuò nǎge hángbān de fēijī?

니 쭈어 나거 항빤 더 페이지

당신은 어떤 항공편을 타시나요?

B 我坐KE332航班的飞机。

Wǒ zuò KE sān sān èr hángbān de fēijī.

워 쭈어 케이이 싼 싼 얼 항빤 더 페이지

저는 KE332 항공편을 탑니다.

词汇 航班[hángbān] 항공편 飞机[fēijī] 비행기 起飞[qǐfēi] 이륙하다

관련 표현

■ 비행기가 몇 시에 이륙하죠?

飞机几点起飞?

Fēijī jǐ diǎn qǐfēi?

페이지 지 디엔 치페이

■ 비행기가 곧 착륙합니다.

飞机马上就要降落了。

Fēijī mǎshàng jiùyào jiàngluò le.

페이지 마샹 지우이야오 지앙루어 러

▶ 비행기의 이착륙에 대해 말할 때 쓸 수 있는 표현입니다.

DAY
204

베이징으로 가는 항공편이 취소됐어요
飞往北京的航班被取消。
Fēiwǎng Běijīng de hángbān bèi qǔxiāo.
페이왕 베이징 더 항빤 베이 취시아오

▶ 항공편이 취소되었다는 말을 할 때 쓸 수 있는 표현입니다. 이 표현에서는 被의 피동 문을 이용하여 표현했습니다.

회화

A 飞往北京的航班被取消。

Fēiwǎng Běijīng de hángbān bèi qǔxiāo.
페이왕 베이징 더 항빤 베이 취시아오

베이징으로 가는 항공편이 취소됐어요.

B 北京那儿下了大雪。

Běijīng nàr xiàle dàxuě.
베이징 날 시아러 따쉐에

베이징에 큰 눈이 내렸다네요.

词汇　飞往[fēiwǎng] 비행기를 타고 ~로 가다 取消[qǔxiāo] 취소하다

관련 표현

■ 저는 비행기표를 변경하고 싶어요.
我想改签一下机票。

Wǒ xiǎng gǎiqiān yíxià jīpiào.
워 시앙 까이치엔 이시아 지피아오

■ 저는 비행기표를 취소하고 싶습니다.
我想取消机票。

Wǒ xiǎng qǔxiāo jīpiào.
워 시앙 취시아오 지피아오

▶ 비행기티켓을 변경하거나 취소할 때 쓸 수 있는 표현입니다.

저는 교통카드를 사용합니다
我使用交通卡。
Wǒ shǐyòng jiāotōngkǎ.
워 스용 지아오통카

▶ 요즘은 대중교통을 탈 때 일반적으로 교통카드를 사용합니다. 교통비를 어떻게 지불하는지 물을 때 쓸 수 있는 표현입니다.

회화

A 你坐车用现金还是交通卡?
Nǐ zuò chē yòng xiànjīn háishi jiāotōngkǎ?
니 쭈어 처 용 시엔진 하이스 지아오통카

당신은 차를 탈 때 현금을 쓰시나요 아니면 교통카드를 쓰시나요?

B 我使用交通卡。
Wǒ shǐyòng jiāotōngkǎ.
워 스용 지아오통카

저는 교통카드를 사용합니다.

词汇 使用[shǐyòng] 사용하다 交通卡[jiāotōngkǎ] 교통카드

관련 표현

■ 교통카드를 쓰면 매우 편리합니다.
用交通卡非常方便。
Yòng jiāotōngkǎ fēicháng fāngbiàn.
용 지아오통카 페이창 팡비엔

■ 교통카드를 사용하면 할인이 됩니다.
用交通卡可以打折。
Yòng jiāotōngkǎ kěyǐ dǎzhé.
용 지아오통카 커이 따져

▶ 교통카드 장점에 대해 말할 때 쓸 수 있는 표현입니다.

DAY 206

교통카드 충전해야 돼요

交通卡得去充值了。

Jiāotōngkǎ děi qù chōngzhí le.

지아오통카 데이 취 총즈 러

▶ 교통카드를 충전하려고 할 때 쓸 수 있는 표현입니다.

회화

A 你下午要做什么?

Nǐ xiàwǔ yào zuò shénme?

니 시아우 이야오 쭈어 선머

오후에 무엇을 하려고 하나요?

B 交通卡得去充值了。

Jiāotōngkǎ děi qù chōngzhí le.

지아오통카 데이 취 총즈 러

교통카드 충전해야 돼요.

词汇　下午[xiàwǔ] 오후　充值[chōngzhí] 충전하다

관련 표현

■ 교통카드는 어디에서 충전을 할 수 있을까요?

交通卡在哪里可以充值呢?

Jiāotōngkǎ zài nǎlǐ kěyǐ chōngzhí ne?

지아오통카 짜이 나리 커이 총즈 너

■ 교통카드는 편의점에서 충전할 수 있습니다.

交通卡在便利店可以充值。

Jiāotōngkǎ zài biànlìdiàn kěyǐ chōngzhí.

지아오통카 짜이 삐엔리디엔 커이 총즈

▶ 교통카드를 충전하는 곳을 묻고 답하는 표현입니다. 이러한 문장을 익혀서 응용해보세요.

술 먹고 운전하지 마세요
喝酒后, 不要开车。
Hējiǔ hòu, búyào kāichē.
흐어지우 호우, 부이야오 카이처

▶ 중국에서도 술 먹고 운전을 하다가 적발되면 법적인 처벌을 받게 됩니다. 상대방에게 조언을 할 때 쓸 수 있는 표현입니다.

회화

A 喝酒后, 不要开车。
Hējiǔ hòu, búyào kāichē.
흐어지우 호우, 부이야오 카이처
술 먹고 운전하지 마세요.

B 当然, 喝酒后我绝对不会开车。
Dāngrán, hējiǔ hòu wǒ juéduì búhuì kāichē.
땅란, 흐어지우 호우 쥐에뚜이 부후이 카이처
당연하죠, 술 먹고 저는 절대 운전하지 않을 거예요.

词汇 喝酒[hējiǔ] 술 먹다 开车[kāichē] 운전하다 绝对[juéduì] 절대

관련 표현

■ 저는 막 면허증을 땄습니다. 저는 초보입니다.
我刚拿到驾照, 是个新手。
Wǒ gāng ná dào jiàzhào, shì ge xīnshǒu.
워 깡 나따오 지아짜오, 스 거 신쇼우

■ 그는 운전을 매우 잘합니다.
他开车开得非常好。
Tā kāichē kāi de fēicháng hǎo.
타 카이처 카이 더 페이창 하오

▶ 驾照는 '면허증'입니다. 초보라는 표현과 운전을 잘한다는 표현도 기억해두세요.

DAY
208

대리운전 부를 거예요
我要叫代驾。
Wǒ yào jiào dàijià.
워 이야오 지아오 따이지아

▶ 술 먹고 운전을 하지 말라고 할 때, 답할 수 있는 표현입니다.

회화

A 喝酒后, 不要开车。
Hējiǔ hòu, búyào kāichē.
흐어지우 호우, 부이야오 카이처
술 먹고, 운전하지 마세요.

B 我要叫代驾。
Wǒ yào jiào dàijià.
워 이야오 지아오 따이지아
저는 대리운전 부를 거예요.

词汇 代驾[dàijià] 대리기사 一会儿[yíhuìr] 좀 있다가

관련 표현

■ 좀 있다가 대리기사 부르면 됩니다.
等一会儿叫代理驾驶的。
Děng yíhuìr jiào dàilǐ jiàshǐ de.
떵 이후얼 지아오 따이리 지아스 더

■ 좀 있다가 대리기사가 올 겁니다.
等一会儿会来代驾。
Děng yíhuìr huì lái dàijià.
떵 이후얼 후이 라이 따이지아

▶ 좀 있다가 대리기사 부른다고 말하거나 좀 있다가 대리기사가 온다고 할 때 쓸 수 있는 표현입니다.

운전할 때 문자 보내는 것은 위험합니다

开车时发短信很危险。

Kāichē shí fā duǎnxìn hěn wēixiǎn.

카이처 스 파 뚜안신 헌 웨이시엔

▶ 운전하면서 문자를 보내는 상대에게 조언하는 표현입니다.

회화

A 开车时发短信很危险。

Kāichē shí fā duǎnxìn hěn wēixiǎn.

카이처 스 파 뚜안신 헌 웨이시엔

운전할 때 문자 보내는 것은 위험합니다.

B 就听你的, 下次注意点儿。

Jiù tīng nǐ de, xiàcì zhùyì diǎnr.

지우 팅 니더, 시아츠 쭈이 디얼

말 들을게요, 다음부터 주의할게요.

词汇 短信[duǎnxìn] 문자 危险[wēixiǎn] 위험하다 疲劳[píláo] 피곤하다

관련 표현

■ 모두 졸음운전 하지 마세요.

大家都请无疲劳驾驶!

Dàjiā dōu qǐng wú píláo jiàshǐ!

따지아 또우 칭 우 피라오 지아스

■ 운전할 때 전화하는 것은 위험합니다.

开车时打电话很危险。

Kāichē shí dǎ diànhuà hěn wēixiǎn.

카이처 스 따 띠엔화 헌 웨이시엔

▶ 운전할 때 피해야 할 것들에 대해 익혀봅시다.

DAY 210

저희 집 근처에는 지하철역이 있습니다
我家附近有地铁站。
Wǒ jiā fùjìn yǒu dìtiězhàn.
워 지아 푸진 여우 띠티에짠

▶ 집 근처에 무엇이 있느냐는 질문에 답할 수 있는 표현입니다.

회화

A 你家附近有地铁站吗?

Nǐ jiā fùjìn yǒu dìtiězhàn ma?
니 지아 푸진 여우 띠티에짠 마

집 근처에 지하철역이 있나요?

B 我家附近有地铁站，非常方便。

Wǒ jiā fùjìn yǒu dìtiězhàn, fēicháng fāngbiàn.
워 지아 푸진 여우 띠티에짠

저희 집 근처에는 지하철역이 있고, 매우 편리합니다.

词汇 附近[fùjìn] 근처 方便[fāngbiàn] 편리하다 超市[chāoshì] 슈퍼마켓

관련 표현

■ 집 근처에 무엇이 있나요?
你家附近有什么东西?
Nǐ jiā fùjìn yǒu shénme dōngxi?
니 지아 푸진 여우 션머 똥시

■ 저희 집 근처에는 슈퍼마켓이 있습니다.
我家附近有超市。
Wǒ jiā fùjìn yǒu chāoshì.
워 지아 푸진 여우 차오스

▶ 집 근처에 무엇이 있냐고 묻고 답하는 표현들을 알아봅시다.

내리시나요?
下吗?
Xià ma?
시아 마

▶ 혼잡한 버스나 전철역에서 내리는지 물어볼 때 쓸 수 있는 표현입니다.

회화

A 下吗?
Xià ma?
시아 마
내리시나요?

B 我不下, 你过去吧。
Wǒ bú xià, nǐ guòqù ba.
워 부 시아, 니 꾸어취 바
저 내리지 않아요, 지나가세요.

词汇 下[xià] 내리다 过去[guòqù] 지나가다

관련 표현

■ 좀 지나갈게요.
借过一下。
Jièguò yíxià.
지에꾸어 이시아

■ 좀 지나갈게요.
请让一下。
Qǐng ràng yíxià.
칭 량 이시아

▶ 혼잡한 버스나 전철역에서 지나갈 때 비켜달라는 의미로 쓸 수 있는 표현입니다.

DAY 212

제가 내릴 때 알려주세요
我要下车的时候，请提醒我。
Wǒ yào xiàchē de shíhou, qǐng tíxǐng wǒ.
워 이야오 시아처 더 스호우, 칭 티싱 워

▶ 외국인으로서 중국 여행을 할 때 내릴 역에서 알려달라고 부탁하는 표현입니다.

회화

A 我要下车的时候，请提醒我。
Wǒ yào xiàchē de shíhou, qǐng tíxǐng wǒ.
워 이야오 시아처 더 스호우, 칭 티싱 워
제가 내릴 때 알려주세요.

B 一定告诉你吧。
Yídìng gàosu nǐ ba.
이띵 까오수 니 바
꼭 알려드릴게요.

词汇 提醒[tíxǐng] 일깨우다 一定[yídìng] 반드시 告诉[gàosu] 알려주다

관련 표현

■ 제가 차를 잘못 탔어요.
我坐错车了。
Wǒ zuò cuò chē le.
워 쭈어 추어 처 러

■ 길 건너서 차를 타야 해요.
你应该过马路坐车吧。
Nǐ yīnggāi guò mǎlù zuò chē ba.
니 잉까이 꾸어 마루 쭈어 처 바

▶ 첫 번째 문장은 차를 잘못 탔을 때 쓸 수 있는 표현입니다.

새치기하지 마세요
别插队。
Bié chāduì.
비에 차뚜이

▶ 새치기를 하는 사람에게 쓸 수 있는 표현입니다.

회화

A 别插队。
Bié chāduì.
비에 차뚜이
새치기하지 마세요.

B 你说什么? 我先来了。
Nǐ shuō shénme? Wǒ xiān lái le.
니 슈어 션머? 워 시엔 라이 러
무슨 말 하는 거예요? 제가 먼저 왔어요.

> **词汇** 塞[sāi] 막다, 틀어막다 插队[chāduì] 새치기하다

관련 표현

- 왜 새치기하세요?
  ### 你怎么插队阿?
  Nǐ zěnme chāduì a?
  니 쩐머 차뚜이 아

- 새치기하지 마세요.
  ### 不要加塞儿。
  Búyào jiāsāir.
  부이야오 지아쌀

▶ 누군가가 새치기를 할 때 상대에게 쓸 수 있는 표현입니다.

DAY 214

어제 교통사고 났어요

昨天出车祸了。

Zuótiān chū chēhuò le.

쭈어티엔 추 처후어 러

▶ 교통사고가 났다고 말할 때 쓸 수 있는 표현입니다.

회화

A 昨天出车祸了。

Zuótiān chū chēhuò le.

쭈어티엔 추 처후어 러

어제 교통사고 났어요.

B 你没事吧? 去过医院了吗?

Nǐ méishì ba? Qùguo yīyuàn le ma?

니 메이스 바? 취구어 이위엔 러 마

별일 없죠? 병원에는 갔어요?

词汇 车祸[chēhuò] 교통사고 医院[yīyuàn] 병원 顶[dǐng] 박다

관련 표현

■ 뒤차가 그의 차를 받았습니다.

后面车把他车给顶了。

Hòumiàn chē bǎ tā chē gěi dǐng le.

호우미엔 처 바 타 처 게이 띵 러

■ 저는 당신의 차를 박았습니다.

我撞了您的车。

Wǒ zhuàngle nín de chē.

워 쭈앙러 닌 더 처

▶ 교통사고가 난 상황을 설명해봅시다.

우선 보험회사에 전화 걸어요

我们先给保险公司打电话吧。

Wǒmen xiān gěi bǎoxiǎn gōngsī dǎ diànhuà ba.

워먼 시엔 게이 빠오시엔 꽁쓰 따 띠엔화 바

▶ 교통사고가 났을 때 보험회사에 전화를 하는 상황이 있을 때 말할 수 있는 표현입니다.

회화

A 出交通事故了。

Chū jiāotōng shìgù le.

추 지아오통 스꾸 러

교통사고 났어요.

B 我们先给保险公司打电话吧。

Wǒmen xiān gěi bǎoxiǎn gōngsī dǎ diànhuà ba.

워먼 시엔 게이 빠오시엔 꽁쓰 따 띠엔화 바

우리 우선 보험회사에 전화 걸어요.

词汇 保险[bǎoxiǎn] 보험 公司[gōngsī] 회사 事故[shìgù] 사고

관련 표현

■ 운전하는 기술이 어떠세요?

你开车的技术怎么样?

Nǐ kāichē de jìshù zěnmeyàng?

니 카이처 더 지슈 쩐머이양

■ 운전하는 기술은 매우 좋습니다.

我开车的技术挺好。

Wǒ kāichē de jìshù tǐng hǎo.

워 카이처 더 지슈 팅 하오

▶ 운전을 잘하는지에 대한 것을 묻는 질문에 대한 표현입니다.

Day 186 길이 막혀요.

路上堵车了。

Lùshang dǔchē le.

Day 187 서울은 차가 막히는데 심각해요.

首尔堵车堵得真厉害。

Shǒu'ěr dǔchē dǔ de zhēn lìhai.

Day 188 길을 잃어버렸어요.

我迷路了。

Wǒ mílù le.

Day 189 저는 길치예요.

我是路痴。

Wǒ shì lùchī.

Day 190 제가 이곳을 잘 몰라요.

我对这儿不太熟悉。

Wǒ duì zhèr bútài shúxī.

Day 191 어떻게 가면 되나요?

怎么走?

Zěnme zǒu?

Day 192 앞으로 쭉 가시면 돼요.

一直往前走就到了。

Yìzhí wǎng qián zǒu jiù dào le.

Day 193 저기에서 유턴해주실래요?

能在那儿掉头吗?

Néng zài nàr diàotóu ma?

Day 194 앞에서 세워주세요.

在前边停车。

Zài qiánbian tíngchē.

Day 195 차를 한 대 불러주시겠어요?

您能帮我叫一辆车吗?

Nín néng bāng wǒ jiào yí liàng chē ma?

Day 196 제 생각에는 택시를 타는 것이 좋겠어요.

我觉得还是坐出租车比较好。

Wǒ juéde háishi zuò chūzūchē bǐjiào hǎo.

Day 197 미터기로 가면 얼마나 나와요?

打表的话，一般多少钱?

Dǎbiǎo de huà, yìbān duōshao qián?

Day 198 저는 택시를 타고 왔습니다.

我是坐出租车来的。

Wǒ shì zuò chūzūchē lái de.

Day 199 저는 중국에서 '띠띠따처'를 이용해 택시를 탑니다.

我在中国用滴滴打车坐出租车。

Wǒ zài Zhōngguó yòng Dīdīdǎchē zuò chūzūchē.

Day 200 여기에서 버스를 타면 얼마나 걸려요?

从这儿到那儿坐公交车需要多长时间?

Cóng zhèr dào nàr zuò gōngjiāochē xūyào duōcháng shíjiān?

Day 201 저는 버스를 타고 출퇴근을 합니다.

我坐公交车上下班。

Wǒ zuò gōngjiāochē shàngxiàbān.

Day 202 저는 차를 타면 멀미를 해요.

我一坐车就晕。

Wǒ yí zuò chē jiù yūn.

Day 203 당신은 어떤 항공편을 타시나요?

你坐哪个航班的飞机?

Nǐ zuò nǎge hángbān de fēijī?

Day 204 베이징으로 가는 항공편이 취소됐어요.

飞往北京的航班被取消。

Fēiwǎng Běijīng de hángbān bèi qǔxiāo.

Day 205 저는 교통카드를 사용합니다.

我使用交通卡。

Wǒ shǐyòng jiāotōngkǎ.

Day 206 교통카드 충전해야 돼요.

交通卡得去充值了。

Jiāotōngkǎ děi qù chōngzhí le.

Day 207 술 먹고 운전하지 마세요.

喝酒后, 不要开车。

Hējiǔ hòu, búyào kāichē.

Day 208 대리운전 부를 거예요.

我要叫代驾。

Wǒ yào jiào dàijià.

Day 209 운전할 때 문자 보내는 것은 위험합니다.

开车时发短信很危险。

Kāichē shí fā duǎnxìn hěn wēixiǎn.

Day 210 저희 집 근처에는 지하철역이 있습니다.

我家附近有地铁站。

Wǒ jiā fùjìn yǒu dìtiězhàn.

Day 211 내리시나요?

下吗?

Xià ma?

Day 212 제가 내릴 때 알려주세요.

我要下车的时候, 请提醒我。

Wǒ yào xiàchē de shíhou, qǐng tíxǐng wǒ.

Day 213 새치기하지 마세요.

别插队。

Bié chāduì.

Day 214 어제 교통사고 났어요.

昨天出车祸了。

Zuótiān chū chēhuò le.

Day 215 우선 보험회사에 전화 걸어
요.

我们先给保险公司打电话
吧。

Wǒmen xiān gěi bǎoxiǎn gōngsī dǎ
diànhuà ba.

Part 08

감정

걱정하지 마세요
你放心吧。
Nǐ fàngxīn ba.
니 팡신 바

▶ 상대방이 어떤 일에 대해 걱정하고 있을 때 대답해줄 수 있는 표현입니다.

회화

A 我明天有考试。
Wǒ míngtiān yǒu kǎoshì.
워 밍티엔 여우 카오스
저는 내일 시험이 있어요.

B 你放心吧。你会通过的。
Nǐ fàngxīn ba. Nǐ huì tōngguò de.
니 팡신 바. 니 후이 통구어 더
걱정하지 마세요. 당신은 통과할겁니다.

词汇 　考试[kǎoshì] 시험 通过[tōngguò] 통과하다

관련 표현

■ 걱정하지 마세요.
别担心。
Bié dānxīn.
비에 딴신

■ 여전히 무슨 걱정을 해요.
你还担心什么呀。
Nǐ hái dānxīn shénme ya.
니 하이 딴신 션머 야

▶ 别는 '~하지 마라'라는 의미이고, 担心은 '걱정'이라는 의미입니다.

긴장하지 마세요
不要紧张。
Búyào jǐnzhāng.
부이야오 진장

▶ 紧张은 '긴장'이라는 심리적인 상태를 나타내는 표현입니다. 不要는 別와 같은 의미로 쓰였습니다.

회화

A 我明天有面试。
Wǒ míngtiān yǒu miànshì.
워 밍티엔 여우 미엔스
저 내일 면접이 있습니다.

B 不要紧张。
Búyào jǐnzhāng.
부이야오 진쟝
긴장하지 마세요.

词汇 　面试[miànshì] 면접 手头[shǒutóu] 경제사정, 주머니 형편

관련 표현

■ 오늘 좀 시간이 없습니다.
今天有点儿紧张。
Jīntiān yǒudiǎnr jǐnzhāng.
진티엔 여우디얼 진쟝

■ 저는 주머니 사정이 좀 안 좋습니다.
我手头有点儿紧张。
Wǒ shǒutóu yǒudiǎnr jǐnzhāng.
워 쇼우토우 유디얼 진쟝

▶ 紧张은 심리적인 긴장을 의미지만, 시간이나 경제적인 상황을 이야기할 때도 사용할 수 있는 표현입니다.

DAY 218

열받아 죽겠어요
气死我了!
Qì sǐ wǒ le!
치 쓰 월 러

▶ [형용사 + 死 + 了] 용법으로 '형용사해 죽겠다'라는 표현입니다.

회화

A 你对那个男的还满意吗?
Nǐ duì nàge nán de hái mǎnyì ma?
니 뚜이 나거 난더 하이 만이 마

그 남자 그런대로 만족해?

B 别提了, 气死我了。
Bié tí le, qì sǐ wǒ le.
비에 티 러, 치 쓰 월 러

말도 하지 마, 열받아 죽겠어.

词汇 满意[mǎnyì] 만족하다 提[tí] 제기하다 消气[xiāoqì] 마음을 진정하다

관련 표현

■ 우선 마음을 진정하세요.
你先消消气。
Nǐ xiān xiāoxiāoqì.
니 시엔 시아오시아오치

■ 진정하세요.
你沉住气。
Nǐ chénzhùqì.
니 천쭈치

▶ 누군가 화가 났을 때 진정하라고 말할 수 있는 표현입니다.

▶ 누군가가 화를 낼 때 진정시키는 표현입니다.

회화

A 不要生气。
Búyào shēngqì.
부이야오 셩치
화내지 마세요.

B 我真是受够了。
Wǒ zhēnshì shòu gòu le.
워 쩐스 쇼우 꼬우 러
저는 정말 참을 만큼 참았어요.

词汇   生气[shēngqì] 화내다 受[shòu] 참다, 견디다 够[gòu] 충분하다

관련 표현

■ 아직도 저한테 화났어요?
你还生我的气吗?
Nǐ hái shēng wǒ de qì ma?
니 하이 셩 워 더 치 마

■ 화 푸세요.
别闹了。
Bié nào le.
비에 나오 러

▶ 화내는 사람에게 아직도 화가 난 상태인지 묻거나 화 풀라고 달래는 표현입니다.

저 멘붕이에요
我脑子一片混乱。
Wǒ nǎozi yí piàn húnluàn.
워 나오즈 이 피엔 훈루안

▶ 정신적으로 충격을 받았을 때 요새는 멘붕이라는 말을 하게 되는데요. 그런 마음을 말할 때 쓸 수 있는 표현입니다.

회화

A 我脑子一片混乱。
Wǒ nǎozi yí piàn húnluàn.
워 나오즈 이 피엔 훈루안
저 멘붕이에요.

B 你有什么事吗? 跟我说说吧。
Nǐ yǒu shénme shì ma? Gēn wǒ shuōshuo ba.
니 여우 선머 스마? 껀 워 슈어슈어 바
무슨 일 있어요? 저랑 이야기해요.

词汇　脑子[nǎozi] 뇌　混乱[húnluàn] 혼란스럽다　几乎[jīhū] 거의

관련 표현

■ 제 마음이 무너질 것 같아요.
我的内心是几乎崩溃的。
Wǒ de nèixīn shì jīhū bēngkuì de.
워더 네이신 스 지후 뻥쿠이 더

■ 정말 멘붕이네요.
真让人崩溃!
Zhēn ràng rén bēngkuì!
쩐 량런 뻥쿠이

▶ 崩溃는 '무너지다'라는 의미를 가지며, 본 표현과 같은 '멘붕이다'라는 의미로 표현할 수 있습니다.

집착하지 않을게요

我绝对不会缠着你的。

Wǒ juéduì búhuì chánzhe nǐ de.

워 쮀에뚜이 부후이 찬져 니 더

▶ 보통 이성 간에 헤어질 때 쓸 수 있는 말로 깨끗하게 헤어진다는 말을 할 때 쓸 수 있는 표현입니다.

회화

A 我绝对不会缠着你的。
Wǒ juéduì búhuì chánzhe nǐ de.
워 쮀에뚜이 부후이 찬져 니 더
집착하지 않을게요.

B 对不起。
Duìbuqǐ.
뚜이부치
미안해요.

词汇 缠[chán] 휘감다, 둘둘 말다 粘[nián] 들러붙다

관련 표현

■ 그는 사람에 집착이 있어.

他很粘人。
Tā hěn niánrén.
타 헌 니엔런.

■ 집착 좀 버리세요.

你就别在执着了。
Nǐ jiù bié zài zhízhuó le.
니 지우 비에 짜이 즈주어 러

▶ 사람에게 집착이 있다고 말하거나 집착을 버리라고 충고할 때 쓸 수 있는 표현입니다.

DAY 222

이런 말이 어디 있어요?

哪儿有这样的话呢。

Nǎr yǒu zhèyàng de huà ne.

날 여우 쩌이양 더 화 너

▶ 납득하거나 이해하기 어려운 상황에서 말할 때 쓸 수 있는 표현입니다.

회화

A 我们还是分手吧。

Wǒmen háishi fēnshǒu ba.

워먼 하이스 펀쇼우 바

우리 아무래도 헤어지는 것이 좋겠어요.

B 哪儿有这样的话呢。

Nǎr yǒu zhèyàng de huà ne.

날 여우 쩌이양 더 화 너

이런 말이 어디 있어요?

词汇 分手[fēnshǒu] 헤어지다 这样[zhèyàng] 이렇다

관련 표현

■ 이렇게 싼 물건이 어디 있어요?

哪儿有这么便宜东西呢?

Nǎr yǒu zhème piányi dōngxi ne?

날 여우 쩌머 피엔이 똥시 너

■ 학생이 돈이 어디 있어요?

学生哪儿有钱啊?

Xuésheng nǎr yǒu qián a?

쉬에셩 날 여우 치엔 아

▶ 哪儿有....呢?는 '어디에 ~가 있어?'라는 의미를 가집니다. 반어법으로 표현하고자 할 때 사용할 수 있습니다.

요즘 너무 힘들어요
最近过得很难过。
Zuìjìn guò de hěn nánguò.
쭈이진 꾸어 더 헌 난꾸어

▶ '요즘 지내는 것이 힘들다'라고 말할 때 쓸 수 있는 표현입니다.

회화

A 最近过得很难过。
Zuìjìn guò de hěn nánguò.
쭈이진 꾸어 더 헌 난꾸어
요즘 너무 힘들어요.

B 你有什么问题, 随时跟我说说吧。
Nǐ yǒu shénme wèntí, suíshí gēn wǒ shuōshuo ba.
니 여우 션머 원티, 슈이스 껀 워 슈어슈어 바
무슨 일이 있으면 언제든지 저에게 말해요.

词汇 难过[nánguò] 힘들다 随时[suíshí] 수시로, 언제든지

관련 표현

■ 일하는 것이 정말 힘들어요.
干活真累。
Gànhuó zhēn lèi.
깐후어 쩐 레이

■ 일 스트레스가 많아요.
工作压力很大。
Gōngzuò yālì hěn dà.
꽁쭈어 야리 헌 따

▶ 일이 힘들다고 말하고자 할 때 쓸 수 있는 표현입니다.

DAY 224

되는 일이 하나도 없어요

什么事都不顺利。

Shénme shì dōu bú shùnlì.
션머 스 또우 부 순리

▶ 하는 것마다 되는 일이 없다고 말할 때 쓸 수 있는 표현입니다.

회화

A 什么事都不顺利。

Shénme shì dōu bú shùnlì.
션머 스 또우 부 순리

되는 일이 하나도 없어요.

B 我给你加油，我支持你。

Wǒ gěi nǐ jiāyóu, wǒ zhīchí nǐ.
워 게이 니 지아여우, 워 즈츠 니

파이팅입니다 당신을 지지합니다.

词汇 顺利[shùnlì] 순조롭다 加油[jiāyóu] 파이팅 支持[zhīchí] 지지하다

관련 표현

■ 찬물을 마셔도 이에 낀다.

喝凉水都塞牙。

Hē liángshuǐ dōu sāi yá.
흐어 리앙슈이 또우 싸이야

■ 최근에 일이 순조롭지 않아요.

最近工作不太顺利。

Zuìjìn gōngzuò bútài shùnlì.
쭈이진 꽁쭈어 부타이 순리

▶ 한국말로 '뒤로 넘어져도 코가 깨진다'라는 말이 있는데요. 되는 일이 하나도 없을 때 쓸 수 있는 표현입니다.

더는 못 참겠어요
我再也受不了了。
Wǒ zàiyě shòubuliǎo le.
워 짜이이에 쇼우뿌리아올 러

▶ 어떤 일을 함에 있어서 참을 수 없을 때 쓸 수 있는 표현입니다.

회화

A 我再也受不了了。
Wǒ zàiyě shòubuliǎo le.
워 짜이이에 쇼우뿌리아올 러
더는 못 참겠어요.

B 到底是怎么回事?
Dàodǐ shì zěnme huíshì?
따오띠 스 쩐머 후이스
도대체 무슨 일이에요?

词汇 再也[zàiyě] 더 이상 受不了[shòubuliǎo] 참을 수 없다.

관련 표현

■ 저는 더 못 참겠어요.
我受够了。
Wǒ shòugòu le.
워 쇼우꺼울 러

■ 저는 정말 참을 수 없어요.
我真吃不消。
Wǒ zhēn chībuxiāo.
워 쩐 츠뿌시아오

▶ 상대방이 하는 행동을 참을 만큼 참아서 더는 참을 수 없을 때 쓸 수 있는 표현입니다.

DAY 226

이럴 줄 알았으면 왜 그랬어요

早知今日, 何必当初。

Zǎozhī jīnrì, hébì dāngchū.

짜오즈 진르, 흐어삐 땅추

▶ 무슨 일을 하고 후회하는 상대에게 쓸 수 있는 표현입니다.

회화

A 早知今日, 何必当初。

Zǎozhī jīnrì, hébì dāngchū.

짜오즈 진르, 흐어삐 땅추

이럴 줄 알았으면 왜 그랬어요.

B 现在后悔也没方法。

Xiànzài hòuhuǐ yě méi fāngfǎ.

시엔짜이 호우후이 이에 메이 팡파

지금 후회해도 방법이 없어요.

词汇 早知[zǎozhī] 진작에 알다 何必[hébì] ~할 필요가 있는가

관련 표현

■ 그것은 바로 노트북입니다.

那就是笔记本电脑。

Nà jiùshì bǐjìběn diànnǎo.

나 지우스 비지뻔 띠엔나오

■ 좋은 것은 추억이고, 좋지 않았던 것은 경험입니다.

好的就是回忆, 不好的就是经验。

Hǎo de jiùshì huíyì, bù hǎo de jiùshì jīngyàn.

하오 더 지우스 후이이, 뿌 하오 더 지우스 징이엔

▶ 就是를 사용하여 강조하여 표현할 수 있습니다.

왜 그렇게 의기소침하신 거예요?

你怎么垂头丧气的?

Nǐ zěnme chuítóusàngqì de?

니 쩐머 츄이토우상치 더

▶ 누군가가 무슨 일로 인해 힘들어하거나 의기소침해 있을 때 말할 수 있는 표현입니다. 垂头丧气는 실패하거나 순조롭지 못해서 기분이 처져 있는 상태입니다.

회화

A 你怎么垂头丧气的?

Nǐ zěnme chuítóusàngqì de?

니 쩐머 츄이토우상치 더

왜 그렇게 의기소침하신 거예요?

B 其实这次考试考砸了。

Qíshí zhècì kǎoshì kǎo zá le.

치스 쩌츠 카오스 카오 자 러

사실은 이번 시험 망쳤어요.

词汇 垂头丧气[chuítóusàngqì] 의기소침하다 其实[qíshí] 사실

관련 표현

■ 힘들어하지 마세요.
你不要难受。
Nǐ búyào nánshòu.
니 부이야오 난쇼우

■ 당신의 의기소침한 모습을 보니 제가 마음이 아픕니다.
看你垂头丧气的样子, 我都心疼。
Kàn nǐ chuítóusàngqì de yàngzi, wǒ dōu xīnténg.
칸 니 츄이토우상치더 이양즈, 워 또우 신텅

▶ 상대방이 의기소침해 있는 모습을 보고 상대에게 말할 수 있는 표현입니다.

DAY 228

그녀가 우니, 좀 달래봐요

她哭了, 你哄哄她吧。

Tā kū le, nǐ hǒnghong tā ba.

타 쿠 러, 니 훙훙 타 바

▶ 누군가 토라져 있을 때 가서 달래라고 말할 때 쓸 수 있는 표현입니다.

회화

A 她哭了, 你哄哄她吧。

Tā kū le, nǐ hǒnghong tā ba.

타 쿠 러, 니 훙훙 타 바

그녀가 우니, 좀 달래봐요.

B 算了吧, 她总是这样。

Suàn le ba, tā zǒngshì zhèyàng.

수안 러 바, 타 쭝스 쩌이양

됐어요, 그녀는 늘 이래요.

词汇 哭[kū] 울다 哄[hǒng] 달래다 撒娇[sājiāo] 애교 부리다

관련 표현

■ 애교 부리는 거예요?

你在撒娇啊?

Nǐ zài sājiāo a?

니 짜이 싸지아오 아

■ 애교 부리지 마세요.

你不要撒娇。

Nǐ búyào sājiāo.

니 부이야오 싸지아오

▶ 첫 번째 표현은 평소에 애교를 부리지 않던 사람에게 '지금 애교 부리는 거야?'라고 비꼬면서 말하는 어감입니다. 두 번째 표현은 애교 부리지 말라고 할 때 쓸 수 있습니다.

눈치가 없어요
没有眼力见儿。
Méiyou yǎnlì jiànr.
메이여우 이엔리 지얼

▶ 눈치가 없는 사람에게 말할 수 있는 표현입니다.

회화

A 你不走吗？ 没有眼力见儿。
Nǐ bù zǒu ma? Méiyou yǎnlì jiànr.
니 뿌 쪼우 마? 메이여우 이엔리 지얼
안 가요? 눈치가 없어요.

B 你们聊，我闪了。
Nǐmen liáo, wǒ shǎn le.
니먼 리아오, 워 샨 러
이야기 나누세요, 제가 자리 비켜줄게요.

词汇 眼力[yǎnlì] 시력, 안목 闪[shǎn] 피하다, 비키다

관련 표현

■ 정말로 눈치가 없는 사람이에요.
真是个大电灯泡。
Zhēnshì ge dà diàndēngpào.
쩐스 거 따 띠엔떵파오

■ 남 연애하는데 훼방꾼이 되려고 그래요?
在人家谈恋爱时当电灯泡?
Zài rénjiā tánliànài shí dāng diàndēngpào?
짜이 런지아 탄리엔아이 스 땅 띠엔떵파오

▶ 电灯泡는 '전구'라는 의미를 가집니다. 많은 중국인들은 전구가 환하게 비출 수 있어 로맨틱한 데이트 분위기에 영향을 끼치므로 전구를 훼방꾼이라는 의미로 말합니다.

DAY 230

여자들 앞에서는 말을 잘 못해요

女孩子面前不好开口。

Nǚháizi miànqián bù hǎo kāikǒu.

뉘하이즈 미엔치엔 부 하오 카이코우

▶ 누군가의 앞에서 말을 잘 못할 때 말할 수 있는 표현입니다.

회화

A 你为什么不说呀?

Nǐ wèishénme bù shuō ya?

니 웨이션머 부 슈어아

왜 말을 안 해요?

B 女孩子面前不好开口。

Nǚháizi miànqián bù hǎo kāikǒu.

뉘하이즈 미엔치엔 부 하오 카이코우

여자들 앞에서는 말을 잘 못해요.

词汇 面前[miànqián] 면전, 눈앞 开口[kāikǒu] 입을 열다 害羞[hàixiū] 부끄럽다

관련 표현

■ 그는 아마도 부끄러워할 거예요.

人家可能是害羞吧。

Rénjiā kěnéng shì hàixiū ba.

런지아 커넝 스 하이시우바

■ 그녀에게서 예전의 수줍던 모습은 찾아볼 수 없습니다.

她已经不再像从前一样害羞了。

Tā yǐjīng búzài xiàng cóngqián yíyàng hàixiū le.

타 이징 부짜이 시앙 총치엔 이이양 하이시우 러

▶ 害羞는 '부끄러워하다, 수줍어 하다'라는 의미지만 부정적인 뉘앙스를 가지지는 않습니다.

부럽습니다
我羡慕你。
Wǒ xiànmù nǐ.
워 시엔무 니

▶ 羡慕[xiànmù]는 다른 사람이 갖고 있는 장점, 좋은 점을 보고 자신도 그렇게 되길
바라는 것을 나타내고, 구체적인 것을 의미합니다.

회화

A 我有了女朋友。
Wǒ yǒule nǚpéngyou.
워 여울러 뉘펑여우
저 여자친구가 생겼습니다.

B 我羡慕你。
Wǒ xiànmù nǐ.
워 시엔무 니
부럽습니다.

词汇 羡慕[xiànmù] 부럽다 女朋友[nǚpéngyou] 여자친구

관련 표현

■ 그녀는 내가 좋은 선생님이 계신 것을 부러워합니다.
她很羡慕我有这么一个好老师。
Tā hěn xiànmù wǒ yǒu zhème yí ge hǎo lǎoshī.
타 헌 시엔무 워 여우 쩌머 이 거 하오 라오스

■ 나는 라오리를 부러워하는데, 그는 중국어를 할 줄 압니다.
我佩服老李，他很会说汉语。
Wǒ pèifú lǎo Lǐ, tā hěn huì shuō Hànyǔ.
워 페이푸 라오 리, 타 헌 후이 슈어 한위

▶ 佩服는 재능이나 인덕, 품성, 능력 등이 자신보다 뛰어난 사람에 대한 존경을 나타내고, 추상
적인 것을 의미합니다.

DAY 232

많이 보고 싶어요
我特别想你。
Wǒ tèbié xiǎng nǐ.
워 트어비에 시앙 니

▶ 想은 동사로 '생각하다, 보고 싶다'라는 의미를 가지지만, 조동사로 '~하고 싶다'라는
의미도 가지고 있습니다.

회화

A 我特别想你。
Wǒ tèbié xiǎng nǐ.
워 트어비에 시앙 니
많이 보고 싶어요.

B 我也想你, 什么时候回国?
Wǒ yě xiǎng nǐ, shénmeshíhou huíguó?
워 이에 시앙니, 션머스호후 후이구어
저도 보고 싶어요, 언제 귀국해요?

词汇 特别[tèbié] 특별히, 매우 回国[huíguó] 귀국하다

관련 표현

■ 언제 중국 가나요?
什么时候去中国?
Shénmeshíhou qù Zhōngguó?
션머스호우 취 쭝구어

■ 언제 퇴근하나요?
什么时候下班?
Shénmeshíhou xiàbān?
션머스호우 시아빤

▶ 什么时候는 '언제'라는 의미를 가지고 있으며, 다양한 상황에서 자주 쓸 수 있는 표현입니다.

느낌대로 갈래요

跟着感觉走。

Gēnzhe gǎnjué zǒu.
껀져 깐쮀에 쪼우

▶ 앞으로 어떻게 지낼래, 어떻게 살래 등의 질문에 답할 수 있는 표현입니다.

회화

A 你以后怎么生活?

Nǐ yǐhòu zěnme shēnghuó?
니 이호우 쩐머 셩후어

당신은 이후에 어떻게 생활하려고 하나요?

B 跟着感觉走。

Gēnzhe gǎnjué zǒu.
껀져 깐쮀에 쪼우

느낌대로 갈래요.

词汇 跟着[gēnzhe] 따르다, 뒤쫓다 生活[shēnghuó] 생활

관련 표현

■ 한 걸음 한 걸음 나아가다.

一步一步在前进。

Yíbù yíbù zài qiánjìn.
이뿌 이뿌 짜이 치엔진

■ 우리 한 걸음 한 걸음 갑시다.

我们一步一步走吧。

Wǒmen yíbù yíbù zǒu ba.
워먼 이뿌 이뿌 쪼우 바

▶ 욕심을 내지 않고 한 걸음 한 걸음씩, 조금씩 나아가려 하는 것을 말할 때 쓸 수 있는 표현입니다.

DAY 234

드디어 납득이 가네요
终于想通了。
Zhōngyú xiǎngtōng le.
쭝위 시앙퉁 러

▶ 몰랐던 사실을 알게 되었을 때 말할 수 있는 표현입니다.

회화

A 其实那时我误会你了。
Qíshí nàshí wǒ wùhuì nǐ le.
치스 나스 워 우후이 니러
사실은 그때 오해를 했어요.

B 终于想通了。
Zhōngyú xiǎngtōng le.
쭝위 시앙퉁 러
드디어 납득이 가네요.

词汇 终于[zhōngyú] 마침내 想通[xiǎngtōng] 납득이 가다

관련 표현

■ 좀 긍정적으로 생각해야 돼요.
你要想开点儿吧。
Nǐ yào xiǎngkāi diǎnr ba.
니 이야오 시앙카이 디얼 바

■ 부정적으로 생각하지 마세요.
别想不开。
Bié xiǎngbukāi.
비에 시앙뿌카이

▶ '想开'는 '생각을 열다'라는 의미로 긍정적으로 생각하라는 의미로 표현할 수 있습니다.

기분은 좀 좋아졌나요?

你感觉好一点儿了吗?

Nǐ gǎnjué hǎo yìdiǎnr le ma?

니 간줴에 하오 이디얼 러 마

▶ 기분이 좋지 않은 사람에게 기분이 좋아졌냐고 물어볼 때 쓸 수 있는 표현입니다.

회화

A 你感觉好一点儿了吗?

Nǐ gǎnjué hǎo yìdiǎnr le ma?

니 간줴에 하오 이디얼 러 마

기분은 좀 좋아졌나요?

B 我现在好多了。

Wǒ xiànzài hǎo duō le.

워 시엔짜이 하오 뚜어 러

지금은 많이 좋아졌어요.

词汇 感觉[gǎnjué] 느끼다 舒服[shūfu] 편하다

관련 표현

■ 저는 마음이 불편해요.

我心里不舒服。

Wǒ xīnli bù shūfu.

워 신리 뿌 슈프

■ 마음이 불편합니다.

心里不平衡。

Xīnli bù pínghéng.

신리 뿌 핑헝

▶ 마음이 불편할 때 쓸 수 있는 표현입니다.

DAY 236

기분 전환 좀 하려고요
我要换一换心情。
Wǒ yào huànyihuàn xīnqíng.
워 이야오 환이환 신칭

▶ 기분 전환을 하려고 할 때 쓸 수 있는 표현입니다.

회화

A 我要换一换心情。
Wǒ yào huànyihuàn xīnqíng.
워 이야오 환이환 신칭
기분 전환 좀 하려고요.

B 我们一起散散步吧。
Wǒmen yìqǐ sànsànbù ba.
워먼 이치 싼싼뿌바
우리 같이 산책해요.

词汇 心情[xīnqíng] 기분 散步[sànbù] 산책하다

관련 표현

■ 기분 전환을 하고 싶어요.
想换一下心情。
Xiǎng huàn yíxià xīnqíng.
시앙 환 이시아 신칭

■ 저는 나가서 기분 전환하고 싶어요.
我想出去散散心。
Wǒ xiǎng chūqù sànsànxīn.
워 시앙 추취 싼싼신

▶ 기분 전환을 하고 싶다고 말할 수 있는 또 다른 표현입니다.

당신 집에 손님으로 초대되어 기쁩니다

很高兴能到您家来做客。

Hěn gāoxìng néng dào nín jiā lái zuòkè.

헌 까오씽 넝 따오 닌 지아 라이 쭈어크어

▶ 누군가의 집에 초대되었을 때 자신의 마음을 표현할 때 쓸 수 있는 표현입니다.

회화

A 欢迎来我家。

Huānyíng lái wǒ jiā.

후환잉 라이 워 지아

저희 집에 오신 것을 환영합니다.

B 很高兴能到您家来做客。

Hěn gāoxìng néng dào nín jiā lái zuòkè.

헌 까오씽 넝 따오 닌 지아 라이 쭈어크어

당신 집에 손님으로 초대되어 기쁩니다.

词汇 做客[zuòkè] 손님이 되다

관련 표현

■ 차린 것은 없지만 많이 드세요.

这是家常便饭。

Zhè shì jiāchángbiànfàn.

쩌스 지아창삐엔판

■ 집에 계신 것처럼 편히 계세요.

你们别客气, 像在家一样。

Nǐmen bié kèqi, xiàng zài jiā yíyàng.

니먼 비에 커치, 시앙 짜이 지아 이이양

▶ 家常便饭은 가정에서 흔히 먹는 밥과 반찬이란 의미입니다. 집에 손님으로 사람에게 편히 있
으라고 할 때 쓸 수 있는 표현입니다.

DAY 238

너무 웃겨요
很搞笑。
Hěn gǎoxiào.
헌 까오시아오

▶ 웃기는 상황이 있을 때 쓸 수 있는 표현입니다.

회화

A 很搞笑。
Hěn gǎoxiào.
헌 까오시아오
너무 웃겨요.

B 他有幽默感。
Tā yǒu yōumògǎn.
타 여우 여우모어간
그는 유머가 있어요.

词汇 笑[xiào] 웃다 眼泪[yǎnlèi] 눈물

관련 표현

■ 정말 웃겨요.
真逗。
Zhēn dòu.
쩐 또우

■ 웃겨서 눈물이 나왔어요.
笑得眼泪都出来了。
Xiào de yǎnlèi dōu chūlái le.
시아오 더 이엔레이 또우 추라이 러

▶ 너무 웃긴 상황에서 말할 수 있는 또 다른 표현입니다.

너무 기뻐서 꿈인가 싶었어요
高兴得像在做梦。
Gāoxìng de xiàng zài zuòmèng.
까오씽 더 시앙 짜이 쭈어멍

▶ 매우 기쁠 때 말할 수 있는 표현입니다.

회화

A 那时候你的感觉怎么样了?
Nà shíhou nǐ de gǎnjué zěnmeyàng le?
나 스호우 니더 간쮀에 쩐머이양 러

그때의 감정은 어땠어요?

B 高兴得像在做梦。
Gāoxìng de xiàng zài zuòmèng.
까오씽 더 시앙 짜이 쭈어멍

너무 기뻐서 꿈인가 싶었어요.

词汇　高兴[gāoxìng] 기쁘다　做梦[zuòmèng] 꿈꾸다

관련 표현

■ 저는 매우 기쁩니다.
我高兴得不得了。
Wǒ gāoxìng de bùdéliǎo.
워 까오싱더 뿌더리아오

■ 매우 예쁩니다.
漂亮得不得了。
Piàoliang de bùdéliǎo.
피아오리앙더 뿌더리아오

▶ [동사/형용사 + 得 + 不得了]용법으로 상황에 대해 과장하면서 표현할 때 쓸 수 있습니다.

당신이 있어서 정말 행복해요
有你我真幸福。
Yǒu nǐ wǒ zhēn xìngfú.
여우 니 워 쩐 싱푸

▶ 누군가의 존재로 행복하다고 말할 때 쓸 수 있는 표현입니다.

회화

A 我永远会你在身边。
Wǒ yǒngyuǎn huì nǐ zài shēnbiān.
워 용위엔 후이 니 짜이 션비엔
저는 영원히 당신 옆에 있을 거예요.

B 有你我真幸福。
Yǒu nǐ wǒ zhēn xìngfú.
여우 니 워 쩐 싱푸
당신이 있어서 정말 행복해요.

> **词汇** 幸福[xìngfú] 행복하다 控制[kòngzhì] 컨트롤하다

관련 표현

■ 행복한 사람은 자신의 생각을 어떻게 컨트롤해야 하는지를 압니다.
幸福的人懂得怎样控制自己的思想。
Xìngfú de rén dǒngde zěnyàng kòngzhì zìjǐ de sīxiǎng.
싱푸더런 똥더 쩐양 콩즈 쯔지더 쓰시앙

■ 행복은 성적순이 아니잖아요.
幸福与否与成绩无关。
Xìngfú yǔ fǒuyǔ chéngjì wúguān.
싱푸 위 포우위 청지 우꾸안

▶ 어떻게 해야 행복한지에 대해 말할 수 있는 표현과 행복은 성적과 관련이 없다는 것을 말해
주는 표현입니다.

저도 동감입니다
我也有同感。
Wǒ yě yǒu tónggǎn.
워 이에 여우 퉁간

▶ 상대방의 의견에 동의할 때 쓸 수 있는 표현입니다.

회화

A 做什么事都要认真。
Zuò shénme shì dōu yào rènzhēn.
쭈어 선머 스 또우 이야오 런쩐

무슨 일을 하든 성실해야 합니다.

B 我也有同感。
Wǒ yě yǒu tónggǎn.
워 이에 여우 퉁간

저도 동감입니다.

词汇 　同感[tónggǎn] 동감 认真[rènzhēn] 성실하다 同意[tóngyì] 동의하다

관련 표현

■ 저도 동의합니다.
我也同意。
Wǒ yě tóngyì.
워 이에 퉁이

■ 저는 당신의 의견에 찬성합니다.
我赞成你的意见。
Wǒ zànchéng nǐ de yìjiàn.
워 짠청 니 더 이지엔

▶ 상대방의 의견에 동의할 때 말할 수 있는 표현입니다.

DAY 242

감정통제를 잘 못해요
我还不太能控制我自己的情感。
Wǒ hái bútài néng kòngzhì wǒ zìjǐ de qínggǎn.
워 하이 부타이 넝 콩즈 워 쯔지 더 칭간

▶ 감정통제를 하지 못한다는 것을 말할 때 쓸 수 있는 표현입니다.

회화

A 我还不太能控制我自己的情感。
Wǒ hái bútài néng kòngzhì wǒ zìjǐ de qínggǎn.
워 하이 부타이 넝 콩즈 워 쯔지 더 칭간

감정통제를 잘 못해요.

B 你看看书吧。
Nǐ kànkan shū ba.
니 칸칸 슈 바

책을 보세요.

词汇 情感[qínggǎn] 감정 激动[jīdòng] (감정을) 불러일으키다, 격해지다

관련 표현

■ 감정이 격해져서 통제할 수가 없습니다.
感情激动得无法控制。
Gǎnqíng jīdòng de wúfǎ kòngzhì.
간칭 지똥 더 우파 콩즈

■ 당신도 자신의 감정을 조절할 수 있어야 합니다.
你也要控制自己的情绪。
Nǐ yě yào kòngzhì zìjǐ de qíngxù.
니 이에 이야오 콩즈 쯔지 더 칭쉬

▶ 감정을 통제하지 못할 때 쓸 수 있는 표현입니다.

그때의 감정은 정말 언어로 표현할 방법이 없습니다
那种的感觉真是没法用语言表达。
Nà zhǒng de gǎnjué zhēnshì méifǎ yòng yǔyán biǎodá.
나 종 더 간쮀에 쩐스 메이파 용 위이엔 삐아오따

▶ 감정을 말로 설명하지 못할 때가 있을 때 말할 수 있는 표현입니다.

회화

A 那种的感觉真是没法用语言表达。
Nà zhǒng de gǎnjué zhēnshì méifǎ yòng yǔyán biǎodá.
나 종 더 간쮀에 쩐스 메이파 용 위이엔 삐아오따
그때의 감정은 정말 언어로 표현할 방법이 없습니다.

B 我理解你的情况。
Wǒ lǐjiě nǐ de qíngkuàng.
워 리지에 니 더 칭쿠앙
저는 당신의 상황을 이해합니다.

词汇 语言[yǔyán] 언어 表达[biǎodá] 표현하다 理解[lǐjiě] 이해하다

관련 표현

- 이런 감정은 설명할 방법이 없습니다.
这种感觉无法说明。
Zhè zhǒng gǎnjué wúfǎ shuōmíng.
쩌총 간쮀에 우파 슈어밍

- 그때의 감정은 설명할 수 없습니다.
那时候的感觉不能解释。
Nà shíhou de gǎnjué bùnéng jiěshì.
나 스호우더 깐쮀에 뿌넝 지에스

▶ 설명할 방법이 없을 때 말할 수 있는 표현입니다.

일반적으로 감정이 풍부한 사람들은 나쁠 수가 없습니다

一般感情丰富的人都不会太坏。

Yìbān gǎnqíng fēngfù de rén dōu búhuì tài huài.

이빤 간칭 펑푸 더 런 또우 부후이 타이 후아이

▶ 不会는 '~하지 않을 것이다'라는 의미로 표현이 되었습니다.

회화

A 一般感情丰富的人都不会太坏。

Yìbān gǎnqíng fēngfù de rén dōu búhuì tài huài.

이빤 간칭 펑푸 더 런 또우 부후이 타이 후아이

일반적으로 감정이 풍부한 사람들은 나쁠 수가 없습니다.

B 你说的有道理。

Nǐ shuō de yǒu dàolǐ.

니 슈어 더 여우 따오리

일리가 있네요.

词汇 丰富[fēngfù] 풍부하다 坏[huài] 나쁘다 道理[dàolǐ] 도리, 일리

관련 표현

■ 당신은 정말 감정이 풍부하군요.

你真是感情丰富啊。

Nǐ zhēnshì gǎnqíng fēngfù a.

니 쩐스 간칭 펑푸 아

■ 제 생각에는 사람들이 나이를 먹어감에 따라, 감정이 풍부해지는 것 같아요.

我觉得人好像年纪越大，感情越丰富。

Wǒ juéde rén hǎoxiàng niánjì yuè dà, gǎnqíng yuè fēngfù.

워 지웨더 런 하오시앙 니엔지 위에 따, 간칭 위에 펑푸

▶ 감정 표현을 잘하는 사람에게 쓸 수 있는 표현입니다.

제가 이 감정을 계속 가지고 가야 하나요?

我还要继续这份感情吗?

Wǒ hái yào jìxù zhè fèn gǎnqíng ma?

워 하이 이야오 지쉬 쩌펀 간칭 마

▶ '份'은 감정을 표시하는 양사로 쓰였습니다.

회화

A 我还要继续这份感情吗?

Wǒ hái yào jìxù zhè fèn gǎnqíng ma?

워 하이 이야오 지쉬 쩌펀 간칭 마

제가 이 감정을 계속 가지고 가야 하나요?

B 你自己想想吧。

Nǐ zìjǐ xiǎngxiang ba.

니 쯔지 시앙시앙 바

스스로 잘 생각해보세요.

词汇 继续[jìxù] 계속 感情[gǎnqíng] 감정 容易[róngyì] 쉽다

관련 표현

■ 쉽게 바뀌지 않습니다, 지켜야 합니다.

不容易改变, 要坚持。

Bù róngyì gǎibiàn, yào jiānchí.

뿌 롱이 까이비엔, 이야오 지엔츠

■ 강산은 쉽게 변해도 본성은 쉽게 변하지 않는다.

江山易改, 本性难移。

Jiāngshān yì gǎi, běnxìng nán yí.

지앙샨 이 까이, 번싱 난 이

▶ 감정이 쉽게 바뀔 수 있는지에 대해 물어볼 때 쉽게 바뀌지 않는다고 말할 수 있는 표현입니다.

Day 216 걱정하지 마세요.
你放心吧。
Nǐ fàngxīn ba.

Day 217 긴장하지 마세요.
不要紧张。
Búyào jǐnzhāng.

Day 218 열받아 죽겠어요.
气死我了!
Qì sǐ wǒ le!

Day 219 화내지 마세요.
不要生气。
Búyào shēngqì.

Day 220 저 멘붕이에요.
我脑子一片混乱。
Wǒ nǎozi yí piàn húnluàn.

Day 221 집착하지 않을게요.
我绝对不会缠着你的。
Wǒ juéduì búhuì chánzhe nǐ de.

Day 222 이런 말이 어디 있어요?
哪儿有这样的话呢。
Nǎr yǒu zhèyàng de huà ne.

Day 223 요즘 너무 힘들어요.
最近过得很难过。
Zuìjìn guò de hěn nánguò.

Day 224 되는 일이 하나도 없어요.
什么事都不顺利。
Shénme shì dōu bú shùnlì.

Day 225 더는 못 참겠어요.
我再也受不了了。
Wǒ zàiyě shòubuliǎo le.

Day 226 이럴 줄 알았으면 왜 그랬어요.
早知今日, 何必当初。
Zǎozhī jīnrì, hébì dāngchū.

Day 227 왜 그렇게 의기소침하신거예요?
你怎么垂头丧气的?
Nǐ zěnme chuítóusàngqì de?

Day 228 그녀가 우니, 좀 달래봐요.
她哭了, 你哄哄她吧。
Tā kū le, nǐ hǒnghong tā ba.

Day 229 눈치가 없어요.
没有眼力见儿。
Méiyou yǎnlì jiànr.

Day 230 여자들 앞에서는 말을 잘 못 해요.
女孩子面前不好开口。
Nǚháizi miànqián bù hǎo kāikǒu.

Day 231 부럽습니다.
我羡慕你。
Wǒ xiànmù nǐ.

Day 232 많이 보고 싶어요.
我特别想你。
Wǒ tèbié xiǎng nǐ.

Day 233 느낌대로 갈래요.
跟着感觉走。
Gēnzhe gǎnjué zǒu.

Day 234 드디어 납득이 가네요.
终于想通了。
Zhōngyú xiǎngtōng le.

Day 235 기분은 좀 좋아졌나요?
你感觉好一点儿了吗?
Nǐ gǎnjué hǎo yìdiǎnr le ma?

Day 236 기분 전환 좀 하려고요.
我要换一换心情。
Wǒ yào huànyihuàn xīnqíng.

Day 237 당신 집에 손님으로 초대되어 기쁩니다.
很高兴能到您家来做客。
Hěn gāoxìng néng dào nín jiā lái zuòkè.

Day 238 너무 웃겨요.
很搞笑。
Hěn gǎoxiào.

Day 239 너무 기뻐서 꿈인가 싶었어요.
高兴得像在做梦。
Gāoxìng de xiàng zài zuòmèng.

Day 240 당신이 있어서 정말 행복해요.
有你我真幸福。
Yǒu nǐ wǒ zhēn xìngfú.

Day 241 저도 동감입니다.
我也有同感。
Wǒ yě yǒu tónggǎn.

Day 242 감정통제를 잘 못해요.
我还不太能控制我自己的情感。
Wǒ hái bútài néng kòngzhì wǒ zìjǐ de qínggǎn.

Day 243 그때의 감정은 정말 언어로 표현할 방법이 없습니다.
那种的感觉真是没法用语言表达。
Nà zhǒng de gǎnjué zhēnshì méifǎ yòng yǔyán biǎodá.

Day 244 일반적으로 감정이 풍부한 사람들은 나쁠 수가 없습니다.
一般感情丰富的人都不会太坏。
Yìbān gǎnqíng fēngfù de rén dōu búhuì tài huài.

Day 245 제가 이 감정을 계속 가지고 가야 하나요?
我还要继续这份感情吗?
Wǒ hái yào jìxù zhè fèn gǎnqíng ma?

Part 09

관계

어떻게 된 일이죠?

怎么回事?

Zěnme huíshì?

쩐머 후이스

▶ 어떤 상황을 예상치 못했을 때, 무슨 일인지 모를 때 물어볼 수 있는 표현입니다.

회화

A 怎么回事?

Zěnme huíshì?

쩐머 후이스

어떻게 된 일이죠?

B 我也不太清楚, 我打听一下。

Wǒ yě bútài qīngchu, wǒ dǎtīng yíxià.

워 이에 부타이 칭추, 워 따팅 이시아

저도 잘 모르겠어요, 제가 알아볼게요.

词汇 清楚[qīngchu] 명확하다 打听[dǎtīng] 알아보다

관련 표현

- 왜 이렇게 철이 없어요?

你怎么这么不懂事?

Nǐ zěnme zhème bù dǒngshì?

니 쩐머 쩌머 뿌 똥스

- 안색이 왜 이렇게 안 좋아요?

你的脸色怎么这么难看?

Nǐ de liǎnsè zěnme zhème nánkàn?

니 더 리엔써 쩐머 쩌머 난칸

▶ 怎么这么는 '왜 이렇게'라는 의미를 가지면서 부정적인 어감을 가집니다. 불만이나 유감의 의미를 말할 때 쓸 수 있는 표현입니다.

됐어요
算了吧。
Suàn le ba.
쑤안 러 바

▶ 더 이상 이야기를 하고 싶지 않을 때 '관두자, 그만두자, 됐다'라고 할 때 쓸 수 있는
표현입니다.

회화

A 算了吧。
Suàn le ba.
쑤안 러 바
됐어요.

B 你不应该这么说, 有话好好说。
Nǐ bù yīnggāi zhème shuō, yǒu huà hǎohao shuō.
니 뿌 잉까이 쩌머 슈어, 여우 화 하오 하오 슈어

이렇게 좀 말하지 마세요, 할 말이 있으면 잘 말해요.

| 词汇 | 应该[yīnggāi] 마땅히 ~해야 한다 这么[zhème] 이렇게 |

관련 표현

■ 됐어요, 관둬요.
得了吧。
Dé le ba.
더 러 바

■ 관둬요, 관둬.
算了算了。
Suàn le suàn le.
쑤안 러 쑤안 러

▶ 상대방의 의견에 대해서 반대, 부정할 때 말할 수 있는 표현입니다.

우리 내기해요
我们打个赌吧。
Wǒmen dǎ ge dǔ ba.
워먼 따 거 뚜 바

▶ 어떤 문제에 대해 내기를 하자고 할 때 쓸 수 있는 표현입니다.

회화

A 我们打个赌吧。
Wǒmen dǎ ge dǔ ba.
워먼 따 거 뚜 바
우리 내기해요.

B 你绝对赢不了。
Nǐ juéduì yíngbuliǎo.
니 쥐에뚜이 잉뿌리아오
당신은 절대로 이길 수 없어요.

词汇 | 打赌[dǎdǔ] 내기하다 赢[yíng] 이기다

관련 표현

■ 저랑 내기할래요?
你要跟我赌吗?
Nǐ yào gēn wǒ dǔ ma?
니 이야오 껀 워 뚜 마

■ 지는 사람이 밥 사기.
谁输谁请吃饭。
Shéi shū shéi qǐng chīfàn.
쉐이 슈 쉐이 칭 츠판

> ▶ 어떤 문제에 대해 주장이 엇갈릴 때 쓸 수 있는 표현으로 주요 표현과 비슷한 의미로 쓰일 수 있습니다.

우리 사이에 무슨
咱俩谁跟谁啊。
Zán liǎ shéi gēn shéi a.
잔 리아 쒜이 껀 쒜이 아

▶ 친한 사이에서 호의에 감사를 표시할 때 쓸 수 있는 표현입니다.

회화

A 谢谢你的帮助。
Xièxie nǐ de bāngzhù.
씨에시에 니 더 빵쭈
당신의 도움에 감사드립니다.

B 咱俩谁跟谁啊。
Zán liǎ shéi gēn shéi a.
잔 리아 쒜이 껀 쒜이 아
우리 사이에 무슨.

词汇　帮助[bāngzhù] 돕다　朋友[péngyou] 친구　闺密[guīmì] 절친

관련 표현

■ 우리는 좋은 친구입니다.
我们是好朋友。
Wǒmen shì hǎo péngyou.
워먼 스 하오 펑여우

■ 우리는 절친입니다.
我们是闺密。
Wǒmen shì guīmì.
워먼 스 꾸이미

▶ 좋은 친구, 베프라는 의미이며, 둘 간의 관계를 말하는 표현입니다.

당신 말 들을게요
就听你的。
Jiù tīng nǐ de.
지우 팅 니 더

▶ 무슨 일을 함에 있어서 나에게 의견을 물어볼 때 상대의 의견을 따라가겠다고 말하는 표현입니다.

회화

A 我们出去散散步吧。
Wǒmen chūqù sànsànbù ba.
워먼 추취 싼싼뿌 바
우리 산책하러 가요.

B 好主意, 就听你的。
Hǎo zhǔyì, jiù tīng nǐ de.
하오 쭈이, 지우 팅 니 더
좋은 생각이에요, 당신 말 들을게요.

词汇 出去[chūqù] 나가다 主意[zhǔyì] 생각

관련 표현

■ 저는 무엇이든 가능해요.
我什么都可以。
Wǒ shénme dōu kěyǐ.
워 션머 또우 커이

■ 당신 마음대로 하세요.
你随便吧。
Nǐ suíbiàn ba.
니 슈이비엔 바

▶ 누군가가 나에게 의향을 물어볼 때 상대의 의견에 맞추어서 할 수 있다고 말하는 표현입니다.

우리 완전 친해요
我们俩很铁。
Wǒmen liǎ hěn tiě.
워먼 리아 헌 티에

▶ 둘 사이의 관계가 친할 때 쓸 수 있는 표현입니다.

회화

A 我们俩很铁。
Wǒmen liǎ hěn tiě.
워먼 리아 헌 티에
우리 완전 친해요.

B 你们俩穿一条裤子。
Nǐmen liǎng chuān yì tiáo kùzi.
니먼 리아 추안 이 티아오 쿠즈
둘이 잘 어울려요.

词汇 俩[liǎ] 둘 铁[tiě] 강하다, 친하다 裤子[kùzi] 바지

관련 표현

■ 저는 도적선을 탔습니다.
我坐了贼船。
Wǒ zuòle zéichuán.
워 쭈어러 제이추안

■ 서로 결탁하여 한통속이 되다.
串通移气。
Chuàntōng yíqì.
추안통 이치

▶ '도적선을 탔다'는 말은 의역을 하면 어떤 좋지 않은 일에 '한통속이 되었다'라는 부정적인 의미입니다.

Part 09

관계

이것은 당연한 거죠
这是应该的。
Zhè shì yīnggāi de.
쩌 스 잉까이 더

▶ 어떤 행동에 상대가 감사를 표시할 때 말할 수 있는 표현입니다. 특히 친한 사이에서나 격식을 갖추어야 할 상대에게 표현을 합니다.

회화

A 谢谢你的帮助。
Xièxie nǐ de bāngzhù.
씨에시에 니 더 빵쭈
당신의 도움에 감사드립니다.

B 这是应该的。
Zhè shì yīnggāi de.
쩌 스 잉까이 더
이것은 당연한 거죠.

词汇 帮助[bāngzhù] 돕다 提供[tígòng] 제공하다

관련 표현

■ 저에게 제공하는 서비스는 당연한 일이에요.
你给我提供好的服务是顺理成章的。
Nǐ gěi wǒ tígòng hǎo de fúwù shì shùnlǐchéngzhāng de.
니 게이 워 티꽁 하오 더 푸우 스 순리청짱 더

■ 부모를 모시는 것은 당연한 일이다.
赡养父母是顺理成章的事。
Shànyǎng fùmǔ shì shùnlǐchéngzhāng de shì.
샨양 푸무 스 순리청짱 더 스

▶ 顺理成章은 '조리 정연하다, 이치에 맞게 저절로 잘 풀리다'라는 의미를 가집니다. 의역을 하면 '당연하다'라고 표현할 수 있습니다.

아마 좀 늦을 것 같아요
我可能会迟到。
Wǒ kěnéng huì chídào.
워 커넝 후이 츠따오

▶ 늦을 수 있는 상황에서 말할 수 있는 표현입니다.

회화

A 我可能会迟到。
Wǒ kěnéng huì chídào.
워 커넝 후이 츠따오
아마 좀 늦을 것 같아요.

B 没关系，慢慢来。
Méiguānxi, mànman lái.
메이꾸안시, 만만 라이
괜찮아요, 천천히 오세요.

词汇 可能[kěnéng] 가능하다, 아마도 慢[màn] 늦다

관련 표현

■ 저 아직 도착하지 않았어요.
我还没到。
Wǒ hái méi dào.
워 하이 메이 따오

■ 저는 아직 결혼하지 않았습니다.
我还没结婚。
Wǒ hái méi jiéhūn.
워 하이 메이 지에훈

▶ 还没는 '아직 ~하지 않았다'고 말할 때 쓸 수 있는 표현입니다.

제가 말하는 것이 법입니다
我说了算。
Wǒ shuōle suàn.
워 슈어러 쑤안

▶ 결정권이 누구에게 있냐고 말할 때 쓸 수 있는 표현입니다.

회화

A 你家你说了算还是老婆说了算?
Nǐ jiā nǐ shuōle suàn háishi lǎopo shuōle suàn?
니 지아 니 슈어러 쑤안 하이스 라오포 슈어러 쑤안
집에서 당신에게 결정권이 있나요, 아니면 아내에게 있나요?

B 我说了算。
Wǒ shuōle suàn.
워 슈어러 쑤안
제가 말하는 것이 법입니다.

词汇 老婆[lǎopo] 아내

관련 표현

■ 저에게는 결정권이 없습니다.
我说了不算。
Wǒ shuōle bú suàn.
워 슈어러 부 쑤안

■ 아빠는 결정권이 없습니다.
爸爸说了不算。
Bàba shuōle bú suàn.
빠바 슈어러 부 쑤안

▶ 반대로 누군가가 말을 할 때 결정권이 없다고 말할 때는 이렇게 말해보세요.

당신하고 맞지 않는 사람이 많나요?

跟你合不来的人多吗?

Gēn nǐ hé bù lái de rén duō ma?

껀니 흐어 부 라이 더 런 뚜어 마

▶ 자신과 잘 맞지 않는 사람이 있는지에 대한 질문에 대한 표현입니다. 合不来라는 어휘를 이용하여 표현할 수 있습니다.

회화

A 跟你合不来的人多吗?

Gēn nǐ hé bù lái de rén duō ma?

껀니 흐어 부 라이 더 런 뚜어 마

당신하고 맞지 않는 사람이 많나요?

B 不多, 我跟同事们关系很好。

Bù duō, wǒ gēn tóngshìmen guānxì hěn hǎo.

부 뚜어, 워 껀 통스먼 꾸안시 헌 하오

많지 않아요, 저는 동료들과 관계가 좋아요.

词汇　同事[tóngshì] 동료 关系[guānxì] 관계 接触[jiēchù] 교제하다, 접촉하다

관련 표현

■ 저와 그의 관계는 매우 좋습니다.

我和他的关系非常融洽。

Wǒ hé tā de guānxi fēicháng róngqià.

워 흐어 타더 꾸안시 페이창 롱치아

■ 우리는 잘 맞아서, 자주 어울립니다.

我们很合得来, 所以接触多了一些。

Wǒmen hěn hédelái, suǒyǐ jiēchù duō le yìxiē.

워먼 헌 흐어더라이, 수어이 지에추 뚜어 러 이시에

▶ 누군가와의 관계가 원활할 때 쓸 수 있는 표현입니다.

비행기 태우지 마세요

你别给我戴高帽子。

Nǐ bié gěi wǒ dài gāo màozi.

니 비에 게이 워 따이 까오 마오즈

▶ 나에 대해 과장되게 칭찬을 할 때 말할 수 있는 표현입니다.

회화

A 你个子很高, 很帅, 前途无量。

Nǐ gèzi hěn gāo, hěn shuài, qiántúwúliàng.

니 꺼즈 헌 까오, 헌 슈와이, 치엔투우리앙

키도 크고, 잘생기고, 장래도 촉망되잖아요.

B 你别给我戴高帽子。

Nǐ bié gěi wǒ dài gāo màozi.

니 비에 게이 워 따이 까오 마오즈

비행기 태우지 마세요.

词汇 戴[dài] (모자, 안경) 쓰다 帽子[màozi] 모자 帅[shuài] 잘생기다

관련 표현

■ 너무 과장이세요.

您太夸张了。

Nín tài kuāzhāng le.

닌 타이 쿠아쟝 러

■ 그렇게 오버할 필요 있나요?

有那么夸张吗?

Yǒu nàme kuāzhāng ma?

여우 나머 쿠아쟝 마

▶ 누군가가 과장하여 말을 할 때 쓸 수 있는 표현입니다.

오늘은 당신이 살 차례입니다
今天该你请客了。
Jīntiān gāi nǐ qǐngkè le.
진티엔 까이 니 칭컬 러

▶ 식사를 대접해야 할 사람이 상대방임을 말할 때 쓸 수 있는 표현입니다.

회화

A 今天该你请客了。
Jīntiān gāi nǐ qǐngkè le.
진티엔 까이 니 칭컬 러

오늘은 당신이 살 차례입니다.

B 没问题, 今天我请你吃饭吧。
Méi wèntí, jīntiān wǒ qǐng nǐ chīfàn ba.
메이 원티, 진티엔 워 칭 니 츠판 바

문제없어요, 오늘은 제가 식사대접할게요.

词汇 该[gāi] ~할 차례이다 请客[qǐngkè] 식사대접하다 点[diǎn] 주문하다

관련 표현

■ 무엇을 먹고 싶은 것이 있으면 주문하세요.
你想吃什么就点什么吧。
Nǐ xiǎng chī shénme jiù diǎn shénme ba.
니 시앙츠 션머 지우 디엔 션머 바

■ 사고 싶은 책이 있으면 그거 사세요.
你想买什么书就买什么吧。
Nǐ xiǎng mǎi shénme shū jiù mǎi shénme ba.
니 시앙 마이 션머 슈 지우 마이 션머 바

▶ [想 + 동사 + 什么就 + 동사 + 什么]의 용법으로 '동사하고 싶으면 바로 동사하다'라는 의미입니다.

Part 09

관계

오늘은 제가 살게요
今天我请你吃饭。
Jīntiān wǒ qǐng nǐ chīfàn.
진티엔 워 칭 니 츠판

▶ 누군가에게 식사 대접을 할 때 쓸 수 있는 표현입니다.

회화

A 今天我请你吃饭。
Jīntiān wǒ qǐng nǐ chīfàn.
진티엔 워 칭 니 츠판
오늘은 제가 살게요.

B 今天有什么高兴的事吗?
Jīntiān yǒu shénme gāoxìng de shì ma?
진티엔 여우 선머 까오싱 더 스 마
오늘 무슨 기쁜 일 있어요?

词汇 下次[xiàcì] 다음 高兴[gāoxìng] 기쁘다

관련 표현

■ 다음에 제가 식사 대접할게요.
下次我请你吃饭吧。
Xiàcì wǒ qǐng nǐ chīfàn ba.
시아츠 워 칭니 츠판 바

■ 다음에 제가 맛있는거 대접하고 싶어요.
下次我想请你很好吃的。
Xiàcì wǒ xiǎng qǐng nǐ hěn hǎochī de.
시아츠 워 시앙 칭 니 헌 하오츠 더

▶ 다음에 식사 대접한다고 말할 때 쓸 수 있는 표현입니다.

제가 책임질게요
就让我来承担吧。
Jiù ràng wǒ lái chéngdān ba.
지우 랑 워 라이 청딴 바

▶ 来는 '오다'라는 뜻도 가지고 있지만 '동사 앞에 놓여 어떤 일을 하려고 하는 적극성이나 상대방에게 어떤 행동을 하게 하는 어감을 나타냅니다.

회화

A 就让我来承担吧。
Jiù ràng wǒ lái chéngdān ba.
지우 랑 워 라이 청딴 바
제가 책임질게요.

B 你放心吧, 包在我身上。
Nǐ fàngxīn ba, bāozài wǒ shēn shàng.
니 팡신바, 빠오짜이 워 선상
걱정하지 마세요, 저한테 맡기세요.

词汇 承担[chéngdān] 책임지다 一切[yíqiè] 전부

관련 표현

■ 전부 저에게 맡기세요.
一切都包在我身上。
Yíqiè dōu bāozài wǒ shēn shàng.
이치에 또우 빠오짜이 워 선상

■ 이 일은 전적으로 그에게 맡기세요.
这件事就包在他身上吧。
Zhè jiàn shì jiù bāo zài tā shēn shàng ba.
쩌 지엔 스 지우 빠오 짜이 타 선상 바

▶ [包在 + 사람 + 身上]의 용법으로 '어떤 사람이 전적으로 돕다'라는 의미를 가집니다.

우리는 소통이 필요해요
我们需要沟通。
Wǒmen xūyào gōutōng.
워먼 쉬이야오 꼬오통

▶ 우리는 현재 소통의 부재의 시대에 살고 있는데요. 대화가 필요할 때 쓸 수 있는 표현입니다.

회화

A 说不到一块儿去。
Shuōbudào yíkuàir qù.
슈어부따오 이쿠와얼 취
말이 안 통해요.

B 我们需要沟通。
Wǒmen xūyào gōutōng.
워먼 쉬이야오 꼬오통
우리는 소통이 필요해요.

词汇 沟通[gōutōng] 소통 共同[gòngtóng] 공통의

관련 표현

■ 저는 그와 공감대가 없어요.
我跟他没有共同语言。
Wǒ gēn tā méiyou gòngtóng yǔyán.
워 껀 타 메이여우 꽁통 위이엔

■ 공감대가 없고, 즐거운 마음도 없어요.
没有共鸣，感决不到开心。
Méiyou gòngmíng, gǎnjué búdào kāixīn.
메이여우 꽁밍, 간쥐에 부따오 카이신

▶ 공감대가 없다고 말할 때 쓸 수 있는 표현입니다.

거의 중국인이 다 되었네요

快成半个中国人了。

Kuàichéng bàn ge Zhōngguórén le.

쿠와이청 빤 거 쭝구어런 러

▶ 중국에 적응하거나 중국어를 중국인처럼 유창하게 하는 사람에게 쓸 수 있는 표현입니다.

회화

A 快成半个中国人了。

Kuàichéng bàn ge Zhōngguórén le.

쿠와이청 빤 거 쭝구어런 러

거의 중국인이 다 되었네요.

B 没有, 我还差得远呢。

Méiyou, wǒ hái chà de yuǎn ne.

메이여우, 워 하이 차 더 위엔 너

아니에요, 저 아직 멀었어요.

| 词汇 | 习惯[xíguàn] 습관이 되다, 적응되다 环境[huánjìng] 환경 |

관련 표현

■ 저는 이곳의 음식을 먹는 것에 적응이 되었습니다.

我习惯吃这儿的饭菜。

Wǒ xíguàn chī zhèr de fàncài.

워 시꾸안 츠 쩔 더 판차이

■ 저는 이미 이곳의 환경에 적응했습니다.

我已经习惯了这边的环境。

Wǒ yǐjīng xíguànle zhèbiān de huánjìng.

워 이징 시꾸안러 쩌비엔더 후안징

▶ 무엇에 적응되었는지 다양하게 말해봅시다.

저는 아직 인연을 만나지 못했어요
我还没遇到心仪的人。
Wǒ hái méi yùdào xīnyí de rén.
워 하이 메이 위따오 신이 더 런

▶ 인연을 만나지 못했을 때 말할 수 있는 표현입니다.

회화

A 你有对象吗?

Nǐ yǒu duìxiàng ma?
니 여우 뚜이시앙 마

만나는 사람 있나요?

B 我还没遇到心仪的人。

Wǒ hái méi yùdào xīnyí de rén.
워 하이 메이 위따오 신이 더 런

저는 아직 인연을 만나지 못했어요.

词汇 　遇到[yùdào] 맞닥뜨리다　心仪[xīnyí] 흠모하다　对象[duìxiàng] 대상

관련 표현

■ 저의 인연을 아직 만나지 못했어요.
我的缘分还没到。
Wǒ de yuánfēn hái méi dào.
워더 위엔펀 하이 메이 따오

■ 저는 아직 좋아하는 사람을 찾지 못했습니다.
我还没找到喜欢的人。
Wǒ hái méi zhǎodào xǐhuan de rén.
워 하이 메이 짜오따오 시후안 더 런

▶ 인연을 만나지 못했다고 말할 때 쓸 수 있는 표현입니다.

처음이자 마지막으로 부탁하는 거예요

第一次也是最后一次求你。

Dìyīcì yěshì zuìhòu yīcì qiú nǐ.
띠이츠 이에스 쭈이호우 이츠 치우 니

▶ 누군가에게 간절하게 부탁을 할 때 쓸 수 있는 표현입니다.

회화

A 第一次也是最后一次求你。

Dìyīcì yěshì zuìhòu yīcì qiú nǐ.
띠이츠 이에스 쭈이호우 이츠 치우 니

처음이자 마지막으로 부탁하는 거예요.

B 我先听你的意见。

Wǒ xiān tīng nǐ de yìjiàn.
워 시엔 팅 니더 이지엔

제가 먼저 의견을 들을게요.

词汇 最后[zuìhòu] 마지막 求[qiú] 요청하다, 부탁하다 拜托[bàituō] 부탁하다

관련 표현

■ 제가 다시 한번 부탁드릴게요.

再拜托您一次。

Zài bàituō nín yīcì.
짜이 빠이투어 닌 이츠

■ 제가 부탁을 하나 해도 될까요?

可以拜托您一件事吗?

Kěyǐ bàituō nín yí jiàn shì ma?
커이 빠이투어 닌 이 지엔 스 마

▶ 누군가에게 부탁을 할 때 쓸 수 있는 표현입니다.

필요하면 제가 당신 옆에 있을게요
只要需要我, 我就到你身边来。
Zhǐyào xūyào wǒ, wǒ jiù dào nǐ shēnbiān lái.
즈이야오 쉬이야오 워, 워 지우 따오 니 션비엔 라이

▶ 나를 원하는 사람에게 말할 수 있는 표현입니다.

회화

A 我不知道怎么做。
Wǒ bù zhīdào zěnme zuò.
워 뿌 즈따오 쩐머 쭈어
어떻게 해야 할지 모르겠습니다.

B 只要需要我, 我就到你身边来。
Zhǐyào xūyào wǒ, wǒ jiù dào nǐ shēnbiān lái.
즈이야오 쉬이야오 워, 워 지우 따오니 션비엔 라이
필요하면 제가 당신 옆에 있을게요.

词汇 需要[xūyào] 필요로 하다 为止[wèizhǐ] ~을 …까지 하다

관련 표현

■ 내일의 꿈을 위해, 더 힘내요.
为了明天的梦想, 再加把劲。
Wèile míngtiān de mèngxiǎng, zài jiā bǎjìn.
웨이러 밍티엔더 멍시앙, 짜이지아 바진

■ 제가 당신이 만족할 때까지 옆에서 같이 술 마실게요.
我陪你喝到你满意为止。
Wǒ péi nǐ hē dào nǐ mǎnyì wèizhǐ.
워 페이 니 흐어따오 니 만이 웨이즈

▶ 누군가가 힘들어할 때 힘이 되어줄 수 있는 표현입니다.

우리 잘 어울리나요?
我们俩般配吗?
Wǒmen liǎ bānpèi ma?
워먼 리아 빤페이 마

▶ 누군가에게 특히 연인사이인 우리가 잘 어울리는지 물어볼 때 쓸 수 있는 표현입니다.

회화

A 我们俩般配吗?
Wǒmen liǎ bānpèi ma?
워먼 리아 빤페이 마
우리 잘 어울리나요?

B 我觉得你们俩很般配。
Wǒ juéde nǐmen liǎ hěn bānpèi.
워 쮀에더 니먼리아 헌 빤페이
제 생각에는 잘 어울려요.

词汇　般配[bānpèi] 어울리다　觉得[juéde] 생각하다

관련 표현

■ 모두가 그들 둘이 잘 어울리는 한 쌍이라고 말합니다.
大家都说他们俩是很般配的一对儿。
Dàjiā dōu shuō tāmen liǎ shì hěn bānpèi de yíduìr.
따지아 또우 슈어 타먼리아 스 헌 빤페이더 이뚜얼

■ 그들은 정말 잘 어울리는 한 쌍입니다.
他们真是一对金童玉女。
Tāmen zhēnshì yí duì jīntóngyùnǚ.
타먼 쩐스 이 뚜이 진퉁위뉘

▶ 잘 어울리는 커플이라고 말할 때 쓸 수 있는 표현입니다.

우리 처음 만났지만 그렇게 어색하지 않았어요

我们虽然是第一次见面，并不感到陌生。

Wǒmen suīrán shì dì-yīcì jiànmiàn, bìng bù gǎndào mòshēng.

워먼 슈이란 스 띠이츠 지엔미엔, 삥 부 간따오 모성

▶ 만나고 난 후에 분위기가 어땠는지 물어보는 것에 대한 답변으로 표현할 수 있습니다.

회화

A 感觉怎么样?

Gǎnjué zěnmeyàng?

깐쥐에 쩐머이양

느낌 어땠어요?

B 我们虽然是第一次见面，并不感到陌生。

Wǒmen suīrán shì dì-yīcì jiànmiàn, bìng bù gǎndào mòshēng.

워먼 슈이란 스 띠이츠 지엔미엔, 삥부 간따오 모성

우리 처음 만났지만 그렇게 어색하지 않았어요.

词汇 虽然[suīrán] 비록 ~이지만 陌生[mòshēng] 생소하다, 낯설다

관련 표현

■ 가장 두려운 것은 생소함이 아니라, 익숙함의 감정이다.

我最怕的不是陌生，而是熟悉的感觉。

Wǒ zuì pà de búshì mòshēng, érshì shúxī de gǎnjué.

워 쭈이 파더 부스 모성, 얼스 슈시더 깐쥐에

■ 이렇게 하는 것은 그를 도와주는 것이 아니고 그에게 해를 입히는 것이다.

你这么做不是帮他，而是害他。

Nǐ zhème zuò búshì bāng tā, érshì hài tā.

니 쩌머 쭈어 부스 빵 타, 얼스 하이 타

▶ 陌生이라는 어휘를 가지고 활용하는 표현입니다. 不是~而是의 용법으로 '~이 아니고, ~이다' 라는 의미입니다.

DAY 267

첫눈에 반했어요
一见钟情。
Yíjiànzhōngqíng.
이지엔쭝칭

▶ 누군가를 보고 첫눈에 반했을 때 쓸 수 있는 표현입니다.

회화

A 你跟她怎么谈的恋爱?

Nǐ gēn tā zěnme tán de liànài?

니 껀 타 쩐머 탄 더 리엔아이

당신은 그녀와 어떻게 연애를 했나요?

B 一见钟情。

Yíjiànzhōngqíng.

이지엔쭝칭

첫눈에 반했어요.

> **词汇**　谈恋爱[tánliànài] 연애하다 看上[kànshàng] 마음에 들다

관련 표현

■ 저는 보자마자 그녀를 좋아했습니다.

我一看就喜欢她。

Wǒ yí kàn jiù xǐhuan tā.

워 이칸 지우 시후안 타

■ 저는 그녀에게 반했습니다.

我看上了她。

Wǒ kànshàng le tā.

워 칸샹 러 타

▶ 누군가가 마음에 들었을 때 쓸 수 있는 표현입니다. [一 + 동사 + 就]는 '동사하자마자 동사하다'라는 의미이다.

제 이상형입니다
你是我理想的人。
Nǐ shì wǒ lǐxiǎng de rén.
니 스 워 리시앙 더 런

▶ 이상형이라고 말할 때 쓸 수 있는 표현입니다.

회화

A 你是我理想的人。
Nǐ shì wǒ lǐxiǎng de rén.
니 스 워 리시앙 더 런
제 이상형입니다.

B 不好意思，我有喜欢的人。
Bùhǎoyìsi, wǒ yǒu xǐhuan de rén.
부하오이쓰, 워 여우 시후안 더 런
죄송해요, 저 좋아하는 사람 있어요.

词汇 　理想[lǐxiǎng] 이상　喜欢[xǐhuan] 좋아하다

관련 표현

■ 그녀는 저의 이상형입니다.
她是我的菜。
Tā shì wǒ de cài.
타 스 워더 차이

■ 그는 저의 이상형이 아닙니다.
他不是我的菜。
Tā búshì wǒ de cài.
타 부스 워더 차이

▶ 我的菜는 '나의 이상형'이라는 의미를 가집니다.

제가 당신에게 귓속말할게요

我要跟你说悄悄话。

Wǒ yào gēn nǐ shuō qiāoqiāohuà.

워 이야오 껀니 슈어 치아오치아오화

▶ 누군가에게 귓속말을 할 때 쓸 수 있는 표현입니다.

회화

A 我真的想知道为什么这样。

Wǒ zhēnde xiǎng zhīdào wèishénme zhèyàng.

워 쩐더 시앙 즈따오 웨이션머 쩌이양

저는 정말 왜 이런지 알고 싶어요.

B 我要跟你说悄悄话。

Wǒ yào gēn nǐ shuō qiāoqiāohuà.

워 이야오 껀니 슈어 치아오치아오화

제가 당신에게 귓속말할게요.

词汇 咬[yǎo] 물다 耳朵[ěrduo] 귀 探[tàn] 찾아가다, 방문하다

관련 표현

■ 귀 좀 대보세요.

把耳朵探过来。

Bǎ ěrduo tàn guòlái.

바 얼뚜어 탄 꾸어라이

■ 제가 당신에게 비밀을 알려줄게요.

我要告诉你保密的事情。

Wǒ yào gàosu nǐ bǎomì de shìqíng.

워 이야오 까우수 니 빠오미 더 스칭

▶ 귓속말을 하려고 할 때 상대에게 귀 좀 대보라고 말을 하는 표현입니다.

우리 사귀어요
我们做个朋友吧。
Wǒmen zuò ge péngyou ba.
워먼 쭈어 거 펑여우 바

▶ 상황에 따라서 의미는 달라지지만 이성 간에 말을 할 때 '사귀다'라는 의미를 가지며
동성 간에 친구로 지내자고 할 때도 쓸 수 있는 표현입니다.

회화

A 我们做个朋友吧。
Wǒmen zuò ge péngyou ba.
워먼 쭈어 거 펑여우 바
우리 사귀어요.

B 你喜欢我什么?
Nǐ xǐhuan wǒ shénme?
니 시후안 워 션머
저의 뭐가 좋아요?

词汇 喜欢[xǐhuan] 좋아하다 约会[yuēhuì] 데이트하다

관련 표현

■ 저는 당신하고 데이트하고 싶어요.
我想跟你约会。
Wǒ xiǎng gēn nǐ yuēhuì.
워 시앙 껀 니 위에후이

■ 내일 데이트 약속 잊지 않았죠.
明天的约会你没忘记了吧。
Míngtiān de yuēhuì nǐ méi wàngjì le ba.
밍티엔 더 위에후이 니 메이 왕지 러 바

▶ 约会는 '데이트하다'라는 의미로 이성 간에 약속을 할 때 쓸 수 있는 표현입니다.

당신은 저의 첫사랑입니다
你是我的初恋。
Nǐ shì wǒ de chūliàn.
니 스 워 더 추리엔

▶ 初恋은 '첫사랑'이라는 의미를 가집니다.

회화

A 你是我的初恋。
Nǐ shì wǒ de chūliàn.
니 스 워 더 추리엔
당신은 저의 첫사랑입니다.

B 已经过去的事情了，你会找到更好的人。
Yǐjīng guòqù de shìqíng le, nǐ huì zhǎodào gèng hǎo de rén.
이징 꾸어취더 스칭, 니 후이 짜오따오 껑 하오 더 런
이미 지난 일이에요, 더 좋은 사람 만날 거예요.

词汇 初恋[chūliàn] 첫사랑 更[gèng] 더 像[xiàng] 닮다

관련 표현

■ 저의 첫사랑을 닮으셨어요.
你长得很像我的初恋。
Nǐ zhǎng de hěn xiàng wǒ de chūliàn.
니 짱더 헌 시앙 워 더 추리엔

■ 당신은 저의 마지막 첫사랑입니다.
你是我最后的初恋。
Nǐ shì wǒ zuìhòu de chūliàn.
니 스 워 쭈이호우 더 추리엔

▶ 누군가를 닮았다는 말을 할 때 쓸 수 있는 표현과 마지막 첫사랑이라고 말할 때 쓸 수 있는 표현을 익혀봅시다.

제 눈에 안경이지요
情人眼里出西施。
Qíngrén yǎnli chū xīshī.
칭런 이엔리 추 시스

▶ 너무 사랑하면 단점조차도 장점으로 보이는 경우가 있습니다. 서시(西施)는 춘추시대의 미녀로 중국을 대표하는 미녀 중의 하나입니다.

회화

A 跟他们在一起，真让人起鸡皮疙瘩。
Gēn tāmen zài yìqǐ, zhēn ràng rén qǐ jīpígēda.
껀 타먼 짜이 이치, 쩐 랑런 치 지피꺼따
그들하고 있으면 정말 닭살 돋게 해요.

B 情人眼里出西施。
Qíngrén yǎnli chū xīshī.
칭런 이엔리 추 시스
제 눈에 안경이지요.

词汇 鸡皮疙瘩[jīpígēda] 소름, 닭살 肉麻[ròumá] 낯간지럽다, 느끼하다

관련 표현

■ 그들 두 명이 같이 있으면 너무 낯간지러워요.
他们两个人在一起太肉麻了。
Tāmen liǎng ge rén zài yìqǐ tài ròumá le.
타먼 리앙거런 짜이 이치 타이 로우마 러

■ 닭살 커플
肉麻情侣
Ròumá qínglǚ
로우마 칭뤼

▶ 肉麻는 '피부에 두드러기가 난 듯하다'는 의미로 연인들의 지나친 애정행각을 말할 수 있는 표현입니다.

우리의 비밀을 말하지 마세요
我们的秘密不准说。
Wǒmen de mìmì bù zhǔn shuō.
워먼 더 미미 부 준 슈어

▶ 비밀을 말하지 말라고 할 때 쓸 수 있는 표현입니다.

회화

A 我们的秘密不准说。
Wǒmen de mìmì bù zhǔn shuō.
워먼 더 미미 부 준 슈어
우리의 비밀을 말하지 마세요.

B 无论如何一定保密。
Wúlùnrúhé yídìng bǎomì.
우룬루흐어 이띵 빠오미
무슨 일이 있어도 꼭 비밀을 지킬게요.

词汇 秘密[mìmì] 비밀 准[zhǔn] 허락하다 保密[bǎomì] 비밀을 지키다

관련 표현

■ 말할 수 없는 비밀
不能说的秘密
Bùnéng shuō de mìmì
뿌넝 슈어 더 미미

■ 내가 당신을 만난 것 자체가 기적입니다.
我能遇见已经是很不可思议了。
Wǒ néng yùjiàn yǐjīng shì hěn bùkěsīyì le.
워 넝 위지엔 이징 스 헌 뿌커쓰이 러

▶ '말할 수 없는 비밀'은 2007년에 대만에서 개봉한 영화입니다. 대만 로맨스의 최고봉으로 이미 한국에서도 많은 사람들이 좋아하는 영화입니다.

헤어짐이 없는 만남은 없어요

天下没有不散的宴席。

Tiānxià méiyou bú sàn de yànxí.

티엔시아 메이여우 부 싼 더 이엔시

▶ '회자정리'는 만난 사람은 헤어지고 헤어진 사람은 반드시 만나게 된다는 의미를 가집니다. 누군가와 헤어질 때 말할 수 있는 표현입니다.

회화

A 我明天回韩国，舍不得离开北京。

Wǒ míngtiān huí Hánguó, shěbudé líkāi Běijīng.

워 밍티엔 후이 한구어, 셔부더 리카이 뻬이징

저 내일 한국에 돌아가요, 베이징을 떠나기가 아쉬워요.

B 天下没有不散的宴席。

Tiānxià méiyou bú sàn de yànxí.

티엔시아 메이여우 부 싼 더 이엔시

헤어짐이 없는 만남은 없어요.

词汇 散[sàn] 흩어지다 宴席[yànxí] 연회, 모임 舍不得[shěbudé] 아쉽다

관련 표현

■ 저는 당신들과 헤어지기가 아쉬워요.

我舍不得离开你们。

Wǒ shěbudé líkāi nǐmen.

워 셔뿌더 리카이 니먼

■ 기쁘면서 아쉽습니다.

又高兴又舍不得。

Yòu gāoxìng yòu shěbudé.

여우 까오싱 여우 셔뿌더

▶ 舍不得를 사용하여 헤어짐이 아쉽다고 말할 수 있습니다.

DAY 275

우리는 인연이 아닌가 봐요
我们有缘无份。
Wǒmen yǒuyuán wúfèn.
워먼 여우위엔 우펀

▶ 인연이 아니라고 말할 수 있는 표현입니다.

회화

A 我们有缘无份。
Wǒmen yǒuyuán wúfèn.
워먼 여우위엔 우펀
우리는 인연이 아닌가 봐요.

B 怎么了? 我还喜欢你。
Zěnme le? Wǒ hái xǐhuan nǐ.
쩐머 러? 워 하이 시후안 니
왜 그래요? 저는 여전히 당신을 좋아해요.

词汇 有缘[yǒuyuán] 인연이 있다 还[hái] 여전히

관련 표현

■ 우리가 어울리지 않아요.
我们不适合。
Wǒmen bù shìhé.
워먼 뿌 스흐어

■ 우리 헤어져요.
我们结束吧。
Wǒmen jiéshù ba.
워먼 지에슈 바

▶ 상대와 어울리지 않다고 말할 때 쓸 수 있는 표현입니다. 헤어지자고 할 때 쓸 수 있는 표현입니다.

Day 246 어떻게 된 일이죠?

怎么回事?

Zěnme huíshì?

Day 247 됐어요.

算了吧。

Suàn le ba.

Day 248 우리 내기해요.

我们打个赌吧。

Wǒmen dǎ ge dǔ ba.

Day 249 우리 사이에 무슨.

咱俩谁跟谁啊。

Zán liǎ shéi gēn shéi a.

Day 250 당신 말 들을게요.

就听你的。

Jiù tīng nǐ de.

Day 251 우리 완전 친해요.

我们俩很铁。

Wǒmen liǎ hěn tiě.

Day 252 이것은 당연한 거죠.

这是应该的。

Zhè shì yīnggāi de.

Day 253 아마 좀 늦을 것 같아요.

我可能会迟到。

Wǒ kěnéng huì chídào.

Day 254 제가 말하는 것이 법입니다.

我说了算。

Wǒ shuōle suàn.

Day 255 당신하고 맞지 않는 사람이 많나요?

跟你合不来的人多吗?

Gēn nǐ hé bù lái de rén duō ma?

Day 256 비행기 태우지 마세요.

你别给我戴高帽子。

Nǐ bié gěi wǒ dài gāo màozi.

Day 257 오늘은 당신이 살 차례입니다.

今天该你请客了。

Jīntiān gāi nǐ qǐngkè le.

Day 258 오늘은 제가 살게요.

今天我请你吃饭。

Jīntiān wǒ qǐng nǐ chīfàn.

Day 259 제가 책임질게요.

就让我来承担吧。

Jiù ràng wǒ lái chéngdān ba.

Day 260 우리는 소통이 필요해요.

我们需要沟通。

Wǒmen xūyào gōutōng.

Day 261 거의 중국인이 다 되었네요.

快成半个中国人了。

Kuàichéng bàn ge Zhōngguórén le.

Day 262 저는 아직 인연을 만나지 못했어요.

我还没遇到心仪的人。

Wǒ hái méi yùdào xīnyí de rén.

Day 263 처음이자 마지막으로 부탁하는 거예요.

第一次也是最后一次求你。

Dìyīcì yěshì zuìhòu yīcì qiú nǐ.

Day 264 필요하면 제가 당신 옆에 있을게요.

只要需要我，我就到你身边来。

Zhǐyào xūyào wǒ, wǒ jiù dào nǐ shēnbiān lái.

Day 265 우리 잘 어울리나요?

我们俩般配吗？

Wǒmen liǎ bānpèi ma?

Day 266 우리 처음 만났지만 그렇게 어색하지 않았어요.

我们虽然是第一次见面，并不感到陌生。

Wǒmen suīrán shì dì-yīcì jiànmiàn, bìng bù gǎndào mòshēng.

Day 267 첫눈에 반했어요.

一见钟情。

Yíjiànzhōngqíng.

Day 268 제 이상형입니다.

你是我理想的人。

Nǐ shì wǒ lǐxiǎng de rén.

Day 269 제가 당신에게 귓속말할게요.

我要跟你说悄悄话。

Wǒ yào gēn nǐ shuō qiāoqiāohuà.

Day 270 우리 사귀어요.

我们做个朋友吧。

Wǒmen zuò ge péngyou ba.

Day 271 당신은 저의 첫사랑입니다.

你是我的初恋。

Nǐ shì wǒ de chūliàn.

Day 272 제 눈에 안경이지요.

情人眼里出西施。

Qíngrén yǎnli chū xīshī.

Day 273 우리의 비밀을 말하지 마세요.

我们的秘密不准说。

Wǒmen de mìmì bù zhǔn shuō.

Day 274 헤어짐이 없는 만남은 없어요.

天下没有不散的宴席。

Tiānxià méiyou bú sàn de yànxí.

Day 275 우리는 인연이 아닌가 봐요.

我们有缘无份。

Wǒmen yǒuyuán wúfèn.

Part 10

비즈니스

제가 질문 하나 드릴게요
我有一个问题要问你。
Wǒ yǒu yí ge wèntí yào wèn nǐ.
워 여우 이 거 원티 이야오 원 니

▶ 누군가에게 질문을 하고 싶을 때 말할 수 있는 표현입니다.

회화

A 我有一个问题要问你。
Wǒ yǒu yí ge wèntí yào wèn nǐ.
워 여우 이 거 원티 이야오 원 니

제가 질문 하나 드릴게요.

B 你随便问吧。
Nǐ suíbiàn wèn ba.
니 수이비엔 원 바

편하게 물어보세요.

词汇 问题[wèntí] 문제 问[wèn] 묻다 随便[suíbiàn] 마음대로, 편하게

관련 표현

■ 제가 외람된 질문 좀 할게요.
我冒昧地问一下。
Wǒ màomèi de wèn yíxià.
워 마오메이더 원 이시아

■ 나이가 어떻게 되는지 외람된 질문을 드릴게요.
我冒昧地问一下您多大?
Wǒ màomèi de wèn yíxià nín duō dà?
워 마오메이더 원 이시아 닌 뚜어 따

▶ 너무 궁금한데 예의에 벗어날 것 같아서 못 물어볼 때가 있습니다. 그런 상황에서 조심스럽게 물어볼 때 쓸 수 있는 표현입니다.

어디에서 일하시나요?
你在什么地方工作?
Nǐ zài shénme dìfang gōngzuò?
니 짜이 션머 띠팡 꽁쭈어

▶ 직장의 위치 혹은 직장명을 물어볼 때 쓸 수 있는 표현입니다.

회화

A 你在什么地方工作?
Nǐ zài shénme dìfang gōngzuò?
니 짜이 션머 띠팡 꽁쭈어
어디에서 일하시나요?

B 我在首尔工作。
Wǒ zài Shǒu'ěr gōngzuò.
워 짜이 쇼우얼 꽁쭈어
저는 서울에서 일합니다.

词汇 | 首尔[Shǒu'ěr] 서울 工作[gōngzuò] 일, 일하다

관련 표현

■ 당신은 어느 회사에서 일하시나요?
你在哪家公司工作?
Nǐ zài nǎ jiā gōngsī gōngzuò?
니 짜이 나 지아 꽁쓰 꽁쭈어

■ 당신은 어디 부서에서 일하시나요?
你在哪个部门工作?
Nǐ zài nǎge bùmén gōngzuò?
니 짜이 나거 뿌먼 꽁쭈어

▶ 어디에서 일하는지에 대한 질문과 더 나아가서 어느 부서에서 일하는지에 대한 질문입니다.

어떤 업종에서 일하시나요?
你从事什么工作?
Nǐ cóngshì shénme gōngzuò?
니 총스 션머 꽁쭈어

▶ 직장 관련하여 업종을 물어볼 때 쓸 수 있는 표현입니다.

회화

A 你从事什么工作?
Nǐ cóngshì shénme gōngzuò?
니 총스 션머 꽁쭈어

어떤 업종에서 일하시나요?

B 我在半导体公司工作。
Wǒ zài bàndǎotǐ gōngsī gōngzuò.
워 짜이 빤따오티 꽁쓰 꽁쭈어

저는 반도체 회사에서 일합니다.

词汇　从事[cóngshì] 종사하다　半导体[bàndǎotǐ] 반도체　行业[hángyè] 업종

관련 표현

■ 당신은 어떤 업종에서 일하시나요?
你在哪个行业工作?
Nǐ zài nǎge hángyè gōngzuò?
니 짜이 나거 항이에 꽁쭈어

■ 당신은 어느 방면에서 일하시나요?
你在哪个方面工作?
Nǐ zài nǎge fāngmiàn gōngzuò?
니 짜이 나거 팡미엔 꽁쭈어

▶ 어떤 업종에서 일하는지 물을 때 쓸 수 있는 표현입니다.

지금 전화받을 수 있어요?
现在能接电话吗?
Xiànzài néng jiē diànhuà ma?
시엔짜이 넝 지에 띠엔화 마

▶ 전화를 하고 전화를 받을 수 있는지에 대해 물어볼 때 말할 수 있는 표현입니다.

회화

A 现在能接电话吗?
Xiànzài néng jiē diànhuà ma?
시엔짜이 넝 지에 띠엔화 마
지금 전화받을 수 있어요?

B 可以接电话, 你说吧。
Kěyǐ jiē diànhuà, nǐ shuō ba.
커이 지에 띠엔화, 니 슈어 바
전화받을 수 있어요, 말씀하세요.

词汇 接[jiē] 받다 电话[diànhuà] 전화 挂[guà] (전화를) 끊다

관련 표현

■ 전화 끊을게요.
我挂了。
Wǒ guà le.
워 꾸아 러

■ 그럼 제가 먼저 끊을게요.
那我先挂了。
Nà wǒ xiān guà le.
나 워 시엔 꾸아 러

▶ 전화를 끊을 때 말할 수 있는 표현입니다.

DAY 280

지금 전화받기가 힘들어요
现在不方便接电话。
Xiànzài bù fāngbiàn jiē diànhuà.
시엔짜이 부 팡비엔 지에 띠엔화

▶ 전화받기가 힘들 때 말할 수 있는 표현입니다.

회화

A 现在能接电话吗?

Xiànzài néng jiē diànhuà ma?
시엔짜이 넝 지에 띠엔화 마

지금 전화받을 수 있나요?

B 现在不方便接电话。

Xiànzài bù fāngbiàn jiē diànhuà.
시엔짜이 부 팡비엔 지에 띠엔화

지금 전화받기가 힘들어요.

词汇 方便[fāngbiàn] 편리하다 打通[dǎtōng] (전화가) 연결되다

관련 표현

■ 전화가 연결이 안 되네요.
电话打不通。
Diànhuà dǎbutōng.
띠엔화 따부통

■ 지금은 전화 연결이 안 됩니다.
现在无法接通。
Xiànzài wúfǎ jiētōng.
시엔짜이 우파 지에통

▶ 전화를 계속했는데 연결이 안 된다고 말할 때 쓸 수 있는 표현입니다.

바빠서 쉴 시간이 없어요
忙得都没时间休息。
Máng de dōu méi shíjiān xiūxi.
망 더 또우 메이 스지엔 시우시

▶ 바빠서 시간이 없다고 말할 때 쓸 수 있는 표현입니다.

회화

A 忙得都没时间休息。
Máng de dōu méi shíjiān xiūxi.
망 더 또우 메이 스지엔 시우시
바빠서 쉴 시간이 없어요.

B 我觉得健康第一。
Wǒ juéde jiànkāng dìyī.
워 쥐에더 지엔캉 띠이
제 생각에는 건강이 제일입니다.

词汇 休息[xiūxi] 쉬다 忙[máng] 바쁘다 健康[jiànkāng] 건강

관련 표현

■ 저는 일이 너무나 바쁩니다.
我工作忙得不得了。
Wǒ gōngzuò máng de bùdéliǎo.
워 꽁쭈어 망 더 뿌더리아오

■ 저는 매우 기쁩니다.
我高兴得不得了。
Wǒ gāoxìng de bùdéliǎo.
워 까오싱 더 뿌더리아오

▶ 不得了는 정도를 표시하는 말로 '심하다'라는 의미를 가집니다.

내일부터 휴가예요
我从明天开始放假。
Wǒ cóng míngtiān kāishǐ fàngjià.
워 총 밍티엔 카이스 팡지아

▶ 휴가라는 말을 할 때 쓸 수 있는 표현입니다.

회화

A 我从明天开始放假。
Wǒ cóng míngtiān kāishǐ fàngjià.
워 총 밍티엔 카이스 팡지아
내일부터 휴가예요.

B 你打算做什么?
Nǐ dǎsuan zuò shénme?
니 따수안 쭈어 선머
무엇을 할 계획이세요?

词汇 开始[kāishǐ] 시작하다 放假[fàngjià] 휴가

관련 표현

■ 저는 반차를 내고 싶습니다.
我想请半天假。
Wǒ xiǎng qǐng bàntiān jià.
워 시앙 칭 빤티엔 지아

■ 저는 반차를 내고 병원에 가서 진료를 보고 싶습니다.
我想请半天假去医院看一看。
Wǒ xiǎng qǐng bàntiān jià qù yīyuàn kànyikàn.
워 시앙 칭 빤티엔 지아 취 이위엔 칸이칸

▶ 회사에는 반차라는 휴가제도가 있습니다. 반차를 내고 싶을 때 말할 수 있는 표현입니다.

Part 10

비즈니스

돌아오면 전달해드릴게요
我回来后转告他。
Wǒ huílái hòu zhuǎngào tā.
워 후이라이 호우 쭈안까오 타

▶ 부재중일 때 연락이 왔을 때 돌아오면 전달해주겠다고 말하는 표현입니다.

회화

A 喂, 金经理在吗?
Wéi, Jīn jīnglǐ zài ma?
웨이, 진 징리 짜이 마
여보세요, 김 사장님 계시나요?

B 他不在, 我回来后转告他。
Tā bú zài, wǒ huílái hòu zhuǎngào tā.
타 부 짜이, 후이라이 호우 쭈안까오 타
안 계십니다, 돌아오면 전달해드릴게요.

词汇 经理[jīnglǐ] 사장 转告[zhuǎngào] 전달하다 留言[liúyán] 메모를 남기다

관련 표현

■ 남기실 메모 있나요?
您要留言吗?
Nín yào liúyán ma?
닌 이야오 리우이엔 마

■ 당신은 하실 말씀이 있으신가요?
您有没有要说的话?
Nín yǒuméiyou yào shuō de huà?
닌 여우메이여우 이야오 슈어 더 화

▶ 부재중인 사람에게 남길 메모가 있는지 물을 때 쓸 수 있는 표현입니다.

자료 준비 다 되었나요?

资料都准备好了吗?

Zīliào dōu zhǔnbèi hǎo le ma?

쯔리아오 또우 준뻬이 하오 러 마

▶ 직장에서 상사가 회의자료 준비되었는지 물을 때 쓸 수 있는 표현입니다.

회화

A 资料都准备好了吗?

Zīliào dōu zhǔnbèi hǎo le ma?

쯔리아오 또우 준뻬이 하오 러 마

자료 준비 다 되었나요?

B 还没准备好, 马上准备。

Hái méi zhǔnbèi hǎo, mǎshàng zhǔnbèi.

하이 메이 준뻬이 하오, 마샹 준뻬이

아직 준비 안 됐습니다, 곧 준비됩니다.

词汇　资料[zīliào] 자료　马上[mǎshàng] 곧

관련 표현

■ 자료는 준비가 다 되었습니다. 찾아갈게요.

资料准备好了, 就找您吧。

Zīliào zhǔnbèi hǎo le, jiù zhǎo nín ba.

쯔리아오 준뻬이 하오 러, 지우 짜오 닌 바

■ 원하시는 것 이미 다 준비되었습니다.

您要的东西已经准备好了。

Nín yào de dōngxi yǐjīng zhǔnbèi hǎo le.

닌 이야오 더 똥시 이징 준뻬이 하오 러

▶ 자료나 원하는 것이 준비가 다 되었을 때 말할 수 있는 표현입니다.

DAY
285

원래의 계획이 앞당겨졌어요
原来的计划提前了。
Yuánlái de jìhuà tíqián le.
위엔라이 더 지화 티치엔 러

▶ 계획이 앞당겨졌을 때 말할 수 있는 표현입니다.

회화

A 原来的计划提前了。
Yuánlái de jìhuà tíqián le.
위엔라이 더 지화 티치엔 러
원래의 계획이 앞당겨졌어요.

B 原来是这样!
Yuánlái shì zhèyàng!
위엔라이 스 쩌이양
그랬군요!

词汇 原来[yuánlái] 원래 计划[jìhuà] 계획 提前[tíqián] 앞당겨지다

관련 표현

■ 그랬군요.
原来如此。
Yuánlái rúcǐ.
위엔라이 루츠

■ 원래 당신은 여전히 이곳에 있었어요.
原来你还在这里。
Yuánlái nǐ hái zài zhèli.
위엔라이 니 하이 짜이 쩌리

▶ 原来如此, 原来是这样은 모두 몰랐던 사실을 알았을 때 말할 수 있는 표현입니다.

저 이번에 이직하려고 해요
我准备跳槽。
Wǒ zhǔnbèi tiàocáo.
워 준뻬이 티아오차오

▶ 이직을 한다고 할 때 쓸 수 있는 표현입니다.

회화

A 我准备跳槽。
Wǒ zhǔnbèi tiàocáo.
워 준뻬이 티아오차오
저 이번에 이직하려고 해요.

B 你想跳槽到哪家公司?
Nǐ xiǎng tiàocáo dào nǎ jiā gōngsī?
니 시앙 티아오차오 따오 나 지아 꽁쓰
어느 회사로 이직하려고 하시나요?

词汇 跳槽[tiàocáo] 이직하다 公司[gōngsī] 회사 辞职[cízhí] 사직하다

관련 표현

■ 듣자 하니 회사 그만둔다면서요.
听说你要辞职了。
Tīngshuō nǐ yào cízhí le.
팅슈어 니 이야오 츠즈 러

■ 저는 권고사직했습니다.
我下岗了。
Wǒ xiàgǎng le.
워 시아깡 러

▶ 퇴직에 대한 표현을 익혀봅시다.

요즘은 경제가 불경기입니다
最近经济不景气。
Zuìjìn jīngjì bù jǐngqì.
쭈이진 징지 뿌 징치

▶ 경제가 좋지 않다고 할 때 쓸 수 있는 표현입니다.

회화

A 最近经济不景气。

Zuìjìn jīngjì bù jǐngqì.
쭈이진 징지 뿌 징치

요즘은 경제가 불경기입니다.

B 可不是嘛! 很多人都找不到工作。

Kěbúshì ma! Hěn duō rén dōu zhǎobudào gōngzuò.
커부스 마! 헌 뚜어 런 또우 짜오부따오 꽁쭈어

그러게요! 많은 사람들이 일을 찾지 못하고 있습니다.

词汇 经济[jīngjì] 경제 景气[jǐngqì] 경기, 활발하다 越来越[yuèláiyuè] 더욱더

관련 표현

■ 한국의 경제는 더욱더 좋지 않습니다.
韩国的经济越来越不好。
Hánguó de jīngjì yuèláiyuè bù hǎo.
한구어 더 징지 위에라이위에 뿌 하오

■ 저는 더욱더 이해하지 못하겠습니다.
我越来越不明白。
Wǒ yuèláiyuè bù míngbai.
워 위에라이위에 뿌 밍빠이

▶ 越来越를 써서 상황이 악화되었다고 말할 때 쓸 수 있습니다.

기대가 크면 실망도 큰 법이에요
期望越高, 失望越大。
Qīwàng yuè gāo, shīwàng yuè dà.
치왕 위에 까오, 스왕 위에 따

▶ 越...越의 용법은 '~하면 할수록 …하다'라는 의미를 가집니다.

회화

A 你放心吧, 我估计你会成功。
Nǐ fàngxīn ba, wǒ gūjì nǐ huì chénggōng.
니 팡신 바, 워 꾸지 니 후이 청꽁

걱정하지 마세요, 전 당신이 성공할 거라고 생각해요.

B 期望越高, 失望越大。
Qīwàng yuè gāo, shīwàng yuè dà.
치왕 위에 까오, 스왕 위에 따

기대가 크면 실망도 큰 법이에요.

词汇   期望[qīwàng] 기대 失望[shīwàng] 실망 估计[gūjì] 예측하다, 추측하다

관련 표현

■ 너무 기대하지 마세요.
不要太期待。
Búyào tài qīdài.
부이야오 타이 치따이

■ 저는 다음 회가 기대됩니다.
我很期待下一集。
Wǒ hěn qīdài xià yìjí.
워 헌 치따이 시아 이지

▶ 어떤 일에 대해 기대가 클 때 상대방에게 말할 수 있는 표현입니다. 또한 다음이 기대된다고 할 때 쓸 수 있는 표현입니다.

좋은 소식 기다릴게요
我等你的好消息。
Wǒ děng nǐ de hǎo xiāoxi.
워 떵 니 더 하오 시아오시

▶ 기다리는 소식이 있을 때 상대방에게 덕담으로 말할 수 있는 표현입니다.

회화

A 明天考试结果会出来。
Míngtiān kǎoshì jiéguǒ huì chūlái.
밍티엔 카오스 지에구어 후이 추라이
내일 시험 결과가 나올 거예요.

B 我等你的好消息。
Wǒ děng nǐ de hǎo xiāoxi.
워 떵 니 더 하오 시아오시
좋은 소식 기다릴게요.

词汇 消息[xiāoxi] 소식 考试[kǎoshì] 시험 结果[jiéguǒ] 결과

관련 표현

■ 좋은 소식 있나요?
你有好消息吗?
Nǐ yǒu hǎo xiāoxi ma?
니 여우 하오 시아오시 마

■ 저는 좋은 소식이 하나 있습니다.
我有一个好消息。
Wǒ yǒu yí ge hǎo xiāoxi.
워 여우 이거 하오 시아오시

▶ 상대방에게 좋은 소식이 있는지 물을 때 말할 수 있는 표현입니다.

최선을 다해보겠습니다
我会尽力而为。
Wǒ huì jìnlì'érwéi.
워 후이 진리얼웨이

▶ 어떤 일에 대해 최선을 다한다고 할 때 쓸 수 있는 표현입니다.

회화

A 这件事一定要解决。
Zhè jiàn shì yídìng yào jiějué.
쩌 지엔 스 이띵 이야오 쮀에띵

이 일은 꼭 해결해야 합니다.

B 我会尽力而为。
Wǒ huì jìnlì'érwéi.
워 후이 진리얼웨이

최선을 다해보겠습니다.

> **词汇** 尽力而为[jìnlì'érwéi] 최선을 다하다 解决[jiějué] 해결하다

관련 표현

■ 저는 최선을 다할 것입니다.
我会竭尽全力。
Wǒ huì jiéjìnquánlì.
워 후이 지에진취엔리

■ 저는 최고의 결과를 만들기 위해 최선을 다할게요!
我会尽力做到最好的！
Wǒ huì jìnlì zuòdào zuì hǎo de!
워 후이 진리 쭈어따오 쭈이 하오 더

▶ 최선을 다한다는 말을 할 때 쓸 수 있는 표현입니다.

계속 생각했는데 아직 결정 못 했어요

想了半天, 还是不能决定。

Xiǎngle bàntiān, háishi bùnéng juédìng.

시앙러 빤티엔, 하이스 뿌넝 쥐에띵

▶ [동사 + 了 + 半天]은 '하루 종일 동사했다'는 의미로 쓰입니다.

회화

A 你想好了吗?

Nǐ xiǎng hǎo le ma?

니 시앙 하오 러 마

생각은 다 했어요?

B 想了半天, 还是不能决定。

Xiǎngle bàntiān, háishi bùnéng juédìng.

시앙러 빤티엔, 하이스 뿌넝 쥐에띵

계속 생각했는데 아직 결정 못 했어요.

词汇 半天[bàntiān] 하루 종일

관련 표현

■ 제가 생각이 많네요.

我想得太多了。

Wǒ xiǎng de tài duō le.

워 시앙 더 타이 뚜어 러

■ 너무 많은 생각하지 마세요.

你不要想得太多了。

Nǐ búyào xiǎng de tài duō le.

니 부이야오 시앙 더 타이 뚜어 러

▶ 많은 생각에 대한 표현을 익혀봅시다.

그때 가서 다시 이야기해요
到时候再说吧。
Dào shíhou zài shuō ba.
따오 스호우 짜이 슈어 바

▶ 나중에 다시 이야기하자고 할 때 쓸 수 있는 표현입니다.

회화

A 那件事怎么样了?
Nà jiàn shì zěnmeyàng le?
나 지엔 스 쩐머이양 러

그 일 어떻게 됐어요?

B 到时候再说吧。
Dào shíhou zài shuō ba.
따오 스호우 짜이 슈어 바

그때 가서 다시 이야기해요.

词汇   再[zài] 다시 一会儿[yíhuìr] 좀 있다가

관련 표현

■ 좀 있다가 다시 이야기해요.
一会儿再说吧。
Yíhuìr zài shuō ba.
이후얼 짜이 슈어 바

■ 좀 있다가 다시 말해요.
等一会儿再说吧。
Děng yíhuìr zài shuō ba.
떵 이후얼 짜이 슈어 바

▶ 지금 말고 좀 있다가 말을 하자고 할 때 쓸 수 있는 표현입니다.

제가 어디까지 이야기했죠?

我说到哪儿了?

Wǒ shuōdào nǎr le?

워 슈어따오 날 러

▶ 대화를 나누다가 주제를 벗어나서 이야기할 경우가 있습니다. 다시 주제로 돌아가기
위해 물어볼 수 있는 표현입니다.

회화

A 我说到哪儿了?

Wǒ shuōdào nǎr le?

워 슈어따오 날 러

제가 어디까지 이야기했죠?

B 我也忘记了, 我们换别的话题吧。

Wǒ yě wàngjì le, wǒmen huàn bié de huàtí ba.

워 이에 왕지 러, 워먼 환 비에더 화티 바

저도 잊어버렸어요, 우리 다른 화제로 바꿔요.

词汇   忘记[wàngjì] 잊어버리다   话题[huàtí] 화제

관련 표현

■ 저번에 우리 어디까지 공부했죠?

上次我们学到哪儿了?

Shàngcì wǒmen xuédào nǎr le?

샹츠 워먼 쉬에따오 날 러

■ 어디까지 썼지요?

你们写到哪儿?

Nǐmen xiědào nǎr?

니먼 시에따오 날

▶ [동사 + 到哪儿]은 '어디까지 동사하다'라는 의미의 표현입니다.

저 짤렸어요

我被老板炒鱿鱼了。

Wǒ bèi lǎobǎn chǎo yóuyú le.

워 뻬이 라오빤 차오 여우위 러

▶ 炒鱿鱼는 '오징어를 볶다'라는 의미이지만 '해고당하다'라고 할 때 쓸 수 있는 표현입니다.

회화

A 我被老板炒鱿鱼了。

Wǒ bèi lǎobǎn chǎo yóuyú le.

워 뻬이 라오빤 차오 여우위 러

저 짤렸어요.

B 真的吗? 我给你加油。

Zhēnde ma? Wǒ gěi nǐ jiāyóu.

쩐더 마? 워 게이 니 지아여우

정말요? 힘내세요.

| 词汇 | 老板[lǎobǎn] 사장 炒[chǎo] 볶다 鱿鱼[yóuyú] 오징어 卷[juàn] 말다 |

관련 표현

■ 짐 싸서 나가고 싶어요?

你想卷铺盖走人吗?

Nǐ xiǎng juàn pūgai zǒu rén ma?

니 시앙 쥐엔 푸까이 쪼우 런 마

■ 저는 짐 싸서 나가려고요.

我要卷铺盖走人了。

Wǒ yào juàn pūgai zǒu rén le.

워 이야오 쥐엔 푸까이 쪼우 런 러

▶ 卷铺盖는 '침구류를 말다'라는 의미로 '해고당하다'와 상통하는 표현입니다.

저희는 맞벌이입니다
我们是双职工。
Wǒmen shì shuāngzhígōng.
워먼 스 슈앙즈꽁

▶ 맞벌이라는 말을 할 때 쓸 수 있는 표현입니다.

회화

A 你的爱人也有工作吗?
Nǐ de àiren yě yǒu gōngzuò ma?
니 더 아이런 이에 여우 꽁쭈어 마
당신의 아내도 일을 하시나요?

B 我们是双职工。
Wǒmen shì shuāngzhígōng.
워먼 스 슈앙즈꽁
저희는 맞벌이입니다.

词汇 职工[zhígōng] 직원, 노동자 爱人[àiren] 배우자

관련 표현

■ 저는 외벌이입니다.
我是单职工。
Wǒ shì dānzhígōng.
워 스 딴즈꽁

■ 저의 아내는 가정주부입니다.
我的爱人家庭主妇。
Wǒ de àiren jiātíng zhǔfù.
워 더 아이런 지아팅 주푸

▶ 외벌이, 즉 가정 내에서 한 명이 소득활동을 할 때 쓸 수 있는 표현입니다.

저는 프리랜서입니다

我是自由职业者。

Wǒ shì zìyóu zhíyèzhě.

워 스 쯔여우 즈이에저

▶ 혼자 일하는 1인 기업들이 많이 생기고 있습니다. 직역을 하면 '자유 직업인'이라는 의미를 가지는 프리랜서를 표현해봅시다.

회화

A 你的公司在哪儿?

Nǐ de gōngsī zài nǎr?

니 더 꽁쓰 짜이 날

회사가 어디예요?

B 我是自由职业者。

Wǒ shì zìyóu zhíyèzhě.

워 스 쯔여우 즈이에저

저는 프리랜서입니다.

词汇 自由[zìyóu] 자유 职业[zhíyè] 직업

관련 표현

■ 저는 아르바이트를 하고 싶습니다.

我想打工。

Wǒ xiǎng dǎgōng.

워 시앙 따꽁

■ 무슨 아르바이트하나요?

你打什么工?

Nǐ dǎ shénme gōng?

니 따 션머 꽁

▶ 打工은 '아르바이트'라는 의미를 가집니다.

이 일은 사람을 애를 먹게 합니다

这件事真让人伤脑筋。

Zhè jiàn shì zhēn ràng rén shāngnǎojīn.

쩌 지엔 스 쩐 랑 런 샹나오진

▶ 어떤 일을 함에 있어서 힘들게 한다라고 말을 할 때 쓸 수 있는 표현입니다.

회화

A 你最近怎么了？

Nǐ zuìjìn zěnme le?

니 쭈이진 쩐머 러

최근에 왜 그래요?

B 这件事真让人伤脑筋。

Zhè jiàn shì zhēn ràng rén shāngnǎojīn.

쩌 지엔 스 쩐 랑 런 샹나오진

이 일은 사람을 애를 먹게 하네요.

词汇 伤脑筋[shāngnǎojīn] 애를 먹다 精神[jīngshén] 정신

관련 표현

■ 정말 사람을 짜증나게 하네요.

真烦人。

Zhēn fánrén.

쩐 판런

■ 짜증나 죽겠어요.

烦死了。

Fán sǐ le.

판 쓸 러

▶ 사람이나 일이 몹시 귀찮게 느껴질 때 말을 할 수 있는 표현입니다.

저 슬럼프에 빠졌어요
我陷入消沉。
Wǒ xiànrù xiāochén.
워 시엔루 시아오천

▶ 슬럼프에 빠졌다고 할 때 쓸 수 있는 표현입니다.

회화

A 我陷入消沉。

Wǒ xiànrù xiāochén.
워 시엔루 시아오천
저 슬럼프에 빠졌어요.

B 你跟我说说吧, 你应该想得开。

Nǐ gēn wǒ shuōshuo ba, nǐ yīnggāi xiǎngdekāi.
니 껀 워 슈어슈어바, 니 잉까이 시앙더카이
저랑 이야기해요, 반드시 긍정적이어야 해요.

词汇   陷入[xiànrù] 빠지다   消沉[xiāochén] 풀이 죽다   克服[kèfú] 극복하다

관련 표현

■ 당신은 현재의 슬럼프를 극복해야 합니다.
你要克服目前的瓶颈。
Nǐ yào kèfú mùqián de píngjǐng.
니 이야오 커푸 무치엔더 핑징

■ 당신은 어떻게 스트레스를 해소하시나요?
你怎么缓解你的压力?
Nǐ zěnme huǎnjiě nǐ de yālì?
니 쩐머 후안지에 니더 야리

▶ 첫 번째 문장은 슬럼프에 빠진 사람에게 말할 수 있는 표현입니다. 두 번째 문장은 스트레스를 어떻게 푸는지 물어보는 표현입니다.

Part 10   비즈니스

업무 스트레스가 심해요
工作的压力真厉害。
Gōngzuò de yālì zhēn lìhai.
꽁쭈어 더 야리 쩐 리하이

▶ 스트레스가 많다고 말할 때 쓸 수 있는 표현입니다. 压力는 직역하면 '압력'인데 '스트레스'라는 의미로 쓰입니다.

회화

A 你最近脸色不太好, 有什么事吗?
Nǐ zuìjìn liǎnsè bútài hǎo, yǒu shénme shì ma?
니 쭈이진 리엔써 부타이 하오, 여우 션머 스 마
최근에 안색이 좋지 않으신데, 무슨 일 있어요?

B 工作的压力真厉害。
Gōngzuò de yālì zhēn lìhai.
꽁쭈어 더 야리 쩐 리하이
업무 스트레스가 심해요.

词汇 压力[yālì] 스트레스 脸色[liǎnsè] 안색

관련 표현

■ 일 스트레스가 많아요.
工作压力很大。
Gōngzuò yālì hěn dà.
꽁쭈어 야리 헌 따

■ 스트레스가 갈수록 심해요.
压力越来越大。
Yālì yuèláiyuè dà.
야리 위에라이위에 따

▶ 스트레스가 많다고 할 때 쓸 수 있는 표현입니다.

스트레스로 폭발하기 일보직전이에요

因为压力, 马上就要爆发了。

Yīnwèi yālì, mǎshàng jiù yào bàofā le.

인웨이 야리, 마샹 지우 이야오 빠오파 러

▶ 스트레스가 극심할 때 쓸 수 있는 표현입니다.

회화

A 因为压力, 马上就要爆发了。

Yīnwèi yālì, mǎshàng jiù yào bàofā le.

인웨이 야리, 마샹 지우 이야오 빠오파 러

스트레스로 폭발하기 일보직전이에요.

B 你需要几天的休息。

Nǐ xūyào jǐ tiān de xiūxi.

니 쉬야오 지티엔더 시우시

며칠 쉬시는 것이 좋겠어요.

词汇 爆发[bàofā] 폭발하다 休息[xiūxi] 휴식하다

관련 표현

■ 스트레스가 갈수록 심해지는데 어떻게 하면 좋을까요?

压力越来越大, 怎么办才好?

Yālì yuèláiyuè dà, zěnmebàn cái hǎo?

야리 위에라이위에 따, 전머빤 차이 하오

■ 머리가 터질 것 같은데 우리 머리 좀 식혀요.

脑子都快炸了, 我们换换脑子吧。

Nǎozi dōu kuài zhà le, wǒmen huànhuan nǎozi ba.

나오즈 또우 쿠와이 자 러, 워먼 후안후안 나오즈 바

▶ 스트레스가 심해지는데 어떻게 하면 좋을지 묻고 답하는 표현입니다.

제가 볼 때 이 일은 그만두는 것이 낫겠어요
这件事我看还是拉倒吧。
Zhè jiàn shì wǒ kàn háishi lādǎo ba.
쩌 지엔 스 워 칸 하이스 라따오 바

▶ 무슨 일을 함에 있어서 그만두는 것이 낫다고 조언을 할 때 쓸 수 있는 표현입니다.

회화

A 最近工作压力很大。
Zuìjìn gōngzuò yālì hěn dà.
쭈이진 꽁쭈어 야리 헌 따
최근에 스트레스가 많아요.

B 这件事我看还是拉倒吧。
Zhè jiàn shì wǒ kàn háishi lādǎo ba.
쩌 지엔 스 워 칸 하이스 라따오 바
제가 볼 때 이 일은 그만두는 것이 낫겠어요.

词汇 拉倒[lādǎo] 중지하다, 그만두다 信心[xìnxīn] 자신감

관련 표현

■ 시작이 있으면 끝이 있어야지, 중도에 포기하면 안 돼요.
应该有始有终, 不应该半途而废。
Yīnggāi yǒu shǐ yǒu zhōng, bù yīnggāi bàntúérfèi.
잉까이 여우 스 여우 종, 뿌 잉까이 빤투얼페이

■ 여러분이 모두 중도에 포기하지 않기를 바라고, 끝까지 견지하세요.
希望大家不要半途而废, 坚持到底。
Xīwàng dàjiā búyào bàntúérfèi, jiānchí dàodǐ.
시왕 따지아 부이야오 빤투얼페이, 지엔츠 따오띠

▶ 半途而废는 '중도에 포기하다'라는 의미를 가집니다.

시차 적응이 안 됐어요
时差还没过来。
Shíchā hái méi guòlái.
스차 하이 메이 꾸어라이

▶ 해외로 나갈 경우 시차 적응이 안 될 경우가 있습니다. 시차 적응이 안 되었다고 말하는 표현을 익혀봅시다.

회화

A 听说你昨天回国了。
Tīngshuō nǐ zuótiān huíguó le.
팅슈어 니 쭈어티엔 후이구어러
어제 귀국했다면서요.

B 时差还没过来。
Shíchā hái méi guòlái.
스차 하이 메이 꾸어라이
시차 적응이 안 됐어요.

词汇 时差[shíchā] 시차 回国[huíguó] 귀국하다 适应[shìyīng] 적응하다

관련 표현

■ 저는 이미 시차에 적응했습니다.
我已经适应了时差。
Wǒ yǐjīng shìyīngle shíchā.
워 이징 스잉러 스차

■ 시차 적응을 위해, 저는 줄곧 잤습니다.
为了适应了时差, 我一直睡觉了。
Wèile shìyīngle shíchā, wǒ yìzhí shuìjiào le.
웨이러 스잉러 스차, 워 이즈 슈이지아오 러

▶ 시차에 적응했다고 말할 때 쓸 수 있는 표현입니다.

제가 핸드폰 자동로밍 방법 알려드릴게요

我告诉你手机自动漫游方法。

Wǒ gàosu nǐ shǒujī zìdòng mànyóu fāngfǎ.

워 까우수 니 쇼우지 쯔똥 만여우 팡파

▶ 해외여행을 가게 되면 자동로밍을 하게 되는 경우가 많습니다. 그 방법을 모르는 사람에게 알려주는 표현을 배워봅시다.

회화

A 我告诉你手机自动漫游方法。

Wǒ gàosu nǐ shǒujī zìdòng mànyóu fāngfǎ.

워 까우수 니 쇼우지 쯔똥 만여우 팡파

제가 핸드폰 로밍방법을 알려드릴게요.

B 谢谢你，我是机盲。

Xièxie nǐ, wǒ shì jīmáng.

씨에시에 니, 워 스 지망

고마워요, 저는 기계치예요.

词汇　自动[zìdòng] 자동　漫游[mànyóu] 로밍하다　方法[fāngfǎ] 방법

관련 표현

■ 안에 데이터 얼마나 있어요?

里面有多少流量呢？

Lǐmiàn yǒu duōshao liúliàng ne?

리미엔 여우 뚜어샤오 리우리앙 너

■ 저는 이미 데이터를 다 사용했습니다.

我已经用光了流量。

Wǒ yǐjīng yòngguāngle liúliàng.

워 이징 용꾸왕러 리우리앙

▶ 스마트폰을 쓰면 데이터가 얼마나 남았는지에 대한 이야기를 할 때가 많이 있습니다. 데이터가 얼마 남았는지 묻고 답해봅시다.

주량이 어떻게 되세요?
你的酒量怎么样?
Nǐ de jiǔliàng zěnmeyàng?
니 더 지우리앙 쩐머이양

▶ 주량이 어떻게 되는지 물어볼 때 쓸 수 있는 표현입니다.

회화

A 你的酒量怎么样?
Nǐ de jiǔliàng zěnmeyàng?
니 더 지우리앙 쩐머이양
주량이 어떻게 되세요?

B 我的酒量不多, 一喝酒就醉了。
Wǒ de jiǔliàng bù duō, yì hējiǔ jiù zuì le.
워 더 지우리앙 뿌 뚜어, 이 흐어지우 지우 쭈이 러
주량이 많지 않고요, 술만 먹으면 바로 취해요.

词汇 酒量[jiǔliàng] 주량 醉[zuì] 취하다 脸红[liǎnhóng] 얼굴이 발개지다

관련 표현

■ 한 잔만 마셔도 바로 얼굴이 발개져요.
一杯下去就开始脸红。
Yì bēi xiàqù jiù kāishǐ liǎnhóng.
이 뻬이 시아취 지우 카이스 리엔홍

■ 저는 이미 취했습니다.
我已经高了。
Wǒ yǐjīng gāo le.
워 이징 까오 러

▶ 一⋯⋯就 용법으로 '~하자마자 ⋯하다'라는 의미로 표현을 했습니다. 高를 써서 취했다는 표현
도 해보세요.

저는 주량이 세서 술고래입니다

我的酒量很大, 我是海量。

Wǒ de jiǔliàng hěn dà, wǒ shì hǎiliàng.

워더 지우리앙 헌 따, 워 스 하이리앙

▶ '술이 세다'라고 말을 할 때 쓰는 표현입니다.

회화

A 你的酒量怎么样?

Nǐ de jiǔliàng zěnmeyàng?

니더 지우리앙 쩐머이양

주량이 어떻게 되세요?

B 我的酒量很大, 我是海量。

Wǒ de jiǔliàng hěn dà, wǒ shì hǎiliàng.

워더 지우리앙 헌 따, 워 스 하이리앙

저는 주량이 세서 술고래입니다.

词汇 海量[hǎiliàng] 술고래 糟糕[zāogāo] 엉망이 되다, 망치다

관련 표현

■ 주량이 형편없습니다.

酒量很糟糕。

Jiǔliàng hěn zāogāo.

지우리앙 헌 짜오까오

■ 주량이 형편없습니다.

酒量不行。

Jiǔliàng bù xíng.

지우리앙 뿌 싱

▶ 반대로 주량이 좋지 않다고 표현해보세요.

Day 276 제가 질문 하나 드릴게요.

我有一个问题要问你。

Wǒ yǒu yí ge wèntí yào wèn nǐ.

Day 277 어디에서 일하시나요?

你在什么地方工作?

Nǐ zài shénme dìfang gōngzuò?

Day 278 어떤 업종에서 일하시나요?

你从事什么工作?

Nǐ cóngshì shénme gōngzuò?

Day 279 지금 전화받을 수 있어요?

现在能接电话吗?

Xiànzài néng jiē diànhuà ma?

Day 280 지금 전화받기가 힘들어요.

现在不方便接电话。

Xiànzài bù fāngbiàn jiē diànhuà.

Day 281 바빠서 쉴 시간이 없어요.

忙得都没时间休息。

Máng de dōu méi shíjiān xiūxi.

Day 282 내일부터 휴가예요.

我从明天开始放假。

Wǒ cóng míngtiān kāishǐ fàngjià.

Day 283 돌아오면 전달해드릴게요.

我回来后转告他。

Wǒ huílái hòu zhuǎngào tā.

Day 284 자료 준비 다 되었나요?

资料都准备好了吗?

zīliào dōu zhǔnbèi hǎo le ma?

Day 285 원래의 계획이 앞당겨졌어요.

原来的计划提前了。

Yuánlái de jìhuà tíqián le.

Day 286 저 이번에 이직하려고 해요.

我准备跳槽。

Wǒ zhǔnbèi tiàocáo.

Day 287 요즘은 경제가 불경기입니다.

最近经济不景气。

Zuìjìn jīngjì bù jǐngqì.

Day 288 기대가 크면 실망이 큰 법이에요.

期望越高, 失望越大。

Qīwàng yuè gāo, shīwàng yuè dà.

Day 289 좋은 소식 기다릴게요.

我等你的好消息。

Wǒ děng nǐ de hǎo xiāoxi.

Day 290 최선을 다해보겠습니다.

我会尽力而为。

Wǒ huì jìnlì' érwéi.

Day 291 계속 생각했는데 아직 결정 못 했어요.

想了半天, 还是不能决定。

Xiǎngle bàntiān, háishi bùnéng juédìng.

Part 10

비즈니스

349

Day 292 그때 가서 다시 이야기해요.

到时候再说吧。

Dào shíhou zài shuō ba.

Day 293 제가 어디까지 이야기했죠?

我说到哪儿了?

Wǒ shuōdào nǎr le?

Day 294 저 짤렸어요.

我被老板炒鱿鱼了。

Wǒ bèi lǎobǎn chǎo yóuyú le.

Day 295 저희는 맞벌이입니다.

我们是双职工。

Wǒmen shì shuāng zhígōng.

Day 296 저는 프리랜서입니다.

我是自由职业者。

Wǒ shì zìyóu zhíyèzhě.

Day 297 이 일은 사람을 애를 먹게 합니다.

这件事真让人伤脑筋。

Zhè jiàn shì zhēn ràng rén shāngnǎojīn.

Day 298 저 슬럼프에 빠졌어요.

我陷入消沉。

Wǒ xiànrù xiāochén.

Day 299 업무 스트레스가 심해요.

工作的压力真厉害。

Gōngzuò de yālì zhēn lìhai.

Day 300 스트레스로 폭발하기 일보 직전이에요.

因为压力，马上就要爆发了。

Yīnwèi yālì, mǎshàng jiù yào bàofā le.

Day 301 제가 볼 때 이 일은 그만두는 것이 낫겠어요.

这件事我看还是拉倒吧。

Zhè jiàn shì wǒ kàn háishi lādǎo ba.

Day 302 시차 적응이 안 됐어요.

时差还没过来。

Shíchā hái méi guòlái.

Day 303 제가 핸드폰 자동로밍 방법 알려드릴게요.

我告诉你手机自动漫游方法。

Wǒ gàosu nǐ shǒujī zìdòng mànyóu fāngfǎ.

Day 304 주량이 어떻게 되세요?

你的酒量怎么样?

Nǐ de jiǔliàng zěnmeyàng?

Day 305 저는 주량이 세서 술고래입니다.

我的酒量很大，我是海量。

Wǒ de jiǔliàng hěn dà, wǒ shì hǎiliàng.

Part 11

제안/권유

선착순이에요
先到先得。
Xiān dào xiān dé.
시엔 따오 시엔 더

▶ 직역을 하면 '먼저 도착하면 먼저 얻는다'입니다.

회화

A 饮料怎么领的?
Yǐnliào zěnme lǐng de?
인리아오 쩐머 링 더
음료는 어떻게 받을 수 있죠?

B 先到先得。
Xiān dào xiān dé.
시엔 따오 시엔 더
선착순이에요.

> **词汇** 得[dé] 얻다 领[lǐng] 받다, 수령하다

관련 표현

■ 먼저 도착하면 먼저 앉으면 돼요.
先到先坐。
Xiān dào xiān zuò.
시엔 따오 시엔 쭈어

■ 먼저 오면 먼저 드세요.
先来先吃。
Xiān lái xiān chī.
시엔 라이 시엔 츠

> ▶ 先A先B는 'A하면 먼저 B한다'라는 의미로 선착순이라는 표현입니다.

우리 산책해요
我们散散步吧。
Wǒmen sànsànbù ba.
워먼 산산뿌 바

▶ 산책을 하자고 권유할 때 쓸 수 있는 표현입니다. 散步가 이합동사이기 때문에 散散步로 표현하였습니다.

회화

A 我已经吃饱了。
Wǒ yǐjīng chī bǎo le.
워 이징 츠 빠올 러

저 이미 배불러요.

B 我们散散步吧。
Wǒmen sànsànbù ba.
워먼 산산뿌 바

우리 산책해요.

词汇　饱[bǎo] 배부르다 散步[sànbù] 산책하다

관련 표현

■ 우리 밥 다 먹고 같이 산책해요.
我们吃完饭一起散步吧。
Wǒmen chī wán fàn yìqǐ sànbù ba.
워먼 츠 완판 이치 싼뿌 바

■ 우리 나가서 산책해요.
我们出去散散步吧。
Wǒmen chūqù sànsànbù ba.
워먼 추취 싼싼뿌 바

▶ 산책을 하자고 할 때 쓸 수 있는 표현입니다.

제가 도와드릴게요
我来帮你的忙。
Wǒ lái bāng nǐ de máng.
워 라이 빵 니 더 망

▶ 누군가를 도와준다고 말을 할 때 쓸 수 있는 표현입니다.

회화

A 我来帮你的忙。
Wǒ lái bāng nǐ de máng.
워 라이 빵 니 더 망
제가 도와드릴게요.

B 不用了, 谢谢, 我自己来吧。
Búyòng le, xièxie, wǒ zìjǐ lái ba.
부용러, 씨에시에, 워 쯔지 라이 바
괜찮아요, 고맙습니다, 제가 스스로 할게요.

词汇 帮忙[bāngmáng] 돕다 自己[zìjǐ] 스스로

관련 표현

■ 당신 일 보세요.
你去忙吧。
Nǐ qù máng ba.
니 취 망 바

■ 당신 일 보세요.
你去忙你的吧。
Nǐ qù máng nǐ de ba.
니 취 망 니 더 바

▶ '하던 일 하세요'라는 의미를 가지며, 누군가에게 도움을 받고자 갔는데 바쁜 모습을 보고 '일보세요'라는 의미로 표현할 수 있습니다.

제가 좀 볼게요
让我看看。
Ràng wǒ kànkan.
랑 워 칸칸

▶ 직역을 하면 '나로 하여금 좀 보다'라는 의미가 됩니다. 한국어로 '내가 좀 볼게'로 표현할 수 있습니다.

회화

A 我穿的衣服怎么样?
Wǒ chuān de yīfu zěnmeyàng?
워 추안더 이프 쩐머이양
제가 입은 옷 어때요?

B 让我看看。
Ràng wǒ kànkan.
랑 워 칸칸
제가 좀 볼게요.

词汇 穿[chuān] 입다 衣服[yīfu] 옷

관련 표현

■ 제가 좀 볼게요.
我来看看。
Wǒ lái kànkan.
워 라이 칸칸

■ 제 소개를 할게요.
我来介绍一下。
Wǒ lái jièshào yíxià.
워 라이 지에샤오 이시아

▶ 来는 동사 앞에 위치하여 적극적인 화자의 모습을 표현할 수 있습니다.

Part 11

제안/권유

저에게 시간을 주세요
请再给我一点时间。
Qǐng zài gěi wǒ yìdiǎn shíjiān.
칭 짜이 게이 워 이디엔 스지엔

▶ 시간이 부족하여 시간을 더 달라고 말할 때 쓸 수 있는 표현입니다.

회화

A 时间已经结束了。
Shíjiān yǐjīng jiéshù le.
스지엔 이징 지에슈 러
시간이 이미 끝났습니다.

B 请再给我一点时间。
Qǐng zài gěi wǒ yìdiǎn shíjiān.
칭 짜이 게이 워 이디엔 스지엔
저에게 시간을 주세요.

词汇 结束[jiéshù] 끝나다 考虑[kǎolǜ] 고려하다

관련 표현

■ 제가 생각할 시간을 주시겠어요?
请给我考虑的时间, 好吗?
Qǐng gěi wǒ kǎolǜ de shíjiān, hǎo ma?
칭 게이 워 카오뤼더 스지엔, 하오 마

■ 저는 약간의 시간이 필요합니다.
我需要一点的时间。
Wǒ xūyào yìdiǎn de shíjiān.
워 쉬이야오 이디엔더 스지엔

▶ 생각할 시간을 달라고 할 때 쓸 수 있는 표현입니다.

저희가 고민을 해볼게요
我们仔细考虑一下。
Wǒmen zǐxì kǎolǜ yíxià.
워먼 쯔시 카오뤼 이시아

▶ 어떤 답변에 대답을 하기 위해 시간이 필요하다고 말을 할 때 쓸 수 있는 표현입니다.

회화

A 我们仔细考虑一下。
Wǒmen zǐxì kǎolǜ yíxià.
워먼 쯔시 카오뤼 이시아
저희가 고민을 해볼게요.

B 我们等你的好消息。
Wǒmen děng nǐ de hǎo xiāoxi.
워먼 떵 니 더 하오 시아오시
저희는 좋은 소식 기다릴게요.

词汇 仔细[zǐxì] 세심하다, 꼼꼼하다 消息[xiāoxi] 소식

관련 표현

■ 스스로 고민거리를 만들지 마세요.
别再给自己找不自在了。
Bié zài gěi zìjǐ zhǎo búzìzài le.
비에 짜이 게이 쯔지 짜오 부쯔짜이 러

■ 너무 많은 고민을 하지 마세요.
你不要那么多的烦恼。
Nǐ búyào nàme duō de fánnǎo.
니 부이야오 나머 뚜어더 판나오

▶ 고민거리가 많은 사람에게 말할 수 있는 표현입니다.

이것 좀 치워주세요
请把这个撤了吧。
Qǐng bǎ zhège chè le ba.
칭 바 쩌거 철 러 바

▶ 식당에서 다 먹은 그릇을 치워달라고 할 때 쓸 수 있는 표현입니다.

회화

A 请把这个撤了吧。
Qǐng bǎ zhège chè le ba.
칭 바 쩌거 철 러 바
이것 좀 치워주세요.

B 好的, 请稍等。
Hǎo de, qǐng shāo děng.
하오더, 칭 샤오 덩
알겠습니다, 잠시만 기다리세요.

词汇 撤[chè] 없애다, 제거하다 收拾[shōushi] 정리하다, 치우다

관련 표현

■ 이것을 좀 치워주세요.
请把这儿收拾一下。
Qǐng bǎ zhèr shōushi yíxià.
칭 바 쩔 쇼우스 이시아

■ 이것들을 치워주세요.
请把这些撤一下。
Qǐng bǎ zhèxiē chè yíxià.
칭 바 쩌시에 처 이시아

▶ 무언가를 치워달라고 할 때 쓸 수 있는 또 다른 표현입니다.

추천 좀 해주세요
请推荐一下。
Qǐng tuījiàn yíxià.
칭 투이지엔 이시아

▶ 무언가를 사는 데 있어 추천을 받고자 할 때 쓸 수 있는 표현입니다.

회화

A **请推荐一下。**
Qǐng tuījiàn yíxià.
칭 투이지엔 이시아
추천 좀 해주세요.

B **您要什么样的款式?**
Nín yào shénmeyàng de kuǎnshì?
니 이야오 션머이양더 쿠완스
당신은 어떤 디자인을 원하시나요?

词汇 推荐[tuījiàn] 추천하다 款式[kuǎnshì] 디자인

관련 표현

■ 저에게 추천 좀 해주세요.
请给我推荐一下。
Qǐng gěi wǒ tuījiàn yíxià.
칭 게이 워 투이지엔 이시아

■ 추천 좀 해주세요.
请参谋一下。
Qǐng cānmóu yíxià.
칭 찬모우 이시아

▶ 추천을 해달라는 또 다른 표현입니다.

모닝콜 해주세요
请帮我提供叫早服务。
Qǐng bāng wǒ tígòng jiàozǎo fúwù.
칭 빵 워 티꽁 지아오짜오 푸우

▶ 호텔에 모닝콜을 해달라고 할 때 쓸 수 있는 표현입니다.

회화

A 请帮我提供叫早服务。
Qǐng bāng wǒ tígòng jiàozǎo fúwù.
칭 빵 워 티꽁 지아오짜오 푸우
모닝콜 해주세요.

B 没问题, 您要几点叫早?
Méi wèntí, nín yào jǐ diǎn jiàozǎo?
메이 원티, 닌 이야오 지디엔 지아오짜오
문제없습니다, 몇 시에 모닝콜 해드릴까요?

> **词汇** 叫早[jiàozǎo] 모닝콜 服务[fúwù] 서비스 叫醒[jiàoxǐng] 깨우다

관련 표현

■ 모닝콜 부탁해요.
请叫醒我。
Qǐng jiào xǐng wǒ.
칭 지아오 싱 워

■ 저는 모닝콜 서비스를 원합니다.
我想要个叫醒服务。
Wǒ xiǎng yào ge jiàoxǐng fúwù.
워 시앙 이야오 거 지아오싱 푸우

▶ 모닝콜 서비스를 원한다고 할 때 쓸 수 있는 표현입니다.

제 작은 성의니 받아주세요
这是我的心意，请收下。
Zhè shì wǒ de xīnyì, qǐng shōuxià.
쩌스 워 더 신이, 칭 쇼우시아

▶ 누군가에게 선물을 주면서 성의를 표시한다고 말할 때 쓸 수 있는 표현입니다.

회화

A 这是我的心意，请收下。
Zhè shì wǒ de xīnyì, qǐng shōuxià.
쩌스 워 더 신이, 칭 쇼우시아

제 작은 성의니 받아주세요.

B 谢谢，下次不要这样。
Xièxie, xiàcì búyào zhèyàng.
씨에시에, 시아츠 부이야오 쩌이양

고맙습니다, 다음부터 이렇게 하지 마세요.

词汇 心意[xīnyì] 마음, 성의 收下[shōuxià] 받다

관련 표현

■ 받아주세요.
请笑纳。
Qǐng xiàonà.
칭 시아오나

■ 이것은 저의 작은 성의입니다.
这是我的一点儿小意思。
Zhè shì wǒ de yìdiǎnr xiǎo yìsi.
쩌 스 워더 이디얼 시아오 이쓰

▶ 笑纳에서 纳는 '접수하다, 받아주다'라는 의미이고, 笑는 '비웃다, 웃음거리가 되다'라는 의미로, '선물이 변변치 않아 웃음거리가 되었네요'라는 의미입니다. 선물이 매우 약소함을 겸손하게 표현하는 단어입니다.

우리 기념으로 사진 찍어요
我们拍照留个纪念吧。
Wǒmen pāizhào liú ge jìniàn ba.
워먼 파이짜오 리우 거 지니엔 바

▶ 같이 사진을 찍자고 할 때 쓸 수 있는 표현입니다.

회화

A 我们拍照留个纪念吧。
Wǒmen pāizhào liú ge jìniàn ba.
워먼 파이짜오 리우 거 지니엔 바

우리 기념으로 사진 찍어요.

B 好主意, 我们用自拍杆一起拍吧。
Hǎo zhǔyì, wǒmen yòng zìpāigǎn yìqǐ pāi ba.
하오 쭈이, 워먼 용 쯔파이깐 이치 파이 바

좋은 생각이에요, 우리 셀카봉으로 같이 찍어요.

词汇 留念[liúniàn] 기념으로 남기다 合影[héyǐng] 단체사진

관련 표현

- 우리 단체사진 찍어요.
  ### 我们合影留念吧。
  Wǒmen héyǐng liúniàn ba.
  워먼 흐어잉 리우니엔 바

- 우리 단체사진 찍어요.
  ### 我们照集体照吧。
  Wǒmen zhào jítǐzhào ba.
  워먼 짜오 지티짜오 바

▶ 단체사진을 찍자고 말할 때 쓸 수 있는 표현입니다.

핸드폰 좀 꺼주세요
请关掉手机。
Qǐng guāndiào shǒujī.
칭 꾸안띠아오 쇼우지

▶ 공공장소나 강연을 할 때 핸드폰을 꺼달라고 말할 때가 있는데 그런 상황에서 쓸 수 있는 표현입니다.

회화

A 请关掉手机。
Qǐng guāndiào shǒujī.
칭 꾸안띠아오 쇼우지
핸드폰 좀 꺼주세요.

B 不好意思, 不小心把手机开着了呢。
Bùhǎoyìsi, bù xiǎoxīn bǎ shǒujī kāizhe le ne.
뿌하오이쓰, 뿌 시아오신 바 쇼우지 카이져 러 너
죄송합니다, 제가 부주의해서 핸드폰을 켜놨네요.

词汇 关掉[guāndiào] 꺼버리다 开[kāi] (전자제품을) 켜다, 열다

관련 표현

■ 지금 핸드폰을 사용할 수 없습니다.
现在不能用手机。
Xiànzài bùnéng yòng shǒujī.
시엔짜이 뿌넝 용 쇼우지

■ 핸드폰 사용 금지!
禁止使用手机!
Jìnzhǐ shǐyòng shǒujī!
진즈 스용 쇼우지

▶ 핸드폰을 사용하지 못할 때 할 수 있는 표현입니다.

핸드폰을 진동으로 바꾸세요

把你的手机调到震动。

Bǎ nǐ de shǒujī tiáodào zhèndòng.

바 니 더 쇼우지 티아오따오 쩐똥

▶ 핸드폰을 진동으로 바꾸어달라고 할 때 쓸 수 있는 표현입니다.

회화

A 把你的手机调到震动。

Bǎ nǐ de shǒujī tiáodào zhèndòng.

바 니 더 쇼우지 티아오따오 쩐똥

핸드폰을 진동으로 바꾸세요.

B 我已经调到震动了。

Wǒ yǐjīng tiáodào zhèndòng le.

워 이징 티아오따오 쩐똥 러

저는 이미 진동으로 바꿨어요.

词汇 震动[zhèndòng] 진동 静音[jìngyīn] 음소거, 매너모드

관련 표현

■ 여러분 핸드폰을 무음으로 바꿔주세요.

请大家把手机调到静音。

Qǐng dàjiā bǎ shǒujī tiáodào jìngyīn.

칭 따지아 바 쇼우지 티아오따오 징인

■ 제 핸드폰 배터리가 나갔습니다.

我手机没电了。

Wǒ shǒujī méi diàn le.

워 쇼우지 메이 띠엔 러

▶ 핸드폰 무음과 배터리 방전에 관한 표현을 익혀봅시다.

서두르지 마세요
不要着急。
Búyào zháojí.
부이야오 짜오지

▶ 서두르지 말라고 할 때 쓸 수 있는 표현입니다.

회화

A 明天有考试, 有点儿紧张。
Míngtiān yǒu kǎoshì, yǒudiǎnr jǐnzhāng.
밍티엔 여우 카오스, 여우디얼 진장

내일 시험이 있는데, 긴장이 돼요.

B 不要着急, 我给你加油。
Búyào zháojí, wǒ gěi nǐ jiāyóu.
부이야오 짜오지, 워 게이 니 지아여우

서두르지 마세요, 파이팅입니다.

词汇   着急[zháojí] 서두르다 心急[xīn jí] 조급해하다, 조바심 내다

관련 표현

■ 너무 조급해 하지 마세요.
不要太心急。
Búyào tài xīnjí.
부이야오 타이 신지

■ 서두르지 마세요.
你别忙。
Nǐ bié máng.
니 비에 망

▶ 어떤 일로 상대가 조바심 낼 때 조언할 수 있는 표현입니다.

융통성을 발휘해주세요
您就通融一下吧。
Nín jiù tōngróng yíxià ba.
닌 지우 통롱 이시아 바

▶ 어떤 일을 함에 있어서 원칙이라는 것이 있습니다. 때로는 융통성을 발휘해야 할 때가 있는데 그런 상황에서 말할 수 있는 표현입니다.

회화

A 原则上不允许进去。
Yuánzé shàng bù yǔnxǔ jìnqù.
위엔저 상 부 윈쉬 진취

원칙적으로 들어가는 것을 허가할 수 없습니다.

B 您就通融一下吧。
Nín jiù tōngróng yíxià ba.
닌 지우 통롱 이시아 바

융통성을 발휘해주세요.

词汇 通融[tōngróng] 융통성을 발휘하다 原则[yuánzé] 원칙

관련 표현

■ 융통성을 발휘해주세요.
请求您通融一下。
Qǐng qiú nín tōngróng yíxià.
칭 치우 닌 통롱 이시아

■ 융통성을 좀 발휘해줄 수 있나요?
你可不可以通融一下?
Nǐ kěbukěyǐ tōngróng yíxià?
니 커뿌커이 통롱 이시아

▶ 융통성을 발휘해달라고 할 때 쓸 수 있는 또 다른 표현입니다.

잔소리하지 마세요
别唠叨了。
Bié láodao le.
비에 라오따오 러

▶ 이것저것 잔소리하는 사람에게 말할 수 있는 표현입니다.

회화

A 感冒了吧? 让你多穿点儿, 你就是不听话。

Gǎnmào le ba? Ràng nǐ duō chuān diǎnr, nǐ jiùshì bù tīnghuà.

간마오러바? 랑 니 뚜어 추안디얼, 니 지우스 부 팅화

감기 걸렸죠? 내가 옷 많이 입으라고 했는데, 말을 안 들어요.

B 别唠叨了。

Bié láodao le.

비에 라오따오 러

잔소리하지 마세요.

词汇 感冒[gǎnmào] 감기 걸리다 唠叨[láodao] 잔소리하다

관련 표현

■ 잔소리가 끝나지 않아요.
唠叨个没完。
Láodao ge méi wán.
라오따오 거 메이 완

■ 쉬지 않고 잔소리하다.
唠叨不休。
Làodao bù xiū.
라오따오 뿌 시우

▶ 잔소리가 계속될 때 쓸 수 있는 표현입니다.

잘 생각해보세요
你好好儿想想。
Nǐ hǎohāor xiǎngxiang.
니 하오할 시앙시앙

▶ 누군가에게 잘 생각하라고 말할 때 쓸 수 있는 표현입니다.

회화

A 你好好儿想想。
Nǐ hǎohāor xiǎngxiang.
니 하오할 시앙시앙
잘 생각해보세요.

B 怎么办! 想不起来。
Zěnmebàn! Xiǎng bù qǐlái.
쩐머빤! 시앙 부 치라이
어떡하죠! 생각이 안 나요.

> **词汇** 好好儿[hǎohāor] 잘 想不起来[xiǎng bù qǐlái] 생각이 떠오르지 않다

관련 표현

■ 생각은 다 했어요?
你想好了吗?
Nǐ xiǎng hǎo le ma?
니 시앙 하오러 마

■ 생각은 다 했어요?
你考虑好了吗?
Nǐ kǎolǜ hǎo le ma?
니 카올뤼 하오러 마

▶ 어떤 일에 대한 결심이 정해졌냐고 물을 때 할 수 있는 표현입니다.

편한 곳으로 가세요
你怎么方便, 就怎么走。
Nǐ zěnme fāngbiàn, jiù zěnme zǒu.
니 쩐머 팡비엔, 지우 쩐머 쪼우

▶ 택시를 타고 국도로 가면 좋을지 고속도로로 가면 좋을지 묻는 기사에게 답해줄 수 있는 표현입니다.

회화

A 前边十字路口怎么走?

Qiánbian shízilùkǒu zěnme zǒu?
치엔비엔 스쯔루코우 쩐머 쪼우

앞쪽 사거리에서 어떻게 갈까요?

B 你怎么方便, 就怎么走。

Nǐ zěnme fāngbiàn, jiù zěnme zǒu.
니 쩐머 팡비엔, 지우 쩐머 쪼우

편한 곳으로 가세요.

词汇 前边[qiánbian] 앞쪽 十字路口[shízilùkǒu] 사거리

관련 표현

■ 어떻게 가는 것이 편한지 알아요?
你知道怎么走就方便?
Nǐ zhīdào zěnme zǒu jiù fāngbiàn?
니 즈따오 쩐머 쪼우 지우 팡비엔

■ 어떻게 가는 것이 비교적 좋은가요?
怎么走比较好?
Zěnme zǒu bǐjiào hǎo?
쩐머 쪼우 비지아오 하오

▶ 어떻게 가는 것이 좋은지 물어볼 때 쓸 수 있는 표현입니다.

지금 가도 늦지 않을 거예요
现在就去也许还来得及。
Xiànzài jiù qù yěxǔ hái láidejí.
시엔짜이 지우 취 이에쉬 하이 라이더지

▶ 来得及를 이용하여 늦지 않다는 말을 표현할 수 있습니다.

회화

A 现在去不会迟到吧。
Xiànzài qù búhuì chídào ba.
시엔짜이 취 부후이 츠따오 바

지금 가도 늦지 않겠죠.

B 现在就去也许还来得及。
Xiànzài jiù qù yěxǔ hái láidejí.
시엔짜이 지우 취 이에쉬 하이 라이더지

지금 가도 늦지 않을 거예요.

词汇 也许[yěxǔ] 어쩌면, 아마도 来得及[láidejí] 늦지 않다

관련 표현

■ 지금 가면 아마도 늦을 겁니다.
现在去恐怕来不及了。
Xiànzài qù kǒngpà láibují le.
시엔짜이 취 콩파 라이뿌지 러

■ 늦겠다, 택시 타고 가요.
来不及了, 打车去吧。
Láibují le, dǎchē qù ba.
라이뿌지 러, 따처 취 바

▶ 来不及는 '시간이 부족하여 제시간에 갈 수 없다'라는 의미를 가집니다.

이렇게 하는 것은 어떨까요?
这么着好不好?
Zhèmezhe hǎobuhǎo?
쩌머져 하오부하오

▶ 무언가를 제안할 때 쓸 수 있는 표현입니다.

회화

A 这么着好不好?
Zhèmezhe hǎobuhǎo?
쩌머져 하오부하오
이렇게 하는 것은 어떨까요?

B 好主意, 就听你的。
Hǎo zhǔyì, jiù tīng nǐ de.
하오 쭈이, 지우 팅 니 더
좋은 생각입니다. 당신 말 들을게요.

词汇 这么着[zhèmezhe] 이렇게 하면 这样[zhèyàng] 이렇게

관련 표현

■ 이렇게 하는 것은 어때요?
这样做怎么样?
Zhèyàng zuò zěnmeyàng?
쩌이양 쭈어 쩐머이양

■ 이렇게 하는 것 어때요?
这么做怎么样?
Zhème zuò zěnmeyàng?
쩌머 쭈어 쩐머이양

▶ 무언가를 함에 있어서 의견을 물어볼 때 쓸 수 있는 표현입니다.

집에 가서 쉬시는 것이 좋겠네요

你还是回家好好儿休息吧。

Nǐ háishi huíjiā hǎohāor xiūxi ba.

니 하이스 후이지아 하오할 시우시 바

▶ 누군가 몸이 좋지 않아 보일 때 쓸 수 있는 표현입니다.

회화

A 我有点儿头疼。

Wǒ yǒudiǎnr tóuténg.

워 여우디얼 토우텅

머리가 좀 아프네요.

B 你还是回家好好儿休息吧。

Nǐ háishi huíjiā hǎohāor xiūxi ba.

니 하이스 후이지아 하오할 시우시 바

집에 가서 쉬시는 게 좋겠네요.

词汇 头疼[tóuténg] 두통 赶紧[gǎnjǐn] 서둘러, 재빨리

관련 표현

■ 빨리 가서 주무세요.

你赶紧回去睡吧。

Nǐ gǎnjǐn huíqù shuì ba.

니 간진 후이취 슈이 바

■ 어디가 불편하세요?

你哪儿不舒服?

Nǐ nǎr bù shūfu?

니 날 뿌 슈프

▶ 피곤하거나 몸이 안 좋은 사람에게 쓸 수 있는 표현입니다.

다음에 또 기회가 있잖아요

下次还有机会。

Xiàcì háiyǒu jīhuì.
시아츠 하이여우 지후이

▶ 누군가 실패를 하거나 낙담을 하고 있을 때 쓸 수 있는 표현입니다.

회화

A 这次考试考砸了。

Zhècì kǎoshì kǎo zá le.
쩌츠 카오스 카오 자 러

이번 시험 망쳤어요.

B 下次还有机会。

Xiàcì háiyǒu jīhuì.
시아츠 하이여우 지후이

다음에 또 기회가 있잖아요.

词汇 机会[jīhuì] 기회 考试[kǎoshì] 시험 总是[zǒngshì] 늘, 항상

관련 표현

■ 그는 항상 저의 편입니다.

他总是站在我这边。

Tā zǒngshì zhànzài wǒ zhèbian.
타 쭝스 짠짜이 워 쩌비엔

■ 저는 당신을 100% 지지해요.

我一定是百分之百支持你的。

Wǒ yídìng shì bǎi fēn zhī bǎi zhīchí nǐ de.
워 이띵 스 빠이 펀 즈 빠이 즈츠 니 더

▶ 누군가가 나를 위해 항상 내 편에서 지지할 때 쓸 수 있는 표현입니다.

Part 11

제안/권유

지난 일은 이제 잊으세요
已经过去的事情让它过去吧。
Yǐjīng guòqù de shìqíng ràng tā guòqù ba.
이징 꾸어취 더 스칭 랑 타 꾸어취 바

▶ 지난 일에 힘들어하는 사람에게 쓸 수 있는 표현입니다.

회화

A 已经过去的事情让它过去吧。
Yǐjīng guòqù de shìqíng ràng tā guòqù ba.
이징 꾸어취 더 스칭 랑 타 꾸어취 바

지난 일은 이제 잊으세요.

B 我舒服了点儿。
Wǒ shūfu le diǎnr.
워 슈프 러 디얼

좀 편해지네요.

词汇 过去[guòqù] 지나가다 事情[shìqíng] 일

관련 표현

■ 제 생각에는 가장 중요한 것이 지금입니다.
我觉得最重要的是现在。
Wǒ juéde zuì zhòngyào de shì xiànzài.
워 쥐에더 쭈이 쭝야오 더 스 시엔짜이

■ 시작이 반이다.
好的开始是成功的一半。
Hǎo de kāishǐ shì chénggōng de yí bàn.
하오더 카이스 스 청꽁더 이빤

▶ 첫 번째 문장은 과거에 얽매이는 것보다는 지금이 중요하다고 말할 때 쓸 수 있는 표현입니다.
두 번째 문장은 무슨 일이든 시작을 하면 반을 한 것이라고 말할 때 쓸 수 있는 표현입니다.

다음부터 이러지 마세요

下次不要这样。

Xiàcì búyào zhèyàng.
시아츠 부이야오 쩌이양

▶ 누군가에게 호의를 받았을 때 혹은 같은 행동을 하지 말라고 지적할 때 쓸 수 있는 표현입니다.

회화

A 我准备了你的生日礼物。

Wǒ zhǔnbèile nǐ de shēngrì lǐwù.
워 준뻬이러 니더 셩르 리우

당신의 생일 선물을 준비했어요.

B 谢谢，下次不要这样。

Xièxie, xiàcì búyào zhèyàng.
씨에시에, 시아츠 부이야오 쩌이양

고마워요, 다음부터 이러지 마세요.

> **词汇** 准备[zhǔnbèi] 준비하다 礼物[lǐwù] 선물

관련 표현

■ 다음에는 이렇게 하시면 안 돼요.

下次不应该这样。

Xiàcì bù yīnggāi zhèyàng.
시아츠 뿌 잉까이 쩌이양

■ 이후에는 다시 그러지 마세요.

以后再不要。

Yǐhòu zài búyào.
이호우 짜이 부이야오

▶ 다음에는 그러면 안 된다고 말할 때 쓸 수 있는 표현입니다.

제11권

만약에 제가 잊어버리면 다시 알려주세요

要是我忘了, 你提醒我一声儿吧。

Yàoshì wǒ wàng le, nǐ tíxǐng wǒ yìshēngr ba.

이야오스 워 왕 러, 니 티싱 워 이셜 바

▶ 누군가에게 알려달라고 할 때 쓸 수 있는 표현입니다.

회화

A 要是我忘了, 你提醒我一声儿吧。

Yàoshì wǒ wàng le, nǐ tíxǐng wǒ yìshēngr ba.

이야오스 워 왕 러, 니 티싱 워 이셜 바

만약에 제가 잊어버리면 다시 알려주세요.

B 我会提醒你的。

Wǒ huì tíxǐng nǐ de.

워 후이 티싱 니 더

제가 알려드릴게요.

> **词汇** 要是[yàoshì] 만약에 忘[wàng] 잊다 提醒[tíxǐng] 일깨워주다

관련 표현

■ 저는 단지 스스로를 일깨워주고 싶었어요.

我只是想提醒自己。

Wǒ zhǐshì xiǎng tíxǐng zìjǐ.

워 즈스 시앙 티싱 쯔지

■ 반드시 그에게 말할 때 장소를 주의해야 한다고 알려줘야 한다.

必须提醒他, 说话要注意场合。

Bìxū tíxǐng tā, shuōhuà yào zhùyì chǎnghé.

삐쉬 티싱 타, 슈어화 이야오 쭈이 창흐어

▶ 提醒이라는 어휘를 이용하여 쓸 수 있는 다른 표현입니다.

할 말이 있으면 말하세요
有话请说。
Yǒu huà qǐng shuō.
여우 화 칭 슈어

▶ 할 말이 있으면 말을 하라는 표현입니다.

회화

A 有话请说。
Yǒu huà qǐng shuō.
여우 화 칭 슈어
할 말이 있으면 말하세요.

B 我们做个朋友吧。
Wǒmen zuò ge péngyou ba.
워먼 쭈어 거 펑여우 바
우리 사귀어요.

词汇 朋友[péngyou] 친구 拐弯抹角[guǎiwānmòjiǎo] 말을 빙빙 돌리다

관련 표현

■ 말을 빙빙 돌리지 마세요.
不要拐弯抹角的。
Búyào guǎiwānmòjiǎo de.
부이야오 꾸와이완모지아오 더

■ 빙빙 돌리지 말고, 바로 말해요.
你不要兜圈子, 直接说吧。
Nǐ búyào dōuquānzi, zhíjiē shuō ba.
니 부이야오 또우취엔즈, 즈지에 슈어 바

▶ 말을 빙빙 돌리면서 할 때 쓸 수 있는 표현입니다.

할 말이 있으면 크게 말하세요
有什么话你大点声说。
Yǒu shénme huà nǐ dà diǎn shēng shuō.
여우 션머 화 니 따 디엔 성 슈어

▶ 말하는 것이 잘 들리지 않을 때 쓸 수 있는 표현입니다.

회화

A 有什么话你大点声说。
Yǒu shénme huà nǐ dà diǎn shēng shuō.
여우 션머 화 니 따 디엔 성 슈어
할 말이 있으면 크게 말하세요.

B 我说了很多次。
Wǒ shuōle hěn duō cì.
워 슈어러 헌 뚜어츠
여러 번 말했는데요.

词汇 | 声[shēng] 소리 一点[yìdiǎn] 좀, 약간

관련 표현

■ 소리 좀 낮춰주시겠어요?
请小点声, 好吗?
Qǐng xiǎo diǎn shēng, hǎo ma?
칭 시아오 디엔 성, 하오 마

■ 음량을 좀 줄여주세요.
把音量调小一点。
Bǎ yīnliàng tiáo xiǎo yìdiǎn.
바 인리앙 티아오 시아오 이디엔

▶ 소리를 줄여달라고 할 때 쓸 수 있는 표현입니다.

힘든 일 있으면 편하게 말하세요
你有什么困难尽管说。
Nǐ yǒu shénme kùnnán jǐnguǎn shuō.
니 여우 션머 쿤난 진구안 슈어

▶ 누군가가 힘들어할 때 상대에게 쓸 수 있는 표현입니다.

회화

A 我真的不知道怎么做。
Wǒ zhēnde bù zhīdào zěnme zuò.
워 쩐더 뿌 즈따오 쩐머 쭈어

저는 정말 어떻게 해야 할지 모르겠습니다.

B 你有什么困难尽管说。
Nǐ yǒu shénme kùnnán jǐnguǎn shuō.
니 여우 션머 쿤난 진구안 슈어

힘든 일이 있으면 편하게 말하세요.

词汇 困难[kùnnán] 곤란, 어려움 尽管[jǐnguǎn] 얼마든지

관련 표현

■ 편하게 말하세요.
你随便说。
Nǐ suíbiàn shuō.
니 수이비엔 슈어

■ 편히 말하세요.
请尽管说。
Qǐng jǐnguǎn shuō.
칭 진구안 슈어

▶ 편하게, 마음대로 말하라고 할 때 쓸 수 있는 표현입니다.

할 말 있으면 맘속에 담아두지 말고 말하세요
有话就说，别藏在心里。
Yǒu huà jiù shuō, bié cángzài xīnli.
여우 화 지우 슈어, 비에 창짜이 신리

▶ 맘속에 있는 것을 편하게 말하라고 할 때 쓸 수 있는 표현입니다.

회화

A 我要跟你说...算了吧。
Wǒ yào gēn nǐ shuō.... suànle ba.
워 이야오 껀니 슈어... 수안러 바
제가 할 말이 있는데요... 됐어요.

B 有话就说，别藏在心里。
Yǒu huà jiù shuō, bié cángzài xīnli.
여우 화 지우 슈어, 비에 창짜이 신리
할 말 있으면 맘속에 담아두지말고 말하세요.

词汇   藏[cáng] 숨기다 直说[zhíshuō] 솔직히 말하다

관련 표현

■ 할 말이 있으면 솔직히 말해요.
有话就直说吧。
Yǒu huà jiù zhí shuō ba.
여우 화 지우 즈슈어 바

■ 주저 말고 언제든 편하게 말씀하세요.
别犹豫，尽管说。
Bié yóuyù, jǐnguǎn shuō.
비에 여우위, 진구안 슈어

▶ 솔직히 혹은 편하게 말하라고 할 때 쓸 수 있는 표현입니다.

의견이 있으면 앞에서 말하지 뒤에서 말하지 마세요

有意见当面提, 别在背后说闲话。

Yǒu yìjiàn dāngmiàn tí, bié zài bèihòu shuō xiánhuà.

여우 이지엔 땅미엔 티, 비에 짜이 뻬이호우 슈어 시엔화

▶ 누군가가 뒷담화를 할 때 앞에서 당당하게 말하라고 하는 표현입니다.

회화

A 有意见当面提, 别在背后说闲话。

Yǒu yìjiàn dāngmiàn tí, bié zài bèihòu shuō xiánhuà.

여우 이지엔 땅미엔 티, 비에 짜이 뻬이호우 슈어 시엔화

의견이 있으면 앞에서 말하지 뒤에서 말하지 마세요.

B 下次注意点儿。

Xiàcì zhùyì diǎnr.

시아츠 쭈이 디얼

다음부터 주의할게요.

词汇   背后[bèihòu] 뒤쪽, 배후 闲话[xiánhuà] 험담, 뒷담화

관련 표현

■ 말할 때 조심하세요.

你说话小心点儿。

Nǐ shuōhuà xiǎoxīn diǎnr.

니 슈어화 시아오신 디얼

■ 말조심하세요.

嘴巴干净点儿。

Zuǐbā gānjìng diǎnr.

쭈이빠 깐징 디얼

▶ 말조심하라고 할 때 쓸 수 있는 표현입니다.

Day 306 선착순이에요.
先到先得。
Xiān dào xiān dé.

Day 307 우리 산책해요.
我们散散步吧。
Wǒmen sànsànbù ba.

Day 308 제가 도와드릴게요.
我来帮你的忙。
Wǒ lái bāng nǐ de máng.

Day 309 제가 좀 볼게요.
让我看看。
Ràng wǒ kànkan.

Day 310 저에게 시간을 주세요.
请再给我一点时间。
Qǐng zài gěi wǒ yìdiǎn shíjiān.

Day 311 저희가 고민을 해볼게요.
我们仔细考虑一下。
Wǒmen zǐxì kǎolǜ yíxià.

Day 312 이것 좀 치워주세요.
请把这个撤了吧。
Qǐng bǎ zhège chè le ba.

Day 313 추천 좀 해주세요.
请推荐一下。
Qǐng tuījiàn yíxià.

Day 314 모닝콜 해주세요.
请帮我提供叫早服务。
Qǐng bāng wǒ tígòng jiàozǎo fúwù.

Day 315 제 작은 성의니 받아주세요.
这是我的心意，请收下。
Zhè shì wǒ de xīnyì, qǐng shōuxià.

Day 316 우리 기념으로 사진 찍어요.
我们拍留个纪念吧。
Wǒmen pāi liú ge jìniàn ba.

Day 317 핸드폰 좀 꺼주세요.
请关掉手机。
Qǐng guāndiào shǒujī.

Day 318 핸드폰을 진동으로 바꾸세요.
把你的手机调到震动。
Bǎ nǐ de shǒujī tiáodào zhèndòng.

Day 319 서두르지 마세요.
不要着急。
Búyào zháojí.

Day 320 융통성을 발휘해주세요.
您就通融一下吧。
Nín jiù tōngróng yíxià ba.

Day 321 잔소리하지 마세요.
别唠叨了。
Bié láodao le.

Day 322 잘 생각해보세요.

你好好儿想想。

Nǐ hǎohāor xiǎngxiang.

Day 323 편한 곳으로 가세요.

你怎么方便, 就怎么走。

Nǐ zěnme fāngbiàn, jiù zěnme zǒu.

Day 324 지금 가도 늦지 않을 거예요.

现在就去也许还来得及。

Xiànzài jiù qù yěxǔ hái láidejí.

Day 325 이렇게 하는 것은 어떨까요?

这么着好不好?

Zhèmezhe hǎobuhǎo?

Day 326 집에 가서 쉬시는 것이 좋겠네요.

你还是回家好好儿休息吧。

Nǐ háishi huíjiā hǎohāor xiūxi ba.

Day 327 다음에 또 기회가 있잖아요.

下次还有机会。

Xiàcì háiyǒu jīhuì.

Day 328 지난 일은 이제 잊으세요.

已经过去的事情让它过去吧。

Yǐjīng guòqù de shìqíng ràng tā guòqù ba.

Day 329 다음부터 이러지 마세요.

下次不要这样。

Xiàcì búyào zhèyàng.

Day 330 만약에 제가 잊어버리면 다시 알려주세요.

要是我忘了, 你提醒我一声儿吧。

Yàoshì wǒ wàng le, nǐ tíxǐng wǒ yìshēngr ba.

Day 331 할 말이 있으면 말하세요.

有话请说。

Yǒu huà qǐng shuō.

Day 332 할 말이 있으면 크게 말하세요.

有什么话你大点声说。

Yǒu shénme huà nǐ dà diǎn shēng shuō.

Day 333 힘든 일 있으면 편하게 말하세요.

你有什么困难尽管说。

Nǐ yǒu shénme kùnnán jǐnguǎn shuō.

Day 334 할 말 있으면 맘속에 담아두지 말고 말하세요.

有话就说, 别藏在心里。

Yǒu huà jiù shuō, bié cángzài xīnli.

Day 335 의견이 있으면 앞에서 말하지 뒤에서 말하지 마세요.

有意见当面提, 别在背后说闲话。

Yǒu yìjiàn dāngmiàn tí, bié zài bèihòu shuō xiánhuà.

Part 12

의견

의견 있으세요?

有意见吗?

Yǒu yìjiàn ma?

여우 이지엔마

▶ 의견이 있는지 물을 때 쓸 수 있는 표현입니다.

회화

A 有意见吗?

Yǒu yìjiàn ma?

여우 이지엔마

의견 있으세요?

B 目前没有意见。

Mùqián méiyou yìjiàn.

무치엔 메이여우 이지엔

현재 의견이 없어요.

> **词汇** 意见[yìjiàn] 의견 目前[mùqián] 현재 双方[shuāngfāng] 쌍방

관련 표현

■ 먼저 상대방의 의견을 들어보고 다시 결정할게요.

先听双方的意见再做决定。

Xiān tīng shuāngfāng de yìjiàn zài zuò juédìng.

시엔 팅 슈앙팡 더 이지엔 짜이 쭈어 쥐에띵

■ 제가 먼저 당신의 의견을 들어보고 난 후에 다시 결정할게요.

我先听你的意见, 然后再决定。

Wǒ xiān tīng nǐ de yìjiàn, ránhòu zài juédìng.

워 시엔 팅 니 더 이지엔, 란호우 짜이 쥐에띵

▶ 서로의 의견을 들어보고 다시 결정하자고 말을 할 때 쓸 수 있는 표현입니다.

Part 12

의견

좋은 생각인데요
好主意。
Hǎo zhǔyì.
하오 쭈이

▶ 누군가가 어떤 것에 대해 제안을 했을 때 답할 수 있는 표현으로 영어의 Good idea 라는 의미를 가집니다.

회화

A 我们今天晚上一起吃饭吧。
Wǒmen jīntiān wǎnshang yìqǐ chīfàn ba.
워먼 진티엔 완샹 이치 츠판 바

우리 오늘 저녁에 같이 밥 먹어요.

B 好主意。
Hǎo zhǔyì.
하오 쭈이

좋은 생각인데요.

词汇 吃饭[chīfàn] 밥 먹다 主意[zhǔyì] 생각

관련 표현

■ 마음대로 하세요.
随你的便。
Suí nǐ de biàn.
슈이 니 더 비엔

■ 저는 무엇이든 가능하고, 당신이 마음대로 하세요.
我什么都可以, 你随便吧。
Wǒ shénme dōu kěyǐ, nǐ suíbiàn ba.
워 션머 또우 커이, 니 슈이비엔 바

▶ 상대방이 무엇에 대해 선택을 요구할 때 쓸 수 있는 표현입니다.

저는 당신의 의견에 동의합니다
我同意您的意见。
Wǒ tóngyì nín de yìjiàn.
워 통이 닌 더 이지엔

▶ 누군가의 의견에 동의할 때 쓸 수 있는 표현입니다.

회화

A 您同意我的意见吗?
Nín tóngyì wǒ de yìjiàn ma?
닌 통이 워 더 이지엔 마
제 의견에 동의하시나요?

B 我同意您的意见。
Wǒ tóngyì nín de yìjiàn.
워 통이 닌 더 이지엔
당신의 의견에 동의합니다.

词汇 同意[tóngyì] 동의하다 反对[fǎnduì] 반대하다

관련 표현

■ 저는 당신의 의견에 반대합니다.
我反对你的意见。
Wǒ fǎnduì nǐ de yìjiàn.
워 판뚜이 니 더 이지엔

■ 저는 당신의 의견에 동의하지 않습니다.
我不同意你的意见。
Wǒ bù tóngyì nǐ de yìjiàn.
워 뿌 통이 니 더 이지엔

▶ 누군가의 의견에 반대할 때 쓸 수 있는 표현입니다.

Part 12

의견

생각보다 좋은데요
比想象的好。
Bǐ xiǎngxiàng de hǎo.
비 시양시양 더 하오

▶ 比 용법을 써서 비교 표현을 할 수 있습니다.

회화

A 我买的东西怎么样?
Wǒ mǎi de dōngxi zěnmeyàng?
워 마이 더 똥시 쩐머이양
제가 산 물건 어때요?

B 比想象的好。
Bǐ xiǎngxiàng de hǎo.
비 시양시양 더 하오
생각보다 좋은데요.

词汇 东西[dōngxi] 물건 想象[xiǎngxiàng] 상상 深[shēn] 깊다

관련 표현

■ 저는 당신보다 더 좋은 사람을 찾았습니다.
我找到比你更好的人。
Wǒ zhǎodào bǐ nǐ gèng hǎo de rén.
워 짜오따오 비 니 껑 하오 더 런

■ 당신에 대한 나의 감정은 당신이 상상하는 것보다 더 깊습니다.
我对你的感情, 比你想象的还要深。
Wǒ duì nǐ de gǎnqíng, bǐ nǐ xiǎngxiàng de hái yào shēn.
워 뚜이 니더 간칭, 비니 시양시양 더 하이 이야오 션

▶ 비교용법을 이용하여 쓸 수 있는 표현입니다.

저는 무엇이든 괜찮아요
我什么都可以。
Wǒ shénme dōu kěyǐ.
워 션머 또우 커이

▶ 상대가 나에게 의견을 물어볼 때 무엇이든 괜찮다고 말할 때 쓸 수 있는 표현입니다.

회화

A 你想吃什么?
Nǐ xiǎng chī shénme?
니 시앙 츠 션머
먹고 싶은 것 있어요?

B 我什么都可以。
Wǒ shénme dōu kěyǐ.
워 션머 또우 커이
저는 무엇이든 괜찮아요.

词汇 想[xiǎng] ~하고 싶다 吃[chī] 먹다

관련 표현

■ 먹고 싶은 것이 있으면 그것을 먹어요.
你想吃什么就吃什么。
Nǐ xiǎng chī shénme jiù chī shénme.
니 시앙츠 션머 지우 츠 션머

■ 보고 싶은 것이 있으면 그것을 보세요.
你想看什么就看什么。
Nǐ xiǎng kàn shénme jiù kàn shénme.
니 시앙 칸 션머 지우 칸 션머

▶ [想 + 동사 + 什么就 + 동사 + 什么]의 용법으로 '~(동사)하고 싶으면 바로 ~동사하다'라는
의미를 가집니다.

그냥 그래요
一般般。
Yìbānbān.
이빤빤

▶ 누군가가 상태나 상황에 대해 물어볼 때 좋지도 나쁘지도 않다고 말할 때 쓸 수 있는 표현입니다.

회화

A 你最近心情怎么样?
Nǐ zuìjìn xīnqíng zěnmeyàng?
니 쮀이진 신칭 쩐머이양
요즘 기분 어떠세요?

B 一般般。
Yìbānbān.
이빤빤
그냥 그래요.

词汇 心情[xīnqíng] 기분 行[xíng] 좋다

관련 표현

■ 그럭저럭이요
还可以。
Hái kěyǐ.
하이 커이

■ 그런대로 괜찮아요
还行。
Hái xíng.
하이 싱

▶ 좋지도 나쁘지도 않은 그냥 그렇다는 의미를 말할 때 쓸 수 있는 표현입니다.

성의표시면 됐어요!

意思意思就行了嘛!

Yìsi yìsi jiù xíng le ma!

이쓰 이쓰 지우 싱 러 마

▶ 意思는 '의미, 생각'이라는 의미를 가지며, 意思意思와 같이 반복하면 '성의표시'라
는 의미를 가집니다.

회화

A 今天是你的生日， 这是我给你的礼物。

Jīntiān shì nǐ de shēngrì, zhè shì wǒ gěi nǐ de lǐwù.

진티엔 스 니 더 셩르, 쩌 스 워 게이니 더 리우

오늘은 당신의 생일이네요, 이것은 제가 드리는 선물입니다.

B 意思意思就行了嘛!

Yìsi yìsi jiù xíng le ma!

이쓰 이쓰 지우 싱 러 마

성의표시면 됐어요!

词汇　生日[shēngrì] 생일　意思[yìsi] 의미, 생각　礼物[lǐwù] 선물

관련 표현

■ 이것은 저의 성의입니다.

这是我的意思。

Zhè shì wǒ de yìsi.

쩌 스 워 더 이쓰

■ 이것은 저의 작은 성의입니다.

这是我的小心意。

Zhè shì wǒ de xiǎo xīnyì.

쩌 스 워 더 시아오 신이

▶ 누군가에게 호의를 베풀고 겸손하게 말할 수 있는 표현입니다.

Part 12

의견

이곳의 서비스가 형편없어요
这里的服务太差了。
Zhèli de fúwù tài chà le.
쩌리 더 푸우 타이 차 러

▶ 어느 곳의 서비스가 좋지 않을 때 말할 수 있는 표현입니다.

회화

A 这里的服务太差了。

Zhèli de fúwù tài chà le.
쩌리 더 푸우 타이 차 러

이곳의 서비스가 형편없어요.

B 我也这么想, 我们还是换别的地方吧。

Wǒ yě zhème xiǎng, wǒmen háishi huàn biéde dìfang ba.
워 이에 저머 시앙, 워먼 하이스 후안 비에더 띠팡 바

저도 그렇게 생각해요, 아무래도 다른 곳으로 옮기는 게 좋겠어요.

词汇 还是[háishi] ~하는 편이 좋다 换[huàn] 바꾸다

관련 표현

■ 호텔에 있는 시간 동안, 불편하신 거 있었나요?

在我们饭店期间, 有没有感到不舒服?

Zài wǒmen fàndiàn qījiān, yǒumeiyǒu gǎndào bù shūfu?
짜이 워먼 판디엔 치지엔, 여우메이여우 간따오 뿌 슈푸

■ 서비스에 매우 만족해요.

你们的服务都挺满意的。

Nǐmen de fúwù dōu tǐng mǎnyì de.
니먼더 푸우 또우 팅 만이더

▶ 호텔에 묵고 난 후 지배인이 서비스가 어떤지 묻고 답할 수 있는 표현입니다.

중국어는 어렵지만 재미있어요
学汉语有点儿难, 可是很有意思。
Xué Hànyǔ yǒudiǎnr nán, kěshì hěn yǒu yìsi.
쉐에 한위 여우디얼 난, 커스 헌 여우 이쓰

▶ 중국어에 대해 물어볼 때 답할 수 있는 표현입니다.

회화

A 你觉得学汉语怎么样?

Nǐ juéde xué Hànyǔ zěnmeyàng?
니 쥐에더 쉐에 한위 쩐머이양

중국어 배우는 거 어떻다고 생각해요?

B 学汉语有点儿难, 可是很有意思。

Xué Hànyǔ yǒudiǎnr nán, kěshì hěn yǒu yìsi.
쉐에 한위 여우디얼 난, 커스 헌 여우 이쓰

중국어는 어렵지만 재미있어요.

词汇 声调[shēngdiào] 성조 发音[fāyīn] 발음

관련 표현

■ 특히 성조와 발음이 어렵습니다.
特别是声调和发音很难。
Tèbié shì shēngdiào hé fāyīn hěn nán.
트어비에 스 셩띠아오 흐어 파인 헌 난

■ 특히 발음과 성조를 읽을 때 주의를 해야 합니다.
特别读发音和声调的时候, 要注意点儿。
Tèbié dú fāyīn hé shēngdiào de shíhou, yào zhùyì diǎnr.
트어비에 뚜 파인 흐어 셩띠아오더 스호우, 이야오 쭈이 디얼

▶ 중국어를 배울 때의 어려움과 중국어를 배울 때 주의할 것들을 말할 때 쓸 수 있는 표현입니다.

Part 12

의견

감기에 걸리지 않게 옷 단단히 입어요
多穿点儿，别感冒了。
Duō chuān diǎnr, bié gǎnmào le.
뚜어 추안 디얼, 비에 간마오 러

▶ 날씨가 추워졌을 때 건넬 수 있는 표현입니다.

회화

A 多穿点儿，别感冒了。
Duō chuān diǎnr, bié gǎnmào le.
뚜어 추안 디얼, 비에 간마오 러
감기에 걸리지 않게 옷 단단히 입어요.

B 好的，我多穿点儿。
Hǎo de, wǒ duō chuān diǎnr.
하오더, 워 뚜어 추안 디얼
알겠어요, 단단히 입을게요.

词汇	感冒[gǎnmào] 감기에 걸리다 穿[chuān] 입다

관련 표현

■ 감기 조심하세요.
你小心感冒。
Nǐ xiǎoxīn gǎnmào.
니 시아오신 간마오

■ 아이가 감기에 전염되지 않게 조심하세요.
小心别让孩子传染上感冒。
Xiǎoxīn bié ràng háizi chuánrǎn shàng gǎnmào.
시아오신 비에 랑 하이즈 추안란 상 간마오

▶ 감기 조심하라고 할 때 쓸 수 있는 표현입니다.

제가 할 말이 있는데요
我有些话要跟你说。
Wǒ yǒuxiē huà yào gēn nǐ shuō.
워 여우시에 화 이야오 껀 니 슈어

▶ 누군가에게 할 말이 있을 때 말할 수 있는 표현입니다.

회화

A 我有些话要跟你说。

Wǒ yǒuxiē huà yào gēn nǐ shuō.
워 여우시에 화 이야오 껀 니 슈어

제가 할 말이 있는데요.

B 有什么事吗? 你随便说吧。

Yǒu shénme shì ma? Nǐ suíbiàn shuō ba.
여우 션머 스 마? 니 수이비엔 바

무슨 일 있어요? 편하게 말하세요.

词汇 有些[yǒuxiē] 약간, 좀 随便[suíbiàn] 마음대로, 편하게

관련 표현

■ 당신하고 이야기 좀 하고 싶습니다.
我要跟你说说。
Wǒ yào gēn nǐ shuōshuo.
워 이야오 껀 니 슈어슈어

■ 저는 당신과 이야기를 하고 싶어요.
我有话想跟你说。
Wǒ yǒu huà xiǎng gēn nǐ shuō.
워 여우 화 시앙 껀 니 슈어

▶ 누군가와 할 말이 있을 때 쓸 수 있는 또 다른 표현입니다.

다른 의미는 없어요
没有别的意思。
Méiyou biéde yìsi.
메이여우 비에더 이쓰

▶ 상대방이 어떤 말에 대해 오해를 할 때 말할 수 있는 표현입니다.

회화

A 你什么意思? 说得就好像你欠我什么的。
Nǐ shénme yìsi? Shuō de jiù hǎoxiàng nǐ qiàn wǒ shénme de.
니 쩌거 션머 이쓰? 슈어 더 지우 하오 시앙 니 치엔 워 션머 더

무슨 의미죠? 그리 말하면 당신이 마치 저에게 빚진 것 같잖아요.

B 没有别的意思。
Méiyou biéde yìsi.
메이여우 비에더 이쓰

다른 의미는 없어요.

词汇 好像[hǎoxiàng] 마치 ~인 것 같다 欠[qiàn] 빚지다 故意[gùyì] 고의

관련 표현

■ 제 고의가 아닙니다.
我不是故意的。
Wǒ búshì gùyì de.
워 부스 꾸이 더

■ 저는 결코 고의로 이렇게 한 것이 아닙니다.
我并不是故意这样的。
Wǒ bìng búshì gùyì zhèyàng de.
워 삥 부스 꾸이 쩌이양 더

▶ 상대방이 나에 대한 의도에 대해 고의라고 생각할 때 아니라고 말하는 표현입니다.

이것은 얻기 어려운 기회입니다
这是一个难得的机会。
Zhè shì yí ge nándé de jīhuì.
쩌 스 이 거 난더 더 지후이

▶ 살아가면서 많은 기회가 주어지게 되는데 놓치기 어려운 기회가 올 때가 있습니다.
그럴 때 쓸 수 있는 표현입니다.

회화

A 他们想挖走我。
Tāmen xiǎng wāzǒu wǒ.
타먼 시앙 와쪼우 워
저 스카우트 됐어요.

B 这是一个难得的机会。
Zhè shì yí ge nándé de jīhuì.
쩌 스 이 거 난더 더 지후이
이것은 얻기 어려운 기회입니다.

词汇 挖走[wāzǒu] 사람을 빼내다 猎头[lìètóu] 헤드헌터

관련 표현

■ 저 스카우트 됐어요.
我被挖走了。
Wǒ bèi wāzǒu le.
워 뻬이 와쪼울 러

■ 저 헤드헌터에게 스카우트 됐어요.
我被猎头挖走了。
Wǒ bèi lìètóu wāzǒu le.
워 뻬이 리에또우 와쪼울 러

▶ 구직자와 구인자를 연결해주는 곳이 헤드헌터 회사입니다. 헤드헌터사를 통해 스카우트되었다
는 것을 말할 때 쓸 수 있는 표현을 익혀봅시다.

Part 12

의견

입장 바꿔서 생각해보세요

这件事你掉过来想一想。

Zhè jiàn shì nǐ diào guòlái xiǎngyixiǎng.

쩌 지엔 스 니 띠아오 꾸어라이 시앙이시앙

▶ 서로 의견이 대립할 때 입장을 바꾸어 생각하라고 할 때 쓸 수 있는 표현입니다.

회화

A 不能改变我的主张。

Bùnéng gǎibiàn wǒ de zhǔzhāng.

뿌넝 까이비엔 워더 쥬장

저의 주장을 바꿀 수가 없습니다.

B 这件事你掉过来想一想。

Zhè jiàn shì nǐ diào guòlái xiǎngyixiǎng.

쩌 지엔 스 니 띠아오 꾸어라이 시앙이시앙

입장 바꿔서 생각해보세요.

> **词汇**　掉[diào] 되돌리다, 방향을 바꾸다　主张[zhǔzhāng] 주장

관련 표현

■ 역지사지하다.

推己及人。

Tuījǐjírén.

투이지지런

■ 역지사지하다.

将心比心。

Jiāngxīnbǐxīn.

지앙신비신

▶ 역지사지라는 의미로 입장을 바꾸어 생각해야 할 때 쓸 수 있는 표현입니다.

누구나 그런 시기가 있어요
谁都有这样的时候。
Shéi dōu yǒu zhèyàng de shíhou.
쉐이 또우 여우 쩌이양 더 스호우

▶ 누군가가 힘들어할 때 위로하면서 말할 수 있는 표현입니다.

회화

A 我好像进入了倦怠期。

Wǒ hǎoxiàng jìnrùle juàndàiqī.
워 하오시양 진루러 쮀엔따이치

저 권태기가 왔나 봐요.

B 谁都有这样的时候。

Shéi dōu yǒu zhèyàng de shíhou.
쉐이 또우 여우 쩌이양 더 스호우

누구나 그런 시기가 있어요.

词汇 进入[jìnrù] 진입하다 倦怠期[juàndàiqī] 권태기

관련 표현

■ 누구에게나 힘들 때가 있습니다.
谁都有困难的时候。
Shéi dōu yǒu kùnnán de shíhou.
쉐이 또우 여우 쿤난 더 스호우

■ 누구에게나 견디기 힘들 때가 있습니다.
谁都有受不了的时候。
Shéi dōu yǒu shòubuliǎo de shíhou.
쉐이 또우 여우 쇼우뿌리아오 더 스호우

▶ 누군가가 힘들어할 때 위로하면서 말할 수 있는 표현입니다.

버릴 수 있어야 얻을 수 있어요
有舍才有得。
Yǒu shě cái yǒu dé.
여우 셔 차이 여우 더

▶ 버릴 수 있어야 무언가를 얻을 수 있다는 말을 할 때 쓸 수 있는 표현입니다.

회화

A 我最近苦恼的事情很多。
Wǒ zuìjìn kǔnǎo de shìqíng hěn duō.
워 쭈이진 쿠나오더 스칭 헌 뚜어
요즘 고민스러운 일이 많아요.

B 有舍才有得。
Yǒu shě cái yǒu dé.
여우 셔 차이 여우 더
버릴 수 있어야 얻을 수 있어요.

词汇 舍[shě] 버리다 苦恼[kǔnǎo] 고민하다 欲望[yùwàng] 욕심

관련 표현

■ 그는 성공에 대한 욕심이 너무 지나쳐요.
他对成功的欲望有点过分。
Tā duì chénggōng de yùwàng yǒudiǎn guòfèn.
타 뚜이 청꽁 더 위왕 여우디엔 꾸어펀

■ 그는 돈에 대한 욕심이 너무 지나쳐요.
他对金钱的欲望有点过分。
Tā duì jīnqián de yùwàng yǒudiǎn guòfèn.
타 뚜이 진치엔 더 위왕 여우디엔 꾸어펀

▶ 어떤 욕심이나 욕망이 지나칠 때 쓸 수 있는 표현입니다.

그렇게 쉬운 것이 어디 있어요
哪里有那么容易的事。
Nǎlǐ yǒu nàme róngyì de shì.
나리 여우 나머 룽이 더 스

▶ 세상에는 쉬운 일이 없다고 말을 할 때 쓸 수 있는 표현입니다.

회화

A 最近做什么事情都不顺利。
Zuìjìn zuò shénme shìqíng dōu bú shùnlì.
쭈이진 쭈어 션머 스칭 또우 부 슌리

무슨 일을 하든 순조롭지 않아요.

B 哪里有那么容易的事。
Nǎlǐ yǒu nàme róngyì de shì.
나리 여우 나머 룽이 더 스

그렇게 쉬운 것이 어디 있어요.

词汇 容易[róngyì] 쉽다 顺利[shùnlì] 순조롭다

관련 표현

■ 가장 중요한 것은 자신감이 있느냐 없느냐입니다.
最重要的是有没有信心。
Zuì zhòngyào de shì yǒuméiyou xìnxīn.
쭈이 쭝이야오 더 스 여우메이여우 신신

■ 저는 당신의 자신만만한 모습을 좋아합니다.
我喜欢你自信满满的样子。
Wǒ xǐhuan nǐ zìxìn mǎnman de yàngzi.
워 시후안 니 쯔신 만만 더 양즈

▶ 일이 쉽고 어렵고를 떠나서 하고자 하는 자신감이 중요하다는 것을 말할 때 쓸 수 있는 표현입니다.

저도 그렇게 생각해요
我也这么想。
Wǒ yě zhème xiǎng.
워 이에 쩌머 시앙

▶ 누군가의 말에 동의할 때 쓸 수 있는 표현입니다.

회화

A 我觉得他们的方法不合理。
Wǒ juéde tāmen de fāngfǎ bù hélǐ.
워 쥐에더 타먼 더 팡파 뿌 흐어리

그들의 방법이 합리적이지 않다고 생각해요.

B 我也这么想。
Wǒ yě zhème xiǎng.
워 이에 쩌머 시앙

저도 그렇게 생각해요.

词汇   方法[fāngfǎ] 방법 合理[hélǐ] 합리적이다 道理[dàolǐ] 도리, 이치

관련 표현

■ 말에 일리가 있네요.
你说得有道理。
Nǐ shuō de yǒu dàolǐ.
니 슈어 더 여우 따오리

■ 맞는 말씀입니다.
你说得对。
Nǐ shuō de duì.
니 슈어 더 뚜이

▶ 상대방의 말에 동의할 때 쓸 수 있는 표현입니다.

앞으로 기회가 많아요
来日方长。
Láirìfāngcháng.
라이르팡창

▶ 오늘만 날이 아니기 때문에 '또 다른 날 만날 날이 있다'라고 할 때도 사용이 가능하고, '앞으로 기회가 많다'라고 할 때도 쓸 수 있는 표현입니다.

회화

A 不好意思, 今天有点儿紧张。
Bùhǎoyìsi, jīntiān yǒudiǎnr jǐnzhāng.
부하오이쓰, 진티엔 여우디얼 진쟝

미안해요, 오늘 시간이 안 될 것 같아요.

B 来日方长。
Láirìfāngcháng.
라이르팡창

앞으로 기회가 많아요.

词汇 后会有期[hòuhuìyǒuqī] 만날 날이 있다

관련 표현

■ 앞으로 기회가 많으니 만날 날이 있을 겁니다.
来日方长, 后会有期。
Láirìfāngcháng, hòuhuìyǒuqī.
라이르팡창, 호우후이여우치

■ 우리 다음에 다시 봐요.
我们下次再见面吧。
Wǒmen xiàcì zài jiànmiàn ba.
워먼 시아츠 짜이 지엔미엔 바

Part 12

의견

▶ 다음을 기약하며 다시 만난 날을 기약할 때 쓸 수 있는 표현입니다.

좋은 말 할 때 들으세요
敬酒不吃, 吃罚酒。
Jìngjiǔ bù chī, chī fájiǔ.
징지우 뿌 츠, 츠 파지우

▶ '권하는 술은 마시지 않고 벌주를 마시다'라는 뜻으로 벌주 마시기 전에 말 들으라는
의미입니다. 누군가가 계속 사양할 때 쓸 수 있는 표현입니다.

회화

A 没关系, 我自己来吧。
Méiguānxi, wǒ zìjǐ lái ba.
메이꾸안시, 워 쯔지 라이 바
괜찮아요, 제가 할게요.

B 敬酒不吃, 吃罚酒。
Jìngjiǔ bù chī, chī fájiǔ.
징지우 뿌 츠, 츠 파지우
좋은 말 할 때 들으세요.

词汇 敬酒[jìngjiǔ] 권하는 술 罚酒[fájiǔ] 벌주

관련 표현

■ 오늘은 제 이야기 들어요.
今天听我的。
Jīntiān tīng wǒ de.
진티엔 팅 워 더

■ 오늘 저의 말을 들어요.
今天听我的话。
Jīntiān tīng wǒ de huà.
진티엔 팅 워 더 화

▶ 누군가에게 오늘은 아무 말 하지 말고 내 이야기 들어달라고 할 때 쓸 수 있는 표현입니다.

다른 사람의 사소한 경험을 중시하세요

请你重视别人的点滴经验。

Qǐng nǐ zhòngshì biérén de diǎndī jīngyàn.

칭 니 쭝스 비에런 더 디엔띠 징이엔

▶ 누군가의 경험에 대해 가볍게 여기지 말라고 할 때 쓸 수 있는 표현입니다.

회화

A 请你重视别人的点滴经验。

Qǐng nǐ zhòngshì biérén de diǎndī jīngyàn.

칭 니 쭝스 비에런 더 디엔띠 징이엔

다른 사람의 사소한 경험을 중시하세요.

B 我一定会记住。

Wǒ yídìng huì jìzhù.

워 이띵 후이 지쭈

꼭 기억할게요.

词汇 重视[zhòngshì] 중시하다 点滴[diǎndī] 사소한 것 记住[jìzhù] 기억하다

관련 표현

■ 가장 좋은 선생님은 경험입니다.

最好的老师就是经验。

Zuì hǎo de lǎoshī jiùshì jīngyàn.

쭈이 하오더 라오스 지우스 징이엔

■ 우리는 경험을 통해서 성장할 수 있습니다.

我们通过经验能成长。

Wǒmen tōngguò jīngyàn néng chéngzhǎng.

워먼 통구어 징이엔 넝 청쟝

▶ 경험은 우리에게 좋은 선생님이다라고 할 때 쓸 수 있는 표현입니다. 경험을 통해서 성장한다고 할 때도 쓸 수 있는 표현입니다.

무슨 일이든 긍정적이어야 해요
什么事都得想开点儿。
Shénme shì dōu děi xiǎngkāi diǎnr.
선머 스 또우 데이 시앙카이 디얼

▶ 어떤 일을 하든지 긍정적인 생각을 해야 한다고 말을 할 때 쓸 수 있는 표현입니다.

회화

A 什么事都得想开点儿。
Shénme shì dōu děi xiǎngkāi diǎnr.
선머 스 또우 데이 시앙카이 디얼
무슨 일이든 긍정적이어야 해요.

B 说起来容易, 做起来难。
Shuō qǐlái róngyì, zuò qǐlái nán.
슈어 치라이 롱이, 쭈어 치라이 난
말하기가 쉽지, 하기는 어려워요.

> **词汇** 想开[xiǎngkāi] 생각을 넓게 가지다 起来[qǐlái] ~하기 시작하다

관련 표현

■ 꽁하게 생각하지 마세요.
别想不开。
Bié xiǎngbukāi.
비에 시앙뿌카이

■ 당신은 좀 긍정적이어야 해요.
你应该想开点儿。
Nǐ yīnggāi xiǎngkāi diǎnr.
니 잉까이 시앙카이 디얼

> ▶ 想不开는 부정적으로 생각하는 것을 의미하며, 상황에 따라 해석은 다양하게 할 수 있습니다.
> '꽁하게 생각하다, 삐치다, 부정적이다'와 같이 해석될 수 있습니다.

너무 쉽게 말하는 것 아니세요?

你说得太轻松了吧?

Nǐ shuō de tài qīngsōng le ba?

니 슈어 더 타이 칭송 러 바

▶ 누군가가 자신의 일이 아니라고 말을 함부로 했을 때 말할 수 있는 표현입니다.

회화

A 我觉得你做事情做得不对。

Wǒ juéde nǐ zuò shìqíng zuò de bú duì.

워 쥐에더 니 쭈어 스칭 쭈어 더 부 뚜이

제 생각에 당신이 한 일은 맞지 않아요.

B 你说得太轻松了吧?

Nǐ shuō de tài qīngsōng le ba?

니 슈어 더 타이 칭송 러 바

너무 쉽게 말하는 것 아니세요?

词汇 轻松[qīngsōng] 가볍다, 부담이 없다 瞎[xiā] 맘대로, 제멋대로

관련 표현

■ 말 함부로 하지 마세요.

你别瞎说。

Nǐ bié xiā shuō.

니 비에 시아 슈어

■ 말 함부로 하지 마세요.

你别乱弹琴。

Nǐ bié luàn tán qín.

니 비에 루안 탄 친

▶ 누군가가 말을 심하게 할 때 할 수 있는 표현입니다.

당신이 맞더라도 그렇게 말하면 안 되죠
就算你对了, 也不该那么说呀!
Jiùsuàn nǐ duì le, yě bù gāi nàme shuō ya!
지우수안 니 뚜이 러, 이에 뿌 까이 나머 슈어 아

▶ [就算 A, 也 B]는 '설령 A하더라도 B하다'라는 의미를 가집니다. 누군가의 말이 잘못된 것을 지적하면서 항의할 때 쓸 수 있는 표현입니다.

회화

A 就算你对了, 也不该那么说呀!

Jiùsuàn nǐ duì le, yě bù gāi nàme shuō ya!
지우수안 니 뚜이 러, 이에 뿌 까이 나머 슈어 아

당신이 맞더라도 그렇게 말하면 안 되죠.

B 那我应该怎么说?

Nà wǒ yīnggāi zěnme shuō?
나 워 잉까이 쩐머 슈어?

그럼 제가 어떻게 말해야 하는 거죠?

词汇 按时[ànshí] 제때에 完成[wánchéng] 완성하다

관련 표현

■ 설사 30분을 늦는다고 하더라도 제시간에 맞추어서 일을 마칠 수 있습니다.

就算迟到半个小时也能按时完成工作的。

Jiùsuàn chídào bàn ge xiǎoshí yě néng ànshí wánchéng gōngzuò de.
지우수안 츠따오 빤거 시아오스 이에 넝 안스 완청 꽁쭈어 더

■ 선생님이라고 하더라도 모르는 문제가 있습니다.

就算是老师也有不知道的问题。

Jiùsuàn shì lǎoshī yě yǒu bù zhīdào de wèntí.
지우수안 스 라오스 이에 여우 뿌 즈따오 더 원티

▶ [就算 A, 也 B]의 용법으로 다른 표현을 할 수 있습니다.

그때는 제 눈이 삐었었나 봐요
当初我的眼睛瞎了。
Dāngchū wǒ de yǎnjing xiā le.
땅추 워 더 이엔징 시아 러

▶ 그 당시에는 '콩깍지가 씌였다'라고 말할 때 쓸 수 있는 표현입니다.

회화

A 你为什么跟他结婚了?
Nǐ wèishénme gēn tā jiéhūn le?
니 웨이션머 껀타 지에훈 러

왜 그 사람하고 결혼했어요?

B 当初我的眼睛瞎了。
Dāngchū wǒ de yǎnjing xiā le.
땅추 워 더 이엔징 시아 러

그때는 제 눈이 삐었었나 봐요.

词汇 当初[dāngchū] 당시 眼睛[yǎnjing] 눈 瞎[xiā] 눈이 멀다

관련 표현

■ 제 눈에 안경이다.
情人眼里出西施。
Qíngrén yǎnli chū xīshī.
칭런 이엔리 추 시스

■ 저는 사랑은 눈이 먼 것이라고 생각합니다.
我觉得爱情是盲目的。
Wǒ juéde àiqíng shì mángmù de.
워 쥐에더 아이칭 스 망무 더

▶ 앞에서 소개했던 '제 눈에 안경이다'라는 문장입니다. '콩깍지가 씌었다'라는 의미로도 쓰일 수가 있습니다.

제 생각이 짧았어요

我想的太简单了。

Wǒ xiǎng de tài jiǎndān le.

워 시앙 더 타이 지엔딴 러

▶ 자신의 행동이나 언행이 짧았다고 말할 때 쓸 수 있는 표현입니다.

회화

A 我理解你的情况, 可是下次注意点儿。

Wǒ lǐjiě nǐ de qíngkuàng, kěshì xiàcì zhùyì diǎnr.

워 리지에 니 더 칭쿠앙, 커스 시아츠 쭈이 디얼

당신의 상황을 이해해요, 그런데 다음에는 주의해요.

B 我想的太简单了。

Wǒ xiǎng de tài jiǎndān le.

워 시앙 더 타이 지엔딴 러

제 생각이 짧았어요.

词汇 理解[lǐjiě] 이해하다 过于[guòyú] 지나치게, 과도하게

관련 표현

■ 제 생각이 지나치게 짧았어요.

我的想法过于简单了。

Wǒ de xiǎngfǎ guòyú jiǎndān le.

워더 시앙파 꾸어위 지엔딴 러

■ 이번에는 당신이 너무 경솔했네요.

这次你太轻率了。

Zhècì nǐ tài qīngshuài le.

쩌스 니 타이 칭슈와이 러

▶ 생각이 짧았다는 말을 또 다른 표현으로 할 수 있습니다.

잘못한 사람이 책임져야죠
谁的错，谁买单。
Shéi de cuò, shéi mǎidān.
쉐이 더 추어, 쉐이 마이딴

▶ 직역을 하면 '누가 잘못한지 잘못한 사람이 계산해야 한다'라는 뜻입니다. 결국은 잘 못한 사람이 책임을 져야 한다는 의미를 가집니다.

회화

A 谁的错，谁买单。
Shéi de cuò, shéi mǎidān.
쉐이 더 추어, 쉐이 마이딴
잘못한 사람이 책임져야죠.

B 当然！我同意你的意见。
Dāngrán! Wǒ tóngyì nǐ de yìjiàn.
땅란! 워 통이 니 더 이지엔
당연하죠! 저는 당신의 의견에 동의합니다.

| 词汇 | 买单[mǎidān] 계산서 算话[suànhuà] 말한 것에 책임지다 |

관련 표현

■ 말한 것에 책임지다.
说话算话。
Shuōhuà suànhuà.
슈어화 쑤안화

■ 말하는 것에 책임을 지지 않습니다.
说话不算数。
Shuōhuà bú suànshù.
슈어화 부 쑤안슈

▶ 한 말에 대해 책임을 져야 한다는 말과 그 반대말을 익혀봅시다.

설마 그렇게 심각하겠어요?
难道那么严重吗?
Nándào nàme yánzhòng ma?
난따오 나머 이엔쭝 마

▶ 难道·····吗?는 '설마 ~한 것이 아니겠는가?'라는 의미를 가집니다. 반어의 어기를 강조합니다.

회화

A 检查的结果还没出来, 有点儿紧张。
Jiǎnchá de jiéguǒ hái méi chūlái, yǒudiǎnr jǐnzhāng.
지엔차더 지에구어 하이 메이 추라이, 여우디얼 진장

검사한 결과가 아직 안 나왔네요, 좀 긴장돼요.

B 难道那么严重吗?
Nándào nàme yánzhòng ma?
난따오 나머 이엔쭝 마

설마 그렇게 심각하겠어요?

词汇 难道[nándào] 설마 ~한 것 아닌가 检查[jiǎnchá] 검사 结果[jiéguǒ] 결과

관련 표현

■ 그를 보니 매우 진지해요.
他看起来好严肃。
Tā kàn qǐlái hǎo yánsù.
타 칸 치라이 하오 이엔수

■ 그의 표정은 진지합니다.
他的表情很严肃。
Tā de biǎoqíng hěn yánsù.
타 더 비아오칭 헌 이엔수

▶ 표정이나 기분이 진지하다고 할 때 쓸 수 있는 표현입니다.

형제끼리 계산은 정확해야 해요
亲兄弟也要明算账。
Qīnxiōngdì yě yào míng suànzhàng.
친시옹띠 이에 이야오 밍 쑤안짱

▶ 형제간에도 돈 관계는 확실해야 한다는 표현입니다.

회화

A 亲兄弟也要明算账。
Qīnxiōngdì yě yào míng suànzhàng.
친시옹띠 이에 이야오 밍 쑤안짱
형제끼리 계산은 정확해야 해요.

B 谢谢你的忠告。
Xièxie nǐ de zhōnggào.
씨에시에 니 더 쭝까오
충고에 감사드립니다.

词汇　算账[suànzhàng] 계산하다　忠告[zhōnggào] 충고

관련 표현

■ 돈과 이해득실은 분명히 따져야 한다.
财利要分清。
Cái lì yào fēnqīng.
차이 리 이야오 펀칭

■ 당신에게 동생과도 돈 관계는 확실해야 한다고 조언드립니다.
我劝你跟弟弟把钱讲清楚。
Wǒ quàn nǐ gēn dìdi bǎ qián jiǎng qīngchu.
워 취엔 니 껀 띠디 바 치엔 지앙 칭추

▶ 돈 관계는 확실히 해야 한다고 말을 할 때 쓸 수 있는 표현입니다.

제 생각에는 얼굴 보고 이야기하는 것이 좋겠어요

我觉得还是当面说好。

Wǒ juéde háishi dāngmiàn shuō hǎo.

워 쮀에더 하이스 땅미엔 슈어 하오

▶ 직접 얼굴을 보고 이야기하자고 할 때 쓸 수 있는 표현입니다.

회화

A 我觉得还是当面说好。

Wǒ juéde háishi dāngmiàn shuō hǎo.

워 쮀에더 하이스 땅미엔 슈어 하오

제 생각에는 얼굴 보고 이야기하는 것이 좋겠어요.

B 好吧, 你决定时间和地点。

Hǎo ba, nǐ juédìng shíjiān hé dìdiǎn.

하오바, 니 쮀에띵 스지엔 흐어 띠디엔

그래요, 시간하고 장소 정하세요.

词汇 当面[dāngmiàn] 직접 마주하여 决定[juédìng] 결정하다

관련 표현

■ 당신은 언제가 편하세요?

您看什么时候方便?

Nín kàn shénmeshíhou fāngbiàn?

닌 칸 션머스호우 팡비엔

■ 당신의 의견에 근거하여, 우리 그렇게 해요.

按照您的意见, 我们去做吧。

Ànzhào nín de yìjiàn, wǒmen qù zuò ba.

안짜오 닌 더 이지엔, 워먼 취 쭈어 바

▶ 언제 만나는 것이 좋은지 상대방의 의견을 물어보는 표현과 상대의 의견에 수긍하는 표현을 배워봅시다.

Day 336 의견 있으세요?

有意见吗?

Yǒu yìjiàn ma?

Day 337 좋은 생각인데요.

好主意。

Hǎo zhǔyì.

Day 338 저는 당신의 의견에 동의합니다.

我同意您的意见。

Wǒ tóngyì nín de yìjiàn.

Day 339 생각보다 좋은데요.

比想象的好。

Bǐ xiǎngxiàng de hǎo.

Day 340 저는 무엇이든 괜찮아요.

我什么都可以。

Wǒ shénme dōu kěyǐ.

Day 341 그냥 그래요.

一般般。

Yìbānbān.

Day 342 성의표시면 됐어요!

意思意思就行了嘛!

Yìsi yìsi jiù xíng le ma!

Day 343 이곳의 서비스가 형편없어요.

这里的服务太差了。

Zhèlǐ de fúwù tài chà le.

Day 344 중국어는 어렵지만 재미있어요.

学汉语有点儿难, 可是很有意思。

Xué Hànyǔ yǒudiǎnr nán, kěshì hěn yǒu yìsi.

Day 345 감기에 걸리지 않게 옷 단단히 입어요.

多穿点儿, 别感冒了。

Duō chuān diǎnr, bié gǎnmào le.

Day 346 제가 할 말이 있는데요.

我有些话要跟你说。

Wǒ yǒuxiē huà yào gēn nǐ shuō.

Day 347 다른 의미는 없어요.

没有别的意思。

Méiyou biéde yìsi.

Day 348 이것은 얻기 어려운 기회입니다

这是一个难得的机会。

Zhè shì yí ge nándé de jīhuì.

Day 349 입장 바꿔서 생각해보세요.

这件事你掉过来想一想。

Zhè jiàn shì nǐ diào guòlái xiǎngyixiǎng.

Day 350 누구나 그런 시기가 있어요.

谁都有这样的时候。

Shéi dōu yǒu zhèyàng de shíhou.

Day 351 버릴 수 있어야 얻을 수 있어요.

有舍才有得。

Yǒu shě cái yǒu dé.

Day 352 그렇게 쉬운 것이 어디 있어요.

哪里有那么容易的事。

Nǎlǐ yǒu nàme róngyì de shì.

Day 353 저도 그렇게 생각해요.

我也这么想。

Wǒ yě zhème xiǎng.

Day 354 앞으로 기회가 많아요.

来日方长。

Láirìfāngcháng.

Day 355 좋은 말 할 때 들으세요.

敬酒不吃，吃罚酒。

Jìngjiǔ bù chī, chī fájiǔ.

Day 356 다른 사람의 사소한 경험을 중시하세요.

请你重视别人的点滴经验。

Qǐng nǐ zhòngshì biérén de diǎndī jīngyàn.

Day 357 무슨 일이든 긍정적이어야 해요.

什么事都得想开点儿。

Shénme shì dōu děi xiǎngkāi diǎnr.

Day 358 너무 쉽게 말하는 것 아니세요?

你说得太轻松了吧?

Nǐ shuō de tài qīngsōng le ba?

Day 359 당신이 맞더라도 그렇게 말하면 안 되죠.

就算你对了，也不该那么说呀!

Jiùsuàn nǐ duì le, yě bù gāi nàme shuō ya!

Day 360 그때는 제 눈이 삐었었나봐요.

当初我的眼睛瞎了。

Dāngchū wǒ de yǎnjing xiā le.

Day 361 제 의견이 짧았어요.

我想的太简单了。

Wǒ xiǎng de tài jiǎndān le.

Day 362 잘못한 사람이 책임져야죠.

谁的错，谁买单。

Shéi de cuò, shéi mǎidān.

Day 363 설마 그렇게 심각하겠어요?

难道那么严重吗?

Nándào nàme yánzhòng ma?

Day 364 형제끼리 계산은 정확해야 해요.

亲兄弟也要明算账。

Qīnxiōngdì yě yào míng suànzhàng.

Day 365 제 생각에는 얼굴 보고 이야기하는 것이 좋겠어요.

我觉得还是当面说好。

Wǒ juéde háishi dāngmiàn shuō hǎo.